Por qué soy comunista

PENÍNSULA ATALAYA

Alberto Garzón

Por qué soy comunista

Una reflexión sobre los nuevos
retos de la izquierda

PENÍNSULA ATALAYA

Primera edición: octubre de 2017
Primera edición en esta presentación: marzo de 2024

Ediciones Península,
Diagonal 662-664
08034 Barcelona
edicionespeninsula@planeta.es
www.edicionespeninsula.com

REALIZACIÓN PLANETA - fotocomposición
Impresión y encuadernación: Limpergraf
Depósito legal: B. 3.167-2024
ISBN: 978-84-1100-228-8

Printed in Spain - Impreso en España

Para Marcos Ana, cuyo ejemplo de vida me inspira,
y para Julio Anguita, porque eran gigantes y no molinos

Índice

Prólogo

Un comunista en el Gobierno

Como tantas otras personas en nuestro país, mi interés en la política despertó al aproximarme a la mayoría de edad —en mi caso fue en el año 2003— y comenzar a preguntarme cuestiones relacionadas con la sociedad en la que iba a adentrarme ya de manera completa. Como resultado de aquel interés decidí comenzar a militar, primero en Izquierda Unida (IU) y, años después, en el Partido Comunista de España. La verdad es que, a pesar de todo ello, nunca imaginé que me tocaría representar un papel importante en los acontecimientos políticos que estaban a punto de desbordar a la sociedad española tras la crisis inmobiliaria y económica de finales de esa década.

Mi inclinación profesional fue desde muy temprano la de investigar el funcionamiento de nuestro mundo. Por qué las cosas son como son, y por qué pueden (o no) ser distintas. Esto vale tanto para el campo de las ciencias naturales como para el de las ciencias sociales. De hecho, siempre me ha apasionado la física, por ejemplo, pero también la historia y los comportamientos políticos de las sociedades humanas. Con diecisiete años, y armado con las pocas herramientas que uno suele tener a esa edad, me encontré en la encrucijada de tener que decidir qué estudiar en la universidad. Quizás como solución intermedia, pero también práctica, opté por la economía. Ya dentro de la disciplina me moví entre campos como la economía política, la economía internacional, los modelos de crecimiento económico... Y, con el tiempo, finalmente me decanté por un nuevo campo conocido como «economía biofísica». A lo largo de aquel complejo trayecto descubrí que el mundo de la investigación tiende a estar refugiado en torres de marfil. Y aquello no me gustó.

Una torre de marfil es la metáfora que usamos cuando nos referimos a aquellos lugares desde los que se observa el mundo real a mucha distancia y, quizás, incluso con excesiva comodidad. Se trata de una concepción donde el investigador-sujeto está profundamente alejado de la sociedad-objeto, y en la que el investigador se aísla tanto que parece que las emociones que le despierta la historia del ascenso del nacionalsocialismo en la Europa de entreguerras no se diferencian en nada de las que le sugieren las leyes de la física clásica newtoniana. Sin embargo, en mi opinión, el compromiso con el descubrimiento de la verdad, aspiración que ilumina el mejor pensamiento científico, no está reñido con el hecho de sentir emociones y tener ideas políticas respecto a la sociedad en la que vivimos. Y tampoco lo está, por supuesto, con adquirir el firme compromiso de cambiar esa misma sociedad. De hecho, un reconocido científico como Albert Einstein fue un activista político en diferentes momentos de su vida, y llegó incluso a escribir un excelente ensayo en defensa de una sociedad socialista. Creo que del maridaje entre preocupación social y ciencia, sobre todo si es social, pueden emerger grandes resultados.

A pesar de ello, conozco a muchos y muy buenos investigadores, sobre todo economistas, que apenas quieren mezclarse con lo que despectivamente llaman «la política». Por supuesto, son excelentes teóricos y tienen grandes publicaciones detrás, pero carecen de interlocución con cualquier agente político, sean estos partidos, movimientos o sindicatos. Y me temo que eso plantea graves inconvenientes. Probablemente, el principal es que te cercena la posibilidad de disponer de margen para transformar el mundo. A lo sumo, te quedas esperando que alguien lea tus textos y se inspire en ellos para llevar a cabo los cambios que has recomendado; una perspectiva bastante pretenciosa. Además, convendremos en que limitarnos a observar y estudiar un mundo con tantos defectos es una tarea legítima pero éticamente muy restringida. Por eso, dicha tarea nunca fue mi opción.

Yo no quería ser simplemente un estudioso de la vida que no pudiera emplear esos nuevos conocimientos en mejorar esa misma vida, que, por otra parte, para millones de personas es sombría y desprovista de esperanza. En coherencia, siempre me consideré un activista político. Tuve profesores que me lo echaron en cara, y me alertaron de que el tiempo que dedicaba a «otras cuestiones» era tiempo que dejaba de emplear en mejorar mi formación. Los economistas llamamos a eso «coste de oportunidad». Tenían razón, por supuesto, pero era un coste que yo estaba dispuesto a asumir. Podía haber salido de otra forma, y por eso me siento afortunado de que, debido a una concatenación de hechos, muchos azarosos, me viera lanzado a la primera línea de la política.

¿Cuáles han sido los resultados? No creo que pueda responder con claridad a esa pregunta. Por un lado, siento que he contribuido positivamente, y espero que así lo vea mucha gente. Por otro lado, siento que muchas de mis energías se han desgastado en batallas inútiles e innecesarias. En consecuencia, tengo una sensación de ambivalencia al respecto. Pero de lo que sí estoy seguro es de que esta posición en el campo político me ha beneficiado para ampliar mi conocimiento efectivo acerca de cómo funciona la política real. Y, seamos honestos, hay una gran diferencia con lo que uno espera *a priori*, sea cual sea su formación y sus prejuicios.

Actualmente tengo dos hijas y un hijo. Olivia y Chloe, de cinco y tres años, comienzan ahora a preguntarme en qué consiste mi trabajo. No es una pregunta de respuesta fácil. Cuando le hacen la misma pregunta a su madre, Anna, que es médica de familia, escucho con envidia cómo responde de manera directa y sin matices. «Mamá se dedica a curar a las personas que están malitas», les dice con tanta claridad como orgullo. Pero en mi caso siempre aparecen los titubeos y las dudas: ¿cómo puedo explicarles a personas tan pequeñas en qué consiste la política y, en concreto, a qué me he dedicado yo durante los últimos doce años? La primera respuesta que me viene a la cabeza es la de decir que me dedico a ayudar a la gente. Pero admitamos que esa no es una respuesta muy precisa que defina lo que hacen los políticos. La mayoría de nuestros conciudadanos podrían contestar lo mismo sin estar faltando a la verdad.

De hecho, el problema es que yo no concibo la actividad política como una profesión. Cuando otras personas, en este caso adultas, me han preguntado a qué me dedicaba, siempre he contestado que soy economista y que, de manera circunstancial y temporal, he asumido funciones como representante político. Creo que es una forma sincera de presentarlo. Con todo, no es una respuesta válida para mis hijas (ya me las veré para explicarles a qué se dedica un economista). Pero, por suerte, cierto día el colegio vino en mi ayuda. Allí siguen una rutina muy interesante desde que son muy pequeñas. Su día comienza con una asamblea en la que cuentan lo que han hecho el día anterior, y con ello aprenden a hablar en público y a escuchar con paciencia a los demás. ¡Y también votan! Tanto es así que ahora mi hija mayor no solo conoce bien en qué consiste votar, sino que intenta reproducir esa regla allí donde se encuentra con más gente. Es una demócrata en potencia y en acto. Por eso un día le dije que yo había sido elegido por mucha gente en una votación, y que ahora tenía que crear nuevas reglas para que todos pudiéramos vivir mejor y ser más felices.

De forma equivalente a esta versión infantil, quizás la política, cuando queremos describirla de forma plana y sencilla, puede definirse como el conjunto de reglas de las que nos dotamos para la toma de decisiones y la resolución de conflictos dentro de una comunidad humana que vive y se reproduce en un ecosistema específico. Por eso mucha gente habla del «juego democrático», ya que se pone en valor el procedimiento. Nos dotamos de reglas y de instituciones, en este caso democráticas, que definen lo que podemos hacer y lo que no podemos hacer. En su versión más simple, la política democrática es aquella que se regula por el principio de la mayoría. Si en la clase de mi hija hay más personitas que quieren salir ahora al patio y no luego, eso es lo que se hace y no lo contrario.

Todas las personas, de una u otra forma, tenemos una concepción relativamente simple de lo que son la política y la democracia. Sin embargo, la realidad es mucho más compleja. La misma regla de la mayoría puede estar alterada por una ley electoral que distorsione la idea fundamental de «una persona, un voto», como precisamente ocurre en España. También sucede que las personas se asocian en grupos de presión, tales como sindicatos o patronales, para influir de manera indirecta en el proceso de toma de decisiones. Igualmente pasa, claro está, que no todo el mundo dispone del mismo poder a la hora de hacerse escuchar. No solo lo que es aparentemente sencillo en el plano teórico se complica enormemente al saltar a la realidad concreta, sino que incluso aquello que ya era complicado, como los conflictos que emergen en el seno de un país, se hace aún más difícil cuando elevamos la escala de análisis, por ejemplo, al hablar de la relación entre países. Mucha gente cree, de hecho, que es deseable elegir a gobernantes que «sepan lo que hay que hacer», por ejemplo, a la hora de abordar un reconocido problema como es el del cambio climático. La realidad es que, a la hora de la verdad, no tenemos que enfrentarnos mayoritariamente solo a problemas técnicos, ni siquiera cuando hablamos de dinero, sino, sobre todo, a problemas políticos. Es decir, problemas que manifiestan un choque entre diferentes intereses.

Bajar a la realidad concreta es, por lo tanto, una tarea útil para comprender mejor cómo funcionan las sociedades reales. Y yo he tenido la fortuna de haber bajado a ese terreno en un contexto de convulsión política sin igual en tiempos recientes en España.

Una década de infarto

El 25 de mayo de 2014 tuvieron lugar unas elecciones europeas que hasta aquella noche no habían despertado demasiado interés. Fue una campaña electoral como cualquier otra, con debates aburridos y mítines no demasiado apasionados. La única novedad destacable era la presencia de una nueva candidatura, Podemos, que estaba encabezada por un profesor de ciencias políticas, Pablo Iglesias.

Iglesias había saltado a la fama como polemista en las tertulias de los principales medios de comunicación del país, los cuales desde la irrupción del movimiento 15-M habían incrementado sustantivamente el tiempo dedicado a la política en sus programaciones. Iglesias se convirtió pronto en un líder carismático con excepcionales aptitudes comunicativas, y logró que Podemos diera la sorpresa haciéndose con cinco escaños en aquellas elecciones. Casi nadie había imaginado esa posibilidad.

Conocí a Pablo Iglesias en 2009, cuando me encontraba en Madrid estudiando el máster de Economía Internacional y Desarrollo que oferta la Universidad Complutense. Las clases tenían lugar en el campus de Somosaguas, en las afueras de Madrid, donde estaban las facultades de Ciencias Económicas y de Ciencias Políticas. Mi máster era un antiguo programa de doctorado de clara inclinación heterodoxa, lo que quiere decir que contaba con planes de estudio en los que se incluían asignaturas de economía poskeynesiana, economía marxista y otras ramas del pensamiento económico marginadas por la ideología económica mayoritaria. Allí me reencontré con compañeros del movimiento a favor de una economía crítica que había surgido en España unos años antes, precisamente para reivindicar un estudio más plural dentro de las facultades de Economía. Sin ir más lejos, yo había sido el fundador y presidente de la asociación estudiantil en la Universidad de Málaga, donde me licencié. Entre aquellos compañeros y compañeras estaban muchos de los que, años más tarde, serían las figuras más destacadas de la rama económica de Podemos, como es el caso de Nacho Álvarez, Bibiana Medialdea o Ricardo Molero. Con todo, el máster era una gota de agua crítica en el mar de pensamiento económico ortodoxo que dominaba la facultad de económicas.

Por el contrario, la facultad vecina, la de Ciencias Políticas, era un vibrante ecosistema de múltiples izquierdas políticas. Si en la facultad de Economía podíamos ubicarnos en una sola clase todos los que nos identificamos con la socialdemocracia, el marxismo, el ecologismo o el feminismo, en la facultad de Ciencias Políticas era posible reunir en cada clase a cualquiera de las decenas de corrientes en las que cada año se dividía el marxismo. Aquello era un lugar de debate y discusión permanente, entre alumnos y entre profesorado, y se manifestaba en la gran cantidad de actos heterodoxos que tenían lugar allí.

En ese contexto empecé a asistir a algunos eventos que organizaba la facultad vecina. En 2009 acudió a impartir una conferencia el profesor Immanuel Wallerstein, un teórico de la dinámica del capitalismo y de lo que él concibió como «sistema-mundo». Aquel acto estuvo presentado por dos jóvenes profesores, Pablo Iglesias Turrión e Íñigo Errejón Galván. Ambos eran hijos de conocidos militantes de izquierdas, pero yo, que entonces no conocía ni a los miembros de la reducida asamblea de mi pueblo, lo ignoraba absolutamente todo acerca del ecosistema político madrileño. Aunque era pública mi afiliación política, yo no llegué nunca a militar en Madrid. Mi actividad estaba centrada en el estudio y la investigación y, solo de vez en cuando, me permitía ir a debates públicos como participante. En los grupos universitarios, había una serie de militantes de IU con los que sí tenía relación y que dedicaban sus energías a la refundación del partido, y cuya referencia nacional era un abogado llamado Enrique Santiago, del que yo no sabía nada. No obstante, sí era capaz ya de identificar a otros profesores que estaban en las primeras filas, que eran del entorno de IU y que también iban a ser importantes en el desarrollo de la política española, además de amigos, como eran Juan Carlos Monedero, Carlos Fernández Liria y Luis Alegre. El primero había sido asesor del líder de IU Gaspar Llamazares, y los otros dos eran para mí unas referencias indispensables para aprender a pensar filosofía.

En mi vuelta a Andalucía recalé en la Universidad Pablo de Olavide, de Sevilla, para incorporarme a un proyecto de investigación de economía feminista dirigido por Lina Gálvez. Allí estaba cuando en 2011 estalló el 15-M. De resultas de aquello empecé a ser demandado para dar charlas por parte de las asambleas de IU por todo el país, pero también de movimientos sociales como ATTAC —una asociación que busca incrementar los impuestos a las transferencias financieras— y de las propias comisiones del 15-M. Mi papel era simplemente el de explicar, en los términos más asequibles posibles, conceptos como «prima de riesgo», «deuda pública» o « bono basura». Participé en varias asambleas del 15-M, en Sevilla y en Málaga, y también en algún acto electoral, como cuando me invitó la candidata de IU en Ferrol, Yolanda Díaz, aquel mismo mayo de 2011.

Estaba pateándome el país cuando me invitaron a participar en un debate de política en TVE. Acepté, con todas mis dudas y corroído por el miedo escénico. Era algo nuevo para mí, y en mi armario ni siquiera tenía una chaqueta que ponerme para la ocasión. Iba invitado como representante de ATTAC, en la categoría de movimientos sociales. Era julio de 2011 y apenas había programas de política, pero ya existía la red social Twitter y el vídeo con mis intervenciones se hizo viral. Tanto que a alguien en IU se le ocurrió que, al ser yo de repente tan conocido, podía ser un buen reclamo electoral para las siguientes elecciones generales. No tenía muchas posibilidades de salir elegido, pero acepté. En IU Málaga no había primarias tal y como las conocemos actualmente, sino un proceso de consultas que daba bastante poder a la dirección. Transcurridos unos días era, oficialmente, el candidato de IU por la provincia de Málaga, y la prensa recogió que IU había logrado incorporar a alguien del 15-M. No era exactamente así, pero así operó en el imaginario público.

Afronté la campaña electoral de 2011 como lo haría cualquiera que llega a ser un candidato que no conoce a casi nadie de la organización que lo respalda. Visité toda la provincia de Málaga dando mis charlas e hice nuevos amigos por todas partes. Llegué a dar tres charlas al día en tres sitios diferentes de la provincia. Fue agotador, ciertamente. Y, de repente, me cancelaron la agenda prevista para un día de la última semana. Las nuevas instrucciones era que tenía que ir a Madrid a representar a toda IU en el debate económico que tendría lugar en TVE. Me podían los nervios con tanta responsabilidad.

Llegué a Atocha solo, y allí me esperaba un señor muy amable de cerca de sesenta años al que había conocido unos días antes. Se llamaba Ramón Luque, y era el responsable de cuestiones electorales en IU. Me subió a un coche de modesta condición y me presentó a su conductor. Era Pablo Iglesias, que estaba asesorando a IU para estas elecciones, y su papel aquel día era darme pistas de cómo gestionar aquel debate. La mayoría de las cosas que me recomendó fueron muy útiles, pero aquel debate económico fue tan insulso como uno se puede esperar de un debate sobre el tamaño del Producto Interior Bruto de una economía. Me volví a Málaga sin saber si aquello había servido de algo o no, pero el mal trago había pasado. Aquel viernes terminó la campaña, el sábado me puse enfermo por agotamiento y el domingo supimos que habíamos conseguido el escaño por Málaga. Era diputado, el más joven de la cámara y, según decía la prensa, también el representante del 15-M que se había colado en el sistema que criticaba.

Un año más tarde ya había acumulado bastante experiencia. Empezaba a conocer cómo funcionaban los partidos por dentro, aunque aún no me habían incorporado a la dirección de IU. Era un *outsider* en un partido cuya dirección mayoritariamente desconfiaba de mí. Para ser honesto, había razones para hacerlo. En 2012 Izquierda Unida pactó con el PSOE entrar en el Gobierno de la Junta de Andalucía, y yo manifesté no estar de acuerdo. Unos meses más tarde tuve una gran discusión con el líder de IU, Cayo Lara, a cuenta de la idea de un «proceso constituyente». Él estaba radicalmente en contra de esas ideas o, como me dijo Julio Anguita cierta vez, quizás no las comprendía bien. A finales de aquel año también escribí un duro artículo contra la forma que tenían los partidos de organizarse internamente, y recibí una dura reprimenda por parte de varios miembros de la dirección. Quién era yo, me decían, para criticar públicamente esas posiciones cuando debía a IU mi cargo como diputado.

A mí lo que me interesaba era tener un altavoz desde el que poder seguir explicando a la población lo que estaba pasando con la crisis financiera y económica y por qué las reformas de la mayoría absoluta del Partido Popular eran un error y un crimen al mismo tiempo. Hasta cierto punto hacía lo mismo que antes, pero a otra escala mucho más grande. Por eso, aprovechando mi condición de joven diputado, asistía a todas las tertulias que podía y también a las charlas y conferencias a las que me invitaban. Rehuía de la política interna, y de la corte madrileña en especial, y concentraba mi atención en alcanzar con mi mensaje a cuanta más gente mejor. Además, dedicaba mucho tiempo a estudiar y a escribir. Había observado que el mayor riesgo de la política institucional era que te absorbía el día a día, de tal forma que apenas pasaban unos meses ya no eras capaz sino de repetir consignas que poco a poco se iban fosilizando. La vacuna, pensaba entonces como pienso ahora, era leer y estudiar mucho —para deconstruir las ideas— y escribir —para reconstruirlas—, en un proceso sin fin. Solo así sería posible no convertirse en un ser gris que dijera cosas indistinguibles de las de otros seres grises.

Y en esa dinámica llegó el verano de 2013, cuando una organización minoritaria y escindida de IU, Izquierda Anticapitalista, me invitó a su escuela de verano. Durante un descanso me reuní con sus máximos dirigentes para charlar sobre las elecciones europeas del año siguiente. Estaban interesados, dijeron, en conocer quién sería el candidato o candidata de IU. Y estaban dispuestos, al parecer, a sumarse a dicha candidatura si se daban las condiciones políticas. Pero yo no tenía ninguna respuesta. No formaba parte del grupo que tomaba decisiones en IU, y tampoco era capaz de calibrar las fuerzas que existían en el interno. Así que todo quedó en una charla amistosa.

En otoño de 2013, el profesor Juan Carlos Monedero presentó su libro *Curso urgente de política para gente decente* y me invitó a participar en un acto junto con nuestra amiga común, la periodista Olga Rodríguez. Al finalizar la presentación nos fuimos a cenar juntos y charlamos sobre las elecciones europeas. Algo se estaba gestando y Monedero lo sabía. Pero yo todavía no. Tuvieron que pasar semanas para que me llegaran rumores de que Pablo Iglesias iba a fundar un partido. Hablé con Tania Sánchez, militante de IU y entonces compañera de Iglesias, y me confirmó la noticia. Me dijo que estaban intentando un acuerdo electoral con IU.

En enero de 2014, saltó la sorpresa. Pablo Iglesias presentó Podemos en el Teatro del Barrio, en el madrileño barrio de Lavapiés, rodeado de muchos activistas sociales madrileños y de una parte importante de la academia y de la militancia madrileña. Tenían una hipótesis según la cual en el panorama español era posible construir una nueva herramienta política que canalizara todo el descontento acumulado tras años de crisis. Para ello había que tener una imagen nueva y un discurso fresco y rupturista. En IU éramos muchos los que pensábamos también así. Iglesias llegó a decir que «hay más gente que podría haber dado un paso como este; como Alberto Garzón o Ada Colau», y aquello me colocó en el tablero de los sospechosos que simpatizaban con otro partido distinto al suyo. Ese traje me seguiría durante mucho tiempo más, dada mi cercanía política y personal al proyecto de Podemos.

En febrero de 2014, Olga Rodríguez organizó un debate entre Pablo Iglesias y yo mismo, también en Lavapiés. Era una forma de acercar posturas políticas, si bien empezaban a visualizarse algunas diferencias importantes respecto a cómo operar en aquellos momentos. No sirvió de nada, porque, a pesar de que Iglesias estaba dispuesto a ir en unidad si había primarias conjuntas, todo apuntaba a que la dirección de IU quería volver a presentar a las elecciones europeas a Willy Meyer, un histórico del PCE y de IU. Aun así, y una vez estuvo claro que la dirección de IU no aceptaría primarias, algunos hicimos movimientos para presentar a Marina Albiol, una mujer joven, como alternativa a Meyer. Esta operación era apoyada por un *outsider* y recién llegado como yo, pero también por Enrique Santiago y Yolanda Díaz, dos pesos importantes, pero en minoría, en IU. No funcionó y el aparato aplastó esa posibilidad, con lo que la candidatura que IU presentaría a aquellas elecciones sería bastante convencional. Y enfrente había algo nuevo y fresco, aunque aún no aparecía en ninguna encuesta.

Aquel 25 de mayo de 2014, mi compañera Anna y yo cruzamos la calle y fuimos a cenar a casa de nuestros amigos Juan Diego Botto y Olga Rodríguez. Pedimos unas *pizzas*, abrimos un vino y nos dispusimos a seguir el recuento electoral. La noticia llegó de golpe: Podemos alcanzó los cinco escaños e IU se quedaba en los seis. Juan me miró y me dijo: «esto lo cambia todo». Efectivamente, todo iba a cambiar a partir de ese momento. Una nueva fuerza con un discurso nítidamente rupturista acababa de irrumpir en el panorama político español, y todos sabíamos que no se iba a quedar ahí. Lo habíamos visto en otros países y en otros contextos. Era de esperar que se produjera una desbandada de apoyo social desde IU y otros espacios hacia la nueva fuerza de Podemos. Y eso es exactamente lo que pasó. Solo dos meses más tarde, Podemos estaba en el 20 por ciento de intención de voto e IU en el 5 por ciento. Algo se movía bajo el suelo de la política española, e incluso la Casa Real lo entendió y tomó la decisión de acelerar su propia transición y nombrar, con el apoyo del bipartidismo, un nuevo rey que no fuera tan vulnerable a los ataques de los republicanos, los indignados y los cabreados en general.

Los meses que siguieron fueron muy duros. Izquierda Unida se jugaba su propia existencia, dado que la irrupción de Podemos en el tablero político español había empequeñecido los apoyos sociales de Izquierda Unida y las encuestas predecían todas las semanas nuestra desaparición definitiva. De hecho, muchos compañeros se fueron de la organización. Algunos lo hicieron convencidos de que la nueva fuerza morada representaba mejor lo que ellos pensaban, y otros porque las ofertas laborales eran mucho más atractivas y, sobre todo, seguras. Tenían que elegir entre una nueva fuerza con mucha proyección, que llegó a encabezar las encuestas, y nuestra modesta organización, con mucha historia en la mochila y un futuro no tan claro por delante. Fueron muy pocos los que recibieron ofertas de ese tipo y sin embargo las rechazaron. Uno de ellos fui yo.

De todas las campañas electorales en las que he participado, sin duda la que más huella dejó en mí fue la de las elecciones generales de diciembre de 2015. Fueron unos comicios importantes también para el país, pues fueron los primeros de ámbito nacional a los que concurrieron dos nuevas fuerzas políticas, Podemos y Ciudadanos, que habían llegado a desbancar en las encuestas a los dos grandes partidos que se habían ido turnando al frente del Gobierno durante las últimas décadas, el Partido Popular y el Partido Socialista. Acudí a esas elecciones como candidato a la presidencia del Gobierno por Izquierda Unida y fue una campaña despiadadamente intensa para mí, porque nos jugábamos la supervivencia de la propia fuerza política a la que representaba.

Logramos sobrevivir electoralmente con un resultado muy digno, obteniendo casi un millón de votos, pero la ley electoral los convirtió en solo dos escaños, ambos por la circunscripción de Madrid. Para que se entienda bien el alcance que tuvo la ley electoral, en aquellas elecciones el escaño le costó al PP 58.000 votos; al PSOE 61.400 votos; a Podemos 75.000 votos; y a nosotros 461.000 votos. Fue una supervivencia agridulce, pero supervivencia, al fin y al cabo. A pesar de todo, nos tocó pagar dos millones de euros de la propaganda electoral y tuvimos que poner en marcha una reducción de plantilla. Este descalabro económico podría haberse evitado si hubiéramos logrado grupo parlamentario, cosa que en general se consigue cuando se alcanzan cinco diputados o, en caso de no llegar, se acuerda que otros grupos te presten diputados suficientes. Podemos se negó a ayudarnos, y solo vinieron a nuestro rescate ERC y EH-Bildu. Sin embargo, la mesa del Congreso controlada por la derecha tumbó ese acuerdo —Albert Rivera me había avisado de que ellos jamás permitirían que Bildu formara grupo con nosotros—, y el resultado fue que tuvimos que asumir un duro varapalo económico. Desde entonces, y durante seis años, tuvimos que administrarnos políticamente en una situación de crisis económica permanente.

La relación con Podemos cambió cuando se dieron cuenta de que la suma de votos entre Podemos e IU era superior a la del PSOE, y que podíamos ir a una repetición electoral en condiciones de ganar al PSOE. La repetición electoral parecía asegurada, porque PSOE y Podemos llegaron a estar ochenta días sin ni siquiera reunirse para explorar un acuerdo, y solo se sentaron forzados por una iniciativa nuestra en la que convocamos una mesa a cuatro partes (PSOE, Podemos, Compromís e IU). Sin embargo, el PSOE estaba negociando en paralelo con Ciudadanos un acuerdo que, sin sumar mayoría, llegó a firmarse entre Pedro Sánchez y Albert Rivera. Tuvimos muchas presiones para apoyar aquel acuerdo, pero nos negamos a una fórmula como esa y seguimos intentando un acuerdo para un Gobierno de izquierdas. No se logró y nos fuimos a la repetición electoral.

La novedad de aquella repetición electoral era la alianza que alcanzamos entre Podemos e IU, y que se llamó Unidos Podemos. A nosotros no nos gustaba ese nombre, que era claramente de parte. Es más, muchas cosas de aquel acuerdo fueron vistas por la militancia de IU como una humillación, empezando por el quinto puesto que ocupé yo en las listas. Había quien creía que presentándonos solos de nuevo, y visto que el fracaso de la repetición electoral se imputaba a Podemos, podía permitirnos mejorar por mucho nuestros resultados. La dirección del PSOE me hizo llegar sus encuestas y me afirmó que IU estaba en condiciones de obtener grupo parlamentario propio y recuperar muchos votos de Podemos. La decisión que finalmente tomamos fue, sin embargo, la de intentar explorar la oportunidad de superar al PSOE y tener por primera vez en España un Gobierno de fuerzas a la izquierda de la socialdemocracia.

Se ha debatido mucho acerca de por qué no logramos ese objetivo, que incluso las propias encuestas daban por garantizado el mismo día de las elecciones. Probablemente sean muchos los factores que lo explican. Algunos podrían ser los siguientes. En primer lugar, los espacios de Podemos e IU se habían vuelto en parte refractarios, de manera que quizás había mucha gente dispuesta a votar a solo uno de los dos, pero no a la unidad entre ambos. Desde luego en IU, tras haber competido unos meses atrás con Podemos, había gente que no estaba dispuesta a votar algo con Podemos. El propio excoordinador de IU anunció públicamente que le costaría votar una candidatura de unidad. En segundo lugar, Podemos había errado tácticamente a la hora de presentar una propuesta de cogobierno con el PSOE en el que el componente social pareció no importar demasiado. En tercer lugar, Podemos había iniciado ya una sonadísima disputa interna que llevó al relegamiento de Íñigo Errejón y el cese del número dos en mitad de las negociaciones. En cuarto lugar, empezaron a aparecer informaciones falsas sobre supuestos asuntos oscuros de Podemos, todos los cuales resultaron ser inventados, y que dejaron honda impresión en el electorado español. Seguro que podríamos continuar enumerando posibles razones de aquel proceso que no culminó como nos hubiera gustado.

Lo que vino después es más conocido. Hubo un golpe palaciego en el PSOE para derribar a Pedro Sánchez, que se negaba a dejar gobernar al PP, y el PSOE entró en una situación de crisis que solo se enmendó cuando el propio Sánchez volvió a ser elegido líder tras ganar las primarias de su partido. En ese tiempo nosotros no conseguimos rebasar al PSOE, a pesar de su debilidad. Nuestra propia situación interna era muy delicada, fundamentalmente porque Podemos había comenzado un lento proceso de descomposición interna. Mientras tanto, el PP gobernó con Mariano Rajoy en minoría hasta 2018, cuando una moción de censura logró desalojarlo de la Moncloa. Aquello era la antesala de los acuerdos que estaban por venir para formar un Gobierno de coalición, pero aún haría falta superar muchas más dificultades.

La incapacidad de sacar adelante los presupuestos de final de año provocó un adelanto de elecciones. La tensión con los partidos independentistas era fuerte, pues apenas había pasado un año desde la declaración unilateral de independencia y todo lo que la siguió. Intenté convencer a Carles Puigdemont para aprobar aquellos presupuestos, y ayudé en lo posible a que se iniciaran conversaciones entre María Jesús Montero y el equipo del *expresident* de Cataluña. No fue posible y nos fuimos a elecciones.

La coalición de izquierdas, ya con el nombre de Unidas Podemos, llegó a las elecciones de abril de 2019 exhausta. A principios de año se había producido la fatal fractura en Podemos, con Íñigo Errejón fundando otro partido con la que hasta entonces era la alcaldesa de la ciudad de Madrid, Manuela Carmena. Aquello hizo mucho daño a Podemos, pues lo dividió en casi todo el país, haciéndoles perder una gran cantidad de dirigentes y militantes y, lo que a la larga fue peor, instalando en la dinámica interna un miedo permanente a las conspiraciones internas. En IU no estábamos mejor, y uno de nuestros excoordinadores, Gaspar Llamazares, había fundado también otro partido, mientras que nuestro líder en Cataluña se pasó a ERC junto con una parte de la organización. La impresión general era que todo se venía abajo, y nos costaba mucho mantener la impresión de que no era para tanto. Por supuesto, las encuestas trasladaban una imagen de gran deterioro.

Al final las elecciones no fueron tan mal, porque, en las últimas semanas, la candidatura de Unidas Podemos remontó mucho, probablemente por el enorme atractivo que seguía teniendo Pablo Iglesias, y logramos mantener un resultado decente. Suficiente, además, para que pudieran iniciarse conversaciones para formar un Gobierno de coalición entre PSOE y Unidas Podemos. De hecho, las conversaciones se iniciaron con buena predisposición por ambas partes. Pero, desgraciadamente, los resultados de las elecciones en Madrid, que tuvieron lugar un mes más tarde, lo cambiaron todo.

En la región de Madrid la escisión de Podemos, Más Madrid, logró superar amplísimamente a Unidas Podemos —obteniendo casi tres veces más votos—, y en la propia capital la candidatura de Izquierda Unida, apoyada por Podemos, se quedó fuera del ayuntamiento. Aquel resultado tuvo un impacto demoledor para Unidas Podemos, y el PSOE lo leyó como una debilidad fundamental que debía explotar. Aquello haría prácticamente imposible el acuerdo para un Gobierno de coalición.

Aun así, se intentó. Podemos estaba ya en una fase de histeria interna tan grande que ninguno de los que no éramos del partido nos enterábamos de mucho. Además, desde 2017 yo había manifestado públicamente diferencias con algunos aspectos de la estrategia de Podemos, la cual nos imponían a los demás, y, desde sus esquemas cada vez más cerrados, aquello me ubicaba en una postura cercana a la traición.

De aquellas negociaciones me enteraba yo más por la prensa, que me contaba lo que filtraban desde Podemos, que por mis propios compañeros de alianza. Pero no me involucré de ninguna forma hasta que me llamó María Jesús Montero. Era verano y estaba en la piscina comunitaria junto con Anna y Olivia cuando sonó el teléfono. Lo recuerdo como si fuera ayer, porque lo que me dijo me pareció surrealista. El problema era que nadie de Podemos le cogía el teléfono y por lo tanto no podía transmitir sus nuevas propuestas, en particular que cedían la cartera de Igualdad a Unidas Podemos. Yo llamé a Pablo Echenique, secretario de organización de Podemos, y le transmití el mensaje. Su respuesta fue un amable «no te metas». Sin embargo, en los grupos que teníamos en Telegram —el programa que utilizamos para comunicarnos—, Podemos nos contaba a los demás que el PSOE no soltaba Igualdad y que la situación era de bloqueo. Estaban mintiéndonos, y yo lo sabía.

Además, a esas alturas ya conocía bastante bien las formas de negociar de Podemos. Su lógica era la del *chicken game*, es decir, la de resistir la posición hasta que es el otro el que cede. Pablo Iglesias tendía a pensar siempre que era el contrario el que tenía más que perder, de manera que mantenía la posición más tiempo que nadie. Eso nos lo habían hecho a nosotros y se lo había visto hacer a más gente, tanto dentro del partido como en sus relaciones con sus aliados y también ahora con el PSOE. ¡La diferencia era que ahora nos jugábamos un Gobierno!

Podemos acabó reconociendo que el PSOE había cedido el Ministerio de Igualdad, además de otras carteras, pero al mismo tiempo el PSOE se sacó de la manga una estupidez de propuesta destinada a vetar a Pablo Iglesias. Este, en un gesto tan noble como inteligente, aceptó el veto con tal de que pudiera haber Gobierno de coalición. Y se puso encima de la mesa la propuesta final de Gobierno de coalición, sin Pablo Iglesias. Tuvimos un debate intenso en Unidas Podemos, donde tanto Yolanda Díaz, como los Comunes e IU defendíamos aceptar la propuesta. Los que no querían aceptarla eran los de Podemos, y especialmente la propia Irene Montero. Luego se dijo que los críticos éramos unos cobardes porque no queríamos entrar en el Ejecutivo y solo apoyábamos un Gobierno del PSOE en solitario, pero lo que realmente estábamos votando era que Podemos aceptara el veto de Pablo Iglesias y que entrara igualmente en el Gobierno. No quisieron, y aquello acabó en catástrofe. Fuimos a otras elecciones.

Si las anteriores elecciones habían costado, pues llegábamos con la lengua fuera y descompuestos, en estas la cosa era mucho peor. Ya no había confianza entre nosotras, y algunos, como yo mismo, éramos tratados como traidores a los que no merecía la pena dirigir la palabra solo por haber discrepado. Con todo, fuimos responsables, aguantamos la posición e hicimos campaña como si no estuviera pasando nada especialmente grave. El pueblo español fue bastante más listo y responsable que nosotros y los resultados de noviembre mostraron que las cosas no habían cambiado tanto respecto a abril. El PSOE tuvo que ceder y de inmediato Pedro Sánchez llamó a Pablo Iglesias para decirle que aceptaba un acuerdo de coalición y, esta vez sí, sin vetos de ningún tipo. Casi cuatro años después de que fuera posible por primera vez, se lograba un acuerdo para un Gobierno de coalición progresista.

Pablo Iglesias me llamó un par de días más tarde y me dijo que teníamos cuatro ministerios, y que propondría a Yolanda Díaz como ministra de Trabajo, a Irene Montero como ministra de Igualdad, a él mismo como vicepresidente y ministro de Derechos Sociales y que estaba buscando a una persona de Comunes para dirigir el Ministerio de Universidades, ya que su propuesta original, Pablo Echenique, era inviable por un problema que había tenido con los pagos a la seguridad social. Yo no estaba ni mucho menos en la terna, y de hecho ni siquiera había un quinto ministerio disponible.

Desde IU le pedimos a Pablo Iglesias la portavocía del Congreso. No teníamos un especial interés en estar en el Gobierno de coalición, pero sí nos parecía que IU se merecía un protagonismo que le permitiera influir en el futuro del país. Podemos no aceptaba esa opción, probablemente porque yo no era de fiar para ellos y porque querían la portavocía bajo su control. Pablo Iglesias me llamó, tras una intervención de Enrique Santiago, y me confirmó que había conversado con Pedro Sánchez sobre mi figura. Iglesias convenció a Sánchez explicándole que era mejor tener a una figura como yo en el Gobierno y no en el Parlamento, donde podría criticar al Gobierno desde la izquierda. Aceptaron el quinto ministerio para Unidas Podemos.

Pablo Iglesias y yo tuvimos una conversación honesta para aclarar los términos de la nueva fase de nuestra alianza. Él me explicó que creía que la participación en el Gobierno debería brindarnos la oportunidad de reconstruir los puentes que se habían roto en los últimos años. Y la verdad es que durante los dos años siguientes nuestra relación mejoró sustancialmente, si bien en adelante apenas tratamos cuestiones de política. Nos limitábamos a conversaciones respecto a nuestros hijos, que además compartían clase en la escuela infantil del Congreso. Mi sensación era que el respeto mutuo continuaba, pero no así la confianza política.

Gobierno y limitaciones programáticas

Nuestra tradición política había identificado muy bien que estar en el Gobierno no significa ser el poder. La equivalencia entre Gobierno y poder sirve para una sociedad feudal donde un rey absolutista tiene el control de cada aspecto de la sociedad, por pequeño que sea. En las sociedades democráticas, en cambio, hay límites sanos a ese poder absoluto, y hay, o debería haber, pesos y contrapesos que reducen la capacidad de actuación de los Gobiernos. Pero lo fundamental es que en las sociedades que además son capitalistas gran parte del poder es ajeno a las instituciones democráticas y se ubica en lo que conocemos como mercado. Así, las grandes empresas y lo que el jurista italiano Luigi Ferrajoli llama «los poderes salvajes» tienen tanto o más poder que los Gobiernos elegidos democráticamente. Esto resultó especialmente obvio durante la crisis financiera, cuando los fondos de inversión y otros inversores internacionales doblaron los brazos a los Gobiernos tanto como quisieron.

No obstante, no se trata solo de la relación entre acreedores y deudores, sino que la capacidad de intervención política de las grandes empresas es inmensa por muy diferentes canales. Son ellas las que contratan equipos gigantes de profesionales especializados en materias, como la jurídica, donde muchas veces el Estado está en desventaja. Y, sobre todo, son también ellas las que financian con cantidades brutales en concepto de publicidad a los grandes medios de comunicación que pueden cambiar la imagen de un representante público de la noche a la mañana.

Pero no nos llevemos a equívoco con este discurso. El concepto de «grandes empresas» no refleja a un sujeto único, sino a un conglomerado plural y diverso que engloba a empresas de muy diferente tipo y las cuales, a su vez, tienen intereses que pueden ser antagónicos entre sí. Tampoco pueden las grandes empresas decidir quién gobierna y quién no, ni pueden tomar directamente las decisiones que le corresponden a un Gobierno elegido democráticamente. Pero lo que sí pueden hacer es condicionar en gran medida el curso de los acontecimientos, especialmente cuando hablamos de aquellas empresas que manejan un mayor volumen de negocio. Y los canales para hacerlo son muy diversos.

Otra cuestión que a menudo lleva a equívocos a gran parte de la izquierda es la que tiene que ver con la naturaleza del Gobierno. Como se verá en este libro, la cuestión del Estado es una de las más debatidas en toda la tradición política del socialismo, lo que expresa la dificultad para entender bien el papel del Gobierno. Una de las máximas más simplificadoras, y erróneas, es aquella que reduce la naturaleza del Gobierno a la de ser «el consejo de administración que rige los intereses colectivos de la clase burguesa», como se afirma en el *Manifiesto comunista*. Las cosas son mucho más complejas y, como veremos, es más adecuado definir el Estado como una relación social que condensa las correlaciones de fuerzas entre clases sociales, lo que permitirá entender mejor por qué el Estado a veces parece comportarse a favor de las clases oligárquicas y otras veces a favor de las clases populares.

Tampoco es correcta la imagen que se traslada del Gobierno como un conjunto uniforme de intereses perfectamente estructurados y con una estrategia política coherente y consistente. Por el contrario: el máximo poder público es un conglomerado de intereses heterogéneos que entran en disputa en momentos específicos y en contextos determinados, con lo que es imposible predecir de antemano cuál será el resultado de las colisiones de dichos intereses. Además, factores aparentemente tan inocuos como la personalidad de los protagonistas o la metodología de una negociación son ciertamente relevantes para entender el discurrir de los acontecimientos.

Ambas cuestiones emergieron de manera clara para mí durante los primeros compases del Gobierno de coalición. Más concretamente, durante la pandemia y los debates que la siguieron. Se trataba de un acontecimiento para el que no existía manual de instrucciones y para el que todo el mundo estaba ciertamente descolocado. Nadie hubiera imaginado que llegaríamos a ver el confinamiento de toda la población española para evitar contagiarse del virus. Y, por supuesto, nadie tenía la más ligera idea de cómo sería adecuado intervenir social y económicamente para proteger a la población.

Algunos países decidieron que la mejor manera de confrontar el virus era lograr una inmunización rápida, con lo que prácticamente no alteraron las normas y permitieron que la vida siguiese más o menos como había sido hasta entonces. Pronto tuvieron que corregir esa dinámica debido a la inasumible cantidad de fallecimientos, sobre todo de personas de edad avanzada, y de contagios con síntomas más leves pero que saturaban los sistemas sanitarios. Esta visión resultó en parte atractiva para determinados integrantes de los Ministerios de Economía y de Hacienda, los cuales estaban enormemente frustrados por el impacto de la pandemia. En los debates que mantuvimos en los órganos de gobierno llegué a escuchar lamentos respecto a por qué los españoles no éramos tan disciplinados como los japoneses y no éramos capaces de ir a trabajar manteniendo una distancia social entre nosotros. Fuera como fuese, finalmente todos los países convergimos en disposiciones de estricto confinamiento.

El debate sobre las medidas de protección económica fue enorme. No tuvo lugar en el Consejo de Ministros, sino en otros órganos de gobierno dedicados a asuntos económicos, y dividieron a los que participábamos no por las siglas de nuestras organizaciones sino por nuestra visión económica. Había una parte del Gobierno más conservadora y ortodoxa, contraria a una rápida intervención económica en forma de desembolso masivo de dinero público para contrarrestar el impacto negativo de la pandemia. Otra parte defendíamos precisamente eso, esto es, una forma de keynesianismo radical que permitiera compensar la caída de actividad económica al tiempo que protegía a las familias proporcionándoles ingresos. El debate fue muy intenso, y en algunos momentos incluso desagradable en lo personal. Era comprensible, por la cantidad de estrés que teníamos todos en aquellos momentos, y por la magnitud de la responsabilidad que estábamos asumiendo colectivamente como Gobierno. No pocas veces tuve conversaciones por teléfono en las que nos disculpábamos por las posibles ofensas que hubiéramos podido cometer durante nuestras intervenciones en los órganos. Al final se impuso la cordura, desde mi punto de vista y, aunque perdimos un tiempo precioso, logramos poner en marcha lo que luego se llamó el «escudo social». Más tarde la Comisión Europea formalizaría este tipo de intervención, dando así un giro espectacular a la que venía siendo su política económica desde hacía décadas.

Aquella experiencia reflejaba no a un Gobierno con una hoja de ruta clara, ni mucho menos que obedeciera directrices empresariales. Ni siquiera había un planteamiento común en el seno de las distintas fuerzas políticas que conformaban el Gobierno. Lo que sucedió realmente es lo normal y lo que debiéramos esperar en situaciones así, de enorme incertidumbre y totalmente inesperadas. En esos momentos todos pusieron lo mejor de sí mismos, y echaron mano de la caja de herramientas que cada uno tenía a su alcance. Las cosas fueron mucho más prosaicas de lo que la gente tiende a creer desde fuera.

Más allá de esos grandes debates de país, que hubo varios de enorme importancia, también teníamos nuestras propias escaramuzas entre ministerios. La primera gran medida que tuve que abordar desde el Ministerio de Consumo fue la de la problemática del juego de azar y las apuestas. El juego de azar es legal en nuestro país y, de hecho, la mayoría de los españoles ha jugado o juega alguna vez a la lotería, por ejemplo. Pero en los últimos años, y como consecuencia tanto del desarrollo tecnológico como de la pobreza inducida por la crisis económica, la expansión de los salones de juego o casas de apuestas ha sido tremenda entre los barrios más populares. Ello ha producido una verdadera epidemia de actividad de juego de azar, el cual conlleva serios riesgos para la salud, en un porcentaje que va desde el 10 hasta el 15 por ciento de la población. Es decir, si diez jóvenes entran a divertirse en una casa de apuestas, es muy probable que al menos uno de ellos desarrolle a partir de entonces un trastorno del juego. Algo que puede ir desde episodios de ansiedad y estrés hasta patologías severas como la ludopatía, la cual puede destrozar a la persona y a su entorno.

En nuestro país las casas de apuestas estaban por todas partes. No solo físicamente, con ese despliegue en los barrios de las grandes ciudades. También en internet y en la publicidad que veíamos cuando poníamos la televisión o la radio. De hecho, era imposible no encontrarse con un anuncio de una casa de apuesta cada pocos minutos mientras veías un partido de fútbol en televisión. Esa publicidad era el vector de entrada de muchos nuevos jugadores, que se veían atraídos por la circunstancia adicional de que la mayoría de los jugadores profesionales animaba a esta actividad. En efecto, los clubes de fútbol estaban especialmente volcados —no todos, puesto que algunos, como la Real Sociedad, se negaban a ello— en la promoción de este tipo de actividad. Es más, casi todos ellos llevaban publicidad de estas casas de apuestas en sus propias camisetas oficiales. Y en algunos casos incluso los nombres de los estadios deportivos eran ya los nombres de las compañías de juegos de azar.

Se había cruzado la necesidad con el negocio. Los clubes de fútbol, como les pasaba también a los medios de comunicación, habían visto como la crisis financiera había provocado una merma considerable en sus ingresos, especialmente los publicitarios. Por esa razón habían recurrido de manera tan intensa a este nuevo sector, el de las casas de apuestas. Y de repente, aparecía un ministro que decía que todo eso se tenía que terminar.

Ahora bien, aquello no era tan sencillo como decirlo. En primer lugar, había problemas administrativos. Como decía antes, el juego de azar es legal en nuestro país, lo que significaba que no podíamos prohibir las casas de apuestas sin prohibir todos los juegos de azar, entre ellos las loterías, la ONCE, el bingo, el póker y tantos otros. Además, cambiar una ley es un proceso extremadamente lento, y la actualidad nos empujaba a la necesidad de intervenir lo antes posible. Por eso llegamos a la conclusión de que teníamos que manejarnos dentro del paradigma de la regulación —no prohibiríamos, pero haríamos mucho más estricto el uso de la publicidad— y para ello teníamos que ir poco a poco. La fórmula normativa más rápida para ello se llama «real decreto», que es simplemente el desarrollo de una ley y donde se establecen los detalles de la misma. Hicimos un primer borrador que anunciamos muy temprano.

Creo que casi nadie lo entendió. Quienes más reclamaban una regulación estricta consideraron que se quedaba muy corto y que era una cesión inadmisible a las casas de apuestas. Con todo, necesitábamos manejarnos dentro del esquema de la regulación, y esperamos al dictamen del Consejo de Estado, el cual nos recomendó ir más allá. Así que recorrimos ese paso adicional e hicimos más ambicioso el proyecto. En solo un año ya teníamos aprobado el real decreto, que entraría en vigor un año más tarde. Actualmente no hay ya ningún tipo de publicidad en las competiciones deportivas ni en la televisión ni radio, con excepción de los horarios de la madrugada. Una regulación que se ha convertido en la más estricta de toda la Unión Europea.

Terminó como un éxito, y la gente piensa que la mayor resistencia ha estado en las grandes empresas del sector del juego. No es cierto. Los que pusieron más problemas para aprobar esta norma fueron los medios de comunicación y los clubes de fútbol, que aún hoy siguen recurriendo la norma en los tribunales. La clave está en el dinero, y es que tanto los medios como los clubes dejaron en un par de años de ingresar todo ese dinero en concepto de publicidad. Y ahí estuvo el verdadero obstáculo al proceso.

No obstante, el problema no se agota con la cuestión de la publicidad. Nuestras competencias llegaban hasta ahí, pues no alcanzamos la cuestión de los salones físicos donde juegan en sus barrios los jóvenes. Y, además, el problema de fondo es de educación. Nunca he creído que la prohibición sea la panacea de nada; es tan solo un instrumento que debería ser evitable con una buena educación y formación. Por eso nos falta mucho más para mostrar a la ciudadanía los verdaderos problemas que lleva asociada una actividad de azar que es tan antigua como, probablemente, las relaciones sociales mismas.

Cambio climático y medidas concretas

Casi todo el mundo está de acuerdo con que el cambio climático es un problema grave. Al menos en España el negacionismo científico es residual y, en consecuencia, es difícil encontrarse con gente que piense que todo esto del calentamiento global es mentira. Ahora bien, cuando pasamos de este nivel de conciencia a la toma de decisiones concretas la cosa es más complicada.

En la búsqueda constante por encontrar cómo podía mejorar la sociedad a través del ministerio, encontré que un campo fértil podía ser el del consumo responsable y sostenible. Nuestra forma de consumir importa, y mucho, para el futuro del planeta.

Por lo general ignoramos el impacto que generan los procesos de consumo en los que nos vemos involucrados. Cuando vamos a un supermercado y cogemos un producto cualquiera, rara vez nos preguntamos por el complejo proceso que hace que haya llegado al estante. A poco que lo hagamos descubriremos que ese proceso implica una serie de costes sociales, ecológicos y laborales que nos parecen invisibles a primera vista. Por eso durante toda la legislatura he insistido en que la actividad de consumo es, realmente, una relación social. La forma en la que consumimos tiene impacto sobre la sociedad que somos, y esto es algo que deberíamos plantearnos mejor cuando tenemos encima de la mesa retos tan urgentes como el del cambio climático.

Cuando anuncié en el ministerio que teníamos que concienciar sobre el consumo de carne, algunas personas se llevaron las manos a la cabeza. Nos iban a crucificar, nos advirtieron. Era algo con lo que ya contaba, desde luego, aunque por entonces no era consciente de la magnitud de aquella campaña. Iba a ser un proyecto complicado, pues se trataba de un asunto complejo que se iba a plantear en un contexto político de enorme crispación. Todo eso era verdad, pero había que abrir esa grieta por la que luego otros pudieran colarse con más facilidad. Dicho de otra forma: había que comenzar un proceso de concienciación sobre la cuestión del consumo de carne, y el mejor lugar para hacerlo era el ministerio. No íbamos a decir nada nuevo, pues la comunidad científica había avanzado en este tema muchísimo en las últimas décadas, pero sí íbamos a ser los primeros en llevar al foro público esta cuestión tan controvertida; ¡íbamos a señalar una contradicción central de nuestro modelo de producción y consumo!

Nuestra propuesta nunca fue prohibir el consumo de carne, que era algo que tampoco hubiéramos podido hacer. Ni siquiera recomendamos que se redujera a cero dicho consumo. Nuestra propuesta estaba basada en las recomendaciones sanitarias de reducción de consumo de carne, y en la evidencia científica que había planteado que el vector del consumo de carne era uno de los principales emisores de gases de efecto invernadero. Además, insistimos en que el modelo era importante, y que no era lo mismo la carne procedente de la ganadería extensiva, mucho menos contaminante, que la de las grandes explotaciones intensivas, que son terroríficas para los animales y para el planeta. Explicamos todo el proceso de producción e hicimos visibles los costes que conlleva dicho proceso, desde la deforestación de bosques en América Latina para poder producir soja con la que alimentar al ganado español, hasta las emisiones de metano del ganado, pasando por la contaminación de ríos y suelo que provocan las grandes explotaciones. Nuestra propuesta estaba perfectamente planteada y muy bien respaldada por la ciencia.

Sabíamos que todo eso daba igual. Esperábamos un ataque furibundo, y así fue. Las grandes empresas nunca fueron el problema en este punto, puesto que simplemente mostraron su desaprobación con la campaña. El problema vino porque la oposición política utilizó desde el primer minuto esta campaña como un instrumento para desgastar al Gobierno, dado que entendían que la contradicción social que implicaba podía ser explotada en su favor. Ellos pensaban que esa contradicción ponía de un lado a los ganaderos, al sector rural y a los más tradicionalistas, de un lado, y a los urbanitas y a los ecologistas, de otro. Al fin y al cabo, ese era el traje que nos intentaban colocar: el de ser unos *hippies* veganos que querían destruir los modos de vida tradicionales de la gente del campo, un esquema que la extrema derecha viene intentando repetir desde hace muchos años en todas partes.

Como se trata de una contradicción real, algunos de los elementos que aparecían en ese «traje» son reales. Hemos vivido durante muchas décadas con un modelo de producción y consumo profundamente dañino desde el punto de vista ecológico, y que además conlleva grandes perjuicios sociales. Es natural que el productor primario que depende de este modelo se resista a los cambios. Por otro lado, en las grandes ciudades suele haber mayor concentración de personas con inquietudes ecologistas y que apremian mucho más en la velocidad de los cambios. Cambiar el modelo de la noche a la mañana es imposible, razón por la cual hablamos siempre de transición ecológica. Pero los matices aquí son importantes.

Por ejemplo, la ciudadanía que se levantaba contra las grandes explotaciones no era la urbanita, sino la rural. Las luchas más importantes contra las macrogranjas las han llevado a cabo los municipios donde estas se instalan, es decir, municipios del mundo rural. Igualmente, los ganaderos y las ganaderas que se dedican a la explotación extensiva, y que producen alimentos de mucha mayor calidad, también estaban de acuerdo con nuestro discurso. Las principales afectadas eran las grandes explotaciones, cuya propiedad era de familias adineradas o incluso de fondos de inversión. Son estas grandes explotaciones las que están desplazando las formas tradicionales de ganadería, de manera que el conflicto se sitúa también, en ese punto, en términos ya no solo de modelo en general sino de salarios, empleos y sostenibilidad de la vida rural. Algo mucho más complejo de lo que la derecha quiso hacer ver.

La respuesta del PSOE fue tan decepcionante como predecible. La primera persona del Gobierno que salió a defender la campaña fue la vicepresidenta para la Transición Ecológica, Teresa Ribera, quien comprendía que se trataba de una campaña de concienciación para un consumo más sostenible y que era, no en vano, congruente con lo que había dicho y hecho el Gobierno hasta entonces. Pero su honesta voz fue silenciada por las intervenciones de otros ministerios, como el de Agricultura y el de Industria, que rápidamente salieron a criticar la campaña. La derecha olió sangre en el Gobierno de coalición y acrecentó sus críticas.

Los medios de comunicación llegaron a publicar que yo estaba sentenciado y que sería próximamente destituido. Habían pasado 24 horas y parecía estar solo. Ni siquiera mis compañeros de Podemos habían salido a defenderme. Pero tenía muchos aliados, además de una convicción de hierro en este punto, y las organizaciones ecologistas sí se hicieron eco positivo de la campaña. Fue entonces cuando llegó la intervención de Pedro Sánchez en la que dijo, en una rueda de prensa desde Lituania, que a él le gustaban los chuletones al punto. A mí, aquellas palabras me pillaron interviniendo en la tertulia de *Al rojo vivo*, y el presentador, Antonio Ferreras, me preguntó en directo por mi opinión sobre la postura del presidente. Fui todo lo educado que pude, puesto que no quería poner en riesgo ni mínimamente el Gobierno de coalición.

Lo que pensaba entonces, y pienso ahora, es que el PSOE midió mal. Su miedo a lo que pudiera hacer la derecha con un marco así —mundo rural contra urbanitas— les paralizó. Se acercaba el verano y pensaban que el español medio querría disfrutar de una barbacoa pospandemia sin que ningún ministro comunista les dijera que tenían que moderarse, y prefirieron sacrificar el discurso ecologista —y la coherencia con lo hecho hasta entonces en este campo— antes que jugársela de ese modo. Me dejaron a los pies de los caballos, pero la contradicción les cayó en su campo. Yo no cedí y me dediqué a conceder tantas entrevistas como podía para explicar estas posiciones. Unos meses más tarde tendríamos una nueva polémica a cuenta del mismo tema, y desde Moncloa volverían a invitarme a no dar más entrevistas. Aquello me convenció de que tenía que dar muchas más.

El PSOE apagó el incendió provocando una crisis de Gobierno y cambiando a muchos ministros. Pero, en contra de lo publicado por los medios de comunicación, yo continué. A los dos días ya por fin mis compañeros de espacio político salieron a defender mi posición, y pareció que al final todos entendían que esto era no solo una vía necesaria sino también una victoria política. El PSOE había sido demasiado conservador.

Unos meses más tarde sucedió algo que me confirmó en estas tesis. Se aproximaba el *Black Friday*, una especie de orgía consumista, y desde el ministerio propusimos hacer una campaña que concienciara sobre su impacto ecológico. Buscábamos de nuevo la misma idea, esto es, que la gente optara por fórmulas de consumo con menor impacto sobre el planeta y las relaciones laborales. Nos pareció buena idea contratar una lona gigante que poner en la Gran Vía de Madrid para esos días. El mensaje de la lona, «Tu consumo puede salvar al planeta», no era revolucionario, pero nos servía. Se preparó con meses de antelación. Y el último día, literalmente a horas de que la lona, ya impresa y preparada, se colgara en las paredes de uno de los edificios del centro de Madrid, el PSOE intervino para vetar la iniciativa. El departamento de comunicación de Moncloa nos explicó que consideraba que era muy peligroso dar argumentos a la presidenta de la Comunidad de Madrid, Isabel Díaz Ayuso.

Cuando me dieron la noticia yo estaba en un acto en Córdoba, y no me podía creer que el PSOE estuviera tan secuestrado por la agenda política de la derecha. Pero no era la primera ni sería la última vez que notábamos que el PSOE se preocupaba más de lo que hacía Ayuso y el PP que de su propia agenda. Al final aquella lona no se puso, y el lema «Tu consumo puede salvar al planeta» se apagó para siempre bajo el prisma conservador del PSOE. Como en tantas otras ocasiones más.

Somos lo que comemos

Otras de las líneas que con más ahínco trabajamos fue la del consumo saludable. La forma en la que comemos, y lo que comemos, determina en gran medida nuestra calidad de vida. Naturalmente se trata de la relación mediada por otros factores, entre ellos el de la clase social. En efecto, la pobreza es un vehículo casi seguro para alimentarte poco y mal, también en las sociedades desarrolladas como España.

De acuerdo con el estudio Aladino, del propio Ministerio de Consumo, que se publica cada dos años, la tasa de obesidad infantil entre niños de 6 a 9 años es el doble entre las familias con menos recursos que entre las familias con más recursos. Eso es una expresión del impacto social que tiene la pobreza no solo en el aspecto cuantitativo (cuánto comemos) sino también en el aspecto cualitativo (qué comemos). Las familias con menos recursos disponen de menos información para saber qué tipo de alimentos son mejores para los menores, pero también disponen de menos tiempo para cocinar, están más estresadas y son más sensibles a la publicidad de alimentos no saludables. El resultado de tal combo de circunstancias es que estas familias con menos recursos acuden mucho más al socorro que, en esas vidas, supone la comida barata y rápida, alta en azúcares, grasas y en otros nutrientes que en cantidades elevadas se alejan mucho de la dieta saludable.

En España hemos hecho gala casi siempre de la llamada dieta mediterránea, baja en consumo de grasas, como la carne roja, y alta en legumbres, frutas, verduras y otros productos que la ciencia ha demostrado que son los más saludables. Desgraciadamente, este tipo de dieta resiste más en la publicidad institucional que en la realidad de los hogares españoles. Estos han sido empujados cada vez más a otros patrones y hábitos de consumo, los cuales se han instalado de manera tan firme que los indicadores sanitarios a este respecto resultan casi imposibles de cambiar. Asuntos como la obesidad y el sobrepeso infantil son algunos de los rasgos que suelen destacarse en los estudios que tienen lugar para España, y que nos ponen cada vez más en la ruta de otros países como Estados Unidos o México.

Se trata de un problema complejo, afectado por muy diferentes variables —presupuesto familiar, disponibilidad de tiempo, información, publicidad comercial, etc.— y que sabíamos que teníamos que abordar desde un planteamiento transversal. Adoptamos una perspectiva integral, tratando todos los aspectos que podíamos. Pusimos en marcha programas piloto en colegios para conocer de primera mano las prácticas de los menores cuyos hábitos queríamos cambiar. Introdujimos cambios en las guías para los menús de los comedores escolares, aun sabiendo de todas las deficiencias que se encuentran en ese ámbito. Promovimos una subida de impuestos a las bebidas energéticas que fue muy reconocida por los investigadores preocupados por la materia. Y abordamos, finalmente, dos temas que nos parecían centrales: la información y la publicidad.

En ninguno de los casos logramos nuestros objetivos. Y en ambos casos el papel y la influencia de las grandes empresas no fueron el factor determinante, sino la obstrucción clara de otros ministerios de nuestro propio Gobierno de coalición.

Respecto a la información, quisimos facilitar que el ciudadano tuviera la mejor sobre lo que estaba consumiendo. Uno de los problemas con los que nos topamos es que cuando vamos a un supermercado nuestra forma de comprar no está definida por la reflexión concienzuda que se basa en la comparación entre productos a partir de la información nutricional que aparece en la etiqueta posterior. Nunca funcionamos así. Cuando vamos a comprar, la mayor parte de las veces con prisas, solemos tirar de la inercia, de manera que compramos siguiendo rutinas previamente establecidas y que no tienen mucho que ver con un estudio nutricional previo. Por lo tanto, buscábamos encontrar una fórmula que facilitara la información nutricional para que fuera compatible comprar productos con la reflexión sobre lo que compramos.

El principal problema es que, por su propia naturaleza, es imposible reducir a un solo indicador toda la información nutricional relacionada con un producto. Sin embargo, sí pueden diseñarse determinados sistemas que simplifiquen la información de un determinado modo. Uno de ellos es el etiquetado vigente en algunos países como Chile, que consiste en una etiqueta grande que alerta cuando un producto es alto en grasas, azúcares o similares. Es un sistema que consigue desincentivar el consumo de esos productos porque es fácil comprobar que ese producto es poco saludable. Las empresas normalmente están en contra de este sistema por la misma razón, ya que disminuye sus ventas y, por ende, también sus ganancias. Este es, para mí, el sistema ideal. Sin embargo, en España es imposible de implantar por razones legales. Para que un etiquetado sea obligatorio tiene que ser aprobado en todo el ámbito de la Unión Europea, y ningún país miembro puede implantar un sistema así de manera aislada.

Eso nos llevó al sistema de etiquetado voluntario, mucho menos eficaz para el propósito de desincentivar el consumo de productos no saludables. Dentro de los etiquetados voluntarios hay una gran oferta de sistemas, todos los cuales consisten en un algoritmo que otorga puntos positivos o negativos a cada producto en función de la composición total del producto. No es en absoluto fácil llegar a obtener un algoritmo satisfactorio, pues, como he dicho, es imposible reducir a un solo indicador una información tan compleja como la nutricional. Es perfectamente posible, y de hecho muy fácil, que determinados productos no encajen bien con el algoritmo y que este les asocie unos valores extraños; por ejemplo, que considere como saludables ciertos productos que no lo son, o viceversa.

Tras estudiarlo con profundidad, vimos que, de todos los sistemas existentes de etiquetado voluntario, el que contaba con más evidencia científica era el llamado Nutriscore. No era perfecto, ni mucho menos, pero era el que se ajustaba mejor a los criterios científicos o, dicho de otra manera, el que se dejaba menos «excepciones». Presentaba algunos problemas importantes, como que no valoraba los productos ultraprocesados, pero respondía muy bien ante una cantidad excesiva de determinados nutrientes, como los azúcares. En todo caso, se trata de un algoritmo que está siendo continuamente revisado por un comité científico.

Nuestro papel se limitaba aquí a simplemente informar a la ciudadanía de cómo funcionaba. Al tratarse de un etiquetado voluntario nosotros no podíamos decirles a las empresas que lo pusieran o que dejaran de ponerlo. Pero al regularlo sí podíamos establecer unas mínimas normas como, por ejemplo, que aquellas empresas que decidieran utilizarlo tuvieran que hacerlo en todas las líneas de producto y no solo en aquellas que les interesaban, para que no pudieran utilizar el indicador solo para promocionar aquellos productos que salían bien parados y no ponerlo en el resto. Regularlo era una forma de animar a la gente a conocer este sistema que les permitía comparar de manera rápida entre dos productos similares, por ejemplo a la hora de elegir entre varias marcas de cereales.

La ofensiva de la oposición fue notable. Esta vez vino por parte del PP de Andalucía, y más tarde supimos que se debía en parte a un intento de desgastar mi imagen pública y bajo la creencia de que yo iba a ser el próximo candidato a la Junta de Andalucía por Unidas Podemos. En todo caso, el PP puso la maquinaria a funcionar y promovió una verdadera campaña de desgaste. Con todo, la oposición más firme vino desde el Ministerio de Agricultura, que no compartía para nada que hubiera que simplificar esa información y discrepaba en lo fundamental. No creo que sus intenciones aquí fueran ni mucho menos perversas, pero lo cierto es que su obstruccionismo tenía más que ver con dejar las cosas como estaban que con una razonable crítica política a un instrumento con déficits. Además, era del todo punto incomprensible que un etiquetado que está vigente, porque cualquiera que vaya al supermercado lo encontrará en muchos productos, no tuviera regulación. Finalmente dejamos de lado nuestro intento de regular este etiquetado y nos concentramos en otras vías que nos parecieron más importantes.

Abordamos entonces la cuestión de la publicidad de alimentos dirigidos al público infantil, algo que nos preocupa mucho a todas aquellas personas que somos padres y madres de menores. Mi experiencia me dice que mis hijas, cuando me acompañan al supermercado, no quieren los productos por su contenido nutricional sino, básicamente, por la publicidad que lleva aparejada. Y se da la circunstancia de que esa publicidad está concentrada en determinados tipos de alimentos, como productos con alto contenido en azúcar, y no en las frutas y verduras. Así, existe un vínculo entre la publicidad dirigida al público infantil y el consumo de productos no saludables por parte de los menores. Es algo que todo el mundo entiende bien, y que debería abordarse de manera urgente. Nosotros lo intentamos, pero fracasamos porque, sencillamente, el PSOE no quiso apoyar la norma.

En España la regulación sobre la publicidad de este tipo viene marcada por un código de conducta que se denomina de autorregulación, lo que quiere decir que son las grandes empresas las que se autocontrolan a la hora de poner límites a la publicidad. Para cuando nosotros llegamos al Gobierno este sistema llevaba quince años implantado, y todos los estudios realizados sobre su eficacia mostraban que era un completo fracaso. Por nuestra parte, requerimos un informe independiente que llegó exactamente a la misma conclusión. Y por eso nos dispusimos a cambiar de paradigma: a partir de ahora la publicidad vendría regulada por criterios científicos, basados en perfiles nutricionales de la Organización Mundial de la Salud, y no por un código de autorregulación de las propias empresas.

Este proyecto, que se completó con un nivel de precisión extraordinario y tras numerosos encuentros con las empresas, las cuales, aunque en contra de la idea, sí mostraban interés en contribuir, no salió adelante y no se llegó a aprobar en el Consejo de Ministros. La oposición más firme vino, de nuevo, por parte del Ministerio de Agricultura, el cual, en sus dictámenes de oposición al proyecto, llegaba a decir que no existían productos nocivos *per se*, amén de que defendía las virtudes de la autorregulación.

El problema, tal y como yo lo entendí, es que el paradigma ideológico de ministerios como el de Agricultura era el del alimento-como-mercancía, es decir, una visión en la cual los alimentos son una mercancía más y que, más allá de proporcionarnos energía, son un componente importante del sistema económico. En esta concepción no importa demasiado si el consumo de alimentos tiene un impacto ecológico o sanitario sobre el planeta o nosotros mismos, pues eso se deja a la libre decisión del individuo que los consume. En este paradigma todo lo que sea poner trabas a la mercantilización de los alimentos es problemático y, por supuesto, todo aquello que sugiera qué se debe o no comer, aunque sea con fuente científica, es censurable. Este paradigma no es exclusivo del Ministerio de Agricultura sino de otros muchos.

Un paradigma distinto podría ser el que considera el alimento-como-derecho, que se da una visión más completa e integral del papel de la alimentación en la sociedad humana. En este paradigma sí importan los impactos sobre el planeta, sobre la salud y sobre otras dimensiones humanas. Y, por supuesto, se toman decisiones de regulación a partir de criterios distintos a los meramente economicistas. Este es el paradigma en el que me reconozco yo y en el que ubicamos la acción concreta del Ministerio de Consumo. También debería ser, por cierto, el paradigma del Ministerio de Sanidad, pero en tanto que estaba encabezado por el PSOE se mostró siempre en total silencio ante estas controversias que atravesaron al Gobierno de coalición. Es verdad que, a diferencia de otros ministerios del PSOE, el de Sanidad nunca elevó informes negativos sobre estos proyectos. Pero no deja de ser un premio de consolación que tu aliado potencial simplemente no se sume a la coalición de adversarios que quieren derrotar tus proyectos.

Estoy convencido, sin embargo, de que más temprano que tarde todos estos debates que hemos planteado, y de los cuales los aquí descritos solo reflejan una parte de la totalidad, acabarán abriéndose camino en la sociedad y en el Gobierno. Con el debate de la carne, del impacto ecológico del consumo o de la publicidad de alimentos dirigidos al público infantil pasará como ha ocurrido en nuestro país con el tema del tabaco. Al principio hubo una gran animadversión ante los intentos de regular algo que contaba con mucho apoyo social y que, sin embargo, que era declarado tóxico por la ciencia. Abrir la grieta fue muy complicado, pero hoy todos aceptan que los Gobiernos socialistas que aprobaron la prohibición de fumar en bares y restaurantes acertaron completamente. Creo, y además confío, que algo similar pasará con estos debates que hemos iniciado nosotros.

Un Estado contra el Gobierno

Se acercaba la Navidad de 2021, y a Anna y a mí nos apetecía pasar unos días en familia y lejos del habitual ruido político. Queríamos ir a algún sitio donde no se me reconociera y donde, al menos durante unos días, pudiera pasar por un turista más. Tomamos la decisión de ir a Escocia, que era además un viaje que teníamos pendiente desde hacía mucho tiempo. Lo que no sabíamos cómo gestionar era la seguridad, algo que desde hacía unos años no teníamos claro cómo manejar.

Yo he estado amenazado por la extrema derecha desde 2012, justo cuando me posicioné a favor de una sentencia del Tribunal Europeo de Derechos Humanos en relación con la conocida como «doctrina Parot». La policía me recomendó que dejara de viajar en metro, que nunca fuera solo por la calle y que tuviera cuidado en general. En años posteriores me han amenazado en otras ocasiones, incluso mandándome vídeos con balas con mi nombre. En 2017 llegaron a amenazarnos con boicotear nuestra boda, razón por la cual tuvo que ser vigilada por efectivos de la Guardia Civil y de la Ertzaintza. Y en 2018 tuvimos el gran susto cuando un ultra nos agredió en Málaga, justo a una semana de que Anna diera a luz a nuestra primera hija y poniendo en riesgo al bebé. Desde aquella ocasión he tenido protección de manera ininterrumpida, con todo lo que ello conlleva para el día a día. Y desde que fui nombrado ministro empecé a contar con una cápsula de protección formada por una decena de policías, los cuales te acompañan a todas partes para reducir los riesgos.

Este caso era, sin embargo, nuevo. Era la primera vez que íbamos a viajar al extranjero siendo yo, además, ministro. Así que no sabíamos si nos tenía que acompañar la escolta o si, por el contrario, podíamos viajar solos. Naturalmente preferíamos la segunda opción, pero estábamos preparados para la primera. Preguntamos a nuestro jefe de escolta y concluimos que había que elevar una pregunta a los altos cargos del Ministerio de Interior. Se trata de un trámite habitual donde, en teoría, evalúan los riesgos y toman una decisión acorde. Preguntamos y nos despreocupamos de la cuestión.

Unas semanas más tarde se publicó una noticia en un medio de comunicación de ultraderecha que llevaba el siguiente titular: «Interior niega la escolta a Alberto Garzón para sus vacaciones navideñas en Escocia». En el interior de la noticia aparecía el itinerario completo que seguiríamos en nuestras vacaciones, incluyendo los días exactos del viaje, el cual se nos había requerido para evaluar los riesgos de seguridad. Era aquella la primera noticia que teníamos de la respuesta desde el Ministerio de Interior.

Lo que había sucedido era grave, y sintomático. Alguien del Ministerio del Interior, además con funciones vinculadas a la seguridad de los altos cargos, había decidido filtrar a un medio de ultraderecha una respuesta —que aún no había llegado a los interesados— que exponía una vulnerabilidad evidente para la seguridad de un ministro. Naturalmente tuvimos que cambiar el viaje de fecha puesto que ahora todo el mundo conocía dónde y cuándo íbamos a estar, y sin protección alguna. Solicité al ministro de Interior que investigaran ese hecho, algo que nunca se hizo.

He explicado este caso personal porque me parece representativo del estado actual de la política española. No obstante, esto no es ni de lejos lo más grave que ha sucedido en nuestro país en los últimos años.

La misma crisis económica y política que permitió el ascenso de fuerzas como Podemos también generó el caldo de cultivo en el que creció de manera notabilísima el propio movimiento independentista. Ambos hechos, que manifestaron la posibilidad de cambios profundos en nuestro país, desataron también la respuesta de los sectores más reaccionarios. En este proceso los aparatos del Estado han sido cruciales, especialmente el aparato represivo y administrativo. Además, su capacidad de intervención estaba abonada por la experiencia previa, tanto por las prácticas durante la dictadura como aquellas extralimitaciones que se habían producido ya en democracia, como la guerra sucia contra el terrorismo que se llevó a cabo desde el Ministerio de Interior en tiempos del gobierno de Felipe González.

En las últimas décadas han tenido lugar operaciones directas desde los aparatos del Estado contra las fuerzas políticas que defendían modelos distintos del Estado o que, simplemente, estaban en la oposición. Así, la práctica del *lawfare* ha sido cada vez más común en España como instrumento contra los partidos políticos y los movimientos sociales de izquierdas e independentistas.

Quizás el caso paradigmático ha sido el de la operación orquestada desde el Ministerio de Interior durante el último Gobierno conservador. El ministro era Jorge Fernández Díaz, un ultracatólico que había asegurado que el mismo papa Benedicto XVI le había manifestado que «el diablo quería destruir España, porque el diablo sabe el servicio prestado por España a la Iglesia de Cristo». Ha quedado acreditado que el ministerio empleó los recursos públicos para obstaculizar la investigación de los escándalos de corrupción que afectaban a su partido, pero también para el seguimiento, investigación y persecución de sus adversarios políticos. Así lo determinó, de hecho, la comisión de investigación parlamentaria que durante 2017 investigó lo sucedido. De hecho, conocemos una parte importante de la trama porque al menos uno de los principales actores en esas operaciones irregulares, el comisario de policía José Manuel Villarejo, grabó varias o todas las conversaciones y las fue filtrando a los medios de comunicación según le fue interesando de cara a la causa judicial que finalmente lo ha llevado a la cárcel. En el momento de escribir estas líneas aún continúa el goteo de grabaciones filtradas.

Se conoce como «policía patriótica» a la institución parapolicial creada por el Gobierno conservador para conseguir sus objetivos políticos, pero en las conversaciones grabadas tienen protagonismo también la secretaria general del partido y otros altos cargos políticos conservadores. No obstante, debe tenerse en cuenta que esta trama no se agota con la relación entre el Gobierno conservador y determinados altos mandos de la policía. Muy al contrario: dichas operaciones no pudieron llevarse a cabo sin la participación de otros aparatos del Estado como son los medios de comunicación o el poder judicial.

El *modus operandi* se podría resumir de la siguiente manera. En primer lugar, la policía patriótica elaboraba pruebas falsas o buscaba cómplices que lo hicieran. Luego utilizaba a los medios de comunicación para filtrar esas informaciones falsas y provocar el desgaste público del adversario. Ello daba pie a que entidades privadas o particulares, normalmente ultraderechistas, denunciaran en los juzgados las supuestas prácticas irregulares de quienes realmente eran las víctimas. Finalmente, algunos jueces daban pábulo a las sospechas y mantenían abiertas las causas por tiempos extraordinariamente prolongados, asestando con ello a las víctimas un daño reputacional sumamente grave. Todas las denuncias han sido archivadas, pero algunas han estado vivas hasta ocho años mientras llenaban titulares en los medios de comunicación. Y probablemente el principal afectado por este procedimiento ha sido Podemos.

En efecto, en enero de 2016 se inició la «operación PISA», por la cual la policía patriótica acusó falsamente a Pablo Iglesias de haber recibido cerca de dos millones de euros de Irán. Según las conversaciones grabadas por Villarejo y difundidas años más tarde, la información falsa había sido creada por un alto cargo de la policía.[1] Aquella información fue publicada por un diario ultraderechista, y dio pie a múltiples denuncias judiciales que serían todas finalmente archivadas.

Tres meses más tarde, en plena campaña electoral, la policía patriótica pondría en marcha otra operación contra Podemos. Esta vez acusaban a Pablo Iglesias de recibir más de 200.000 euros del Gobierno de Venezuela. De nuevo el mismo diario ultraderechista publicó un documento que teóricamente acreditaba esos hechos, pero que resultó ser una creación de mala calidad de la propia policía. Está demostrado que durante aquellos años los altos cargos del Gobierno conservador se reunieron con exministros y exrepresentantes del Gobierno de Venezuela para incitarlos a proporcionar evidencias de financiación irregular de Podemos, así como cualquier otra información que pudiera desgastarlos. La investigación posterior ha desvelado que los testigos venezolanos recibieron presiones de la policía y del ministerio para alimentar la guerra sucia contra Podemos, a cambio de permisos de residencia y otros beneficios administrativos. Una de las grabaciones desvela que un alto cargo de la policía instaba a colaborar a un supuesto

1. Ó. López-Fonseca, J. J. Gálvez, F. J. Pérez, «Interior costeó con dinero público el viaje de la "policía patriótica" a EE. UU. para recabar datos contra Podemos», *El País*, 4 de abril de 2019.

testigo en los siguientes términos: «Si nos ayuda a que no lleguen los de Podemos [al Gobierno], mejor para todos».[2]

A pesar de la gravedad de lo hasta aquí descrito, en la mayoría de los casos los jueces ni siquiera han recibido la reprobación de sus superiores, los cuales se organizan en el Consejo General del Poder Judicial que tiene mayoría de miembros elegidos por la derecha y cuyo último presidente fue alto cargo de un Gobierno del partido conservador. La renovación de este órgano de gobierno lleva retrasada más de cinco años, coincidiendo con la última vez que la derecha tuvo el control del Parlamento, que escoge a parte de sus miembros.[3] Como consecuencia, han sido muchas las ocasiones en las que este órgano de gobierno ha elevado quejas públicas contra las declaraciones de dirigentes políticos de izquierdas, lo cual forma parte de la misma estrategia de desgaste político. El control de los órganos judiciales por parte de la derecha ha sido incluso reconocido por dirigentes conservadores, como cuando se supo que el portavoz de justicia del PP aseguró a sus compañeros que controlaban la sala penal del Tribunal Supremo —la que juzga a los políticos corruptos— «desde detrás».[4]

A la luz de estos hechos, es muy difícil no llegar a la conclusión de que una parte sustancial del poder judicial y del poder mediático, aparatos centrales del Estado, mantienen una posición de acoso y derribo contra, al menos, la fuerza de Unidas

2. J. J. Gálvez y Ó. López-Fonseca, «Ocho testigos sitúan a la "policía patriótica" de Rajoy detrás de la guerra sucia contra Podemos», *El País*, 14 de noviembre de 2002.

3. E. Herrera, «Cuatro años de parálisis en el Poder Judicial por el bloqueo del Partido Popular», *elDiario.es*, 3 de diciembre de 2022.

4. Ó. López-Fonseca, «Cosidó admite el mensaje de WhatsApp en el que presume de un futuro control del PP sobre el Supremo», *El País*, 19 de noviembre de 2018.

Podemos y, en no pocas ocasiones, contra el propio Gobierno del que han formado parte. Se trata, con toda probabilidad, de una actitud impulsada por la creencia de que, en última instancia, están «salvando a la nación» de los elementos anómalos que, a su parecer y como ha considerado toda la tradición reaccionaria en España, deben ser extirpados de la vida pública.

Una izquierda siempre dividida

No es fácil que la gente esté preparada para todo lo que acabo de describir. Los seres humanos tenemos límites, y muchos de ellos pueden rebasarse con facilidad si no contamos con la precaución debida. Es más, es improbable que podamos lograrlo si no contamos con el cuidado de los demás, lo que implica que para involucrarse en un terreno tan pantanoso como la política es recomendable la participación colectiva.

Toda organización colectiva, desde un sindicato a un partido, ha sido siempre una forma de proteger a sus integrantes de riesgos que existen en el «afuera», por ejemplo, en el mercado. Un trabajador que se maneja en un contexto hostil, bajo la continua amenaza de despido, tiene muchas más posibilidades de lograr una mejora en las condiciones de trabajo si está organizado en un sindicato que si está solo. De manera equivalente, la acción colectiva en partidos políticos protege a sus miembros de los daños que pueden producirse en ausencia de aquellos. Incluso las grandes empresas se organizan en patronales a efectos de multiplicar su capacidad de intervención y de proteger a sus miembros individuales.

Ahora bien, los partidos tienen sus riesgos, algo de lo que la propia semántica nos alerta. La palabra «partido» proviene del latín *partire* (dividir), pero no fue utilizada en términos políticos hasta el siglo XVII. Hasta entonces, curiosamente, se utilizaba la palabra «secta», que proviene de *secare* (separar, cortar y dividir). Como recuerda el politólogo Giovanni Sartori, «cuando el término "partido" iba ingresando en el vocabulario de la política, el término "secta" iba saliendo de él».[5] Mientras que «secta» fue vinculándose a una concepción religiosa, «partido» fue tomando connotaciones más asépticas relacionadas con «partir» y «participar». Pero la matriz, por decirlo así, es la misma.

A principios del siglo XX el sociólogo alemán Robert Michels formuló la llamada «ley de hierro de la oligarquía».[6] Según esta, toda organización social a medida que crece degenera necesariamente en una forma burocratizada y controlada por una oligarquía. La obra de Michels pretendía describir precisamente a los partidos políticos, aunque su formulación se hace extensible a cualquier tipo de organización social. Según él, y recogiendo lo anterior, toda organización acaba tendiendo a la creación de liderazgos fuertes que operan en detrimento de la democracia interna. Para hacerse más operativos, los partidos sacrifican parte de su democracia interna.

Si eso es lo que efectivamente ocurre con los partidos políticos en la práctica, entonces ni siquiera el poder reside en todos los representantes, sino solamente en unos pocos. Esos pocos conformarían la oligarquía interna de cada partido, y esta se reproduciría internamente a través de las redes clientelares que diseñaría y alimentaría a través de su presencia en las instituciones. Esa oligarquía es lo que en términos coloquiales suele llamarse «el aparato». Esta dinámica genera una división entre los que están dentro —*insiders*— y los que están fuera —*outsiders*—, lo que en cierta medida cierra los poros que

5. G. Sartori, *Partidos y sistemas de partidos*, Alianza Editorial, Madrid, 2005.

6. R. Michels, *Los partidos políticos*, Amorrortu, Buenos Aires, 2008.

siempre deberían estar abiertos entre el partido y la sociedad que representa.

He mencionado más arriba que en el año 2012 el aparato de Izquierda Unida desconfiaba de mí, y que tenía sus razones. Una de ellas, precisamente, es que escribí en un artículo que, en mi opinión,

> Izquierda Unida está estructurada internamente con una rigidez y dinámica propia de un partido tradicional. Y esa circunstancia conduce a una incapacidad manifiesta de atraer a personas altamente capacitadas que navegan actualmente fuera de la organización. Así las cosas, los *insiders*, esto es, las personas familiarizadas con la negociación interna y con la correlación de fuerzas entre las distintas corrientes internas, suelen imponerse finalmente a los *outsiders*, esto es, a todas esas personas que son potencialmente militantes pero que no terminan de sumarse debido a las enormes barreras de entrada.

No gustó nada aquel artículo, pero describía algo que no era solo la teoría, sino toda la práctica que había ya experimentado hasta entonces. Once años después estoy aún más convencido de la certeza de esas palabras. Y fue ese convencimiento el que me llevó, una vez elegido coordinador general de IU, a proponer cambios profundos en la forma de organizarnos. Mi objetivo era neutralizar al máximo aquellos procesos que conformaban una oligarquía interna y que daban al aparato tanto poder. ¡Incluso aunque entonces el aparato lo presidía yo!

Para lograrlo instauramos el sufragio universal, que todavía no existía en Izquierda Unida. También aprobamos primarias abiertas de manera obligatoria, para que los aparatos tuvieran mucho menos peso y control sobre los procesos. Pero también aprobamos sistemas de rendición de cuentas, incluyendo una nueva herramienta que era el revocatorio, que permitía que con una recogida del 10 por cieno de firmas pudiera celebrarse un referéndum para echar al coordinador. Al menos nunca se propuso contra mí.

Todas estas medidas eran necesarias porque sobre las formas en las que se organiza un partido político no hay nada preestablecido. La Constitución española de 1978 establece que los partidos políticos «deberán ser democráticos», sin ir más allá de dicha declaración. Así que, al final, los partidos políticos pueden organizarse prácticamente como quieran. Y eso da margen para encontrarse con muchos modelos distintos. Y, hasta donde he podido, he intentado que Izquierda Unida radicalizara su democracia interna y abriera puertas y ventanas para reducir el poder del aparato.

Ahora bien, la política interna es lo que más desgasta. La expresión popular «¡Todos al suelo que vienen los nuestros!» refleja bastante bien lo que quiero transmitir. A lo que más tiempo y energía he dedicado en los últimos años ha sido a las cuestiones internas, miserables muchas veces, con las que corremos siempre el riesgo de quedar atontados. Creo que cuanto más tiempo dedicas a lo interno no solo menos tiempo tienes para dedicarte a lo externo —eso es una obviedad—, sino que también te impregnas y contaminas de una lógica profundamente perversa. En la política interna todo parece una pugna ideológica, pero casi nunca lo es exclusivamente. Sobre todo, lo que hay es una disputa por el poder, aunque sea un poder residual.

Con todo, me siento orgulloso de haber conseguido, a través de mucho diálogo, que Izquierda Unida tuviera una amplia cohesión interna durante mi mandato. A diferencia de lo que había sido habitual a lo largo de su historia, los últimos años en Izquierda Unida han sido bastante pacíficos. Hemos vivido tensiones, por supuesto, pero las hemos abordado con un talante que nos ha permitido mantener la cohesión interna sin sacrificar nuestro proyecto político. Incluso algunas escisiones que tuvimos, como la de Gaspar Llamazares, pudieron ser revertidas en parte. Mi planteamiento siempre ha sido que no nos sobra nadie, sino todo lo contrario.

Nunca fui tampoco un patriota de partido. Desde antes de ser parte de la dirección mi mensaje era ya meridiano en esto. Una y otra vez repetía que lo que importaban no eran las siglas sino el proceso de transformación que lleváramos a cabo. Nunca vi la militancia en una organización como un acto de fe, ni lo he vivido con la pasión de quien es seguidor de un club de fútbol. Y eso siempre levantó sospechas en quienes, por diversas circunstancias, se abrazan al patriotismo de las siglas. Pasó, como ya he relatado, con el surgimiento de Podemos. Desde ese momento, y durante unos años, me llamaron «el liquidador de IU», simplemente porque concebía la organización como un instrumento y no como un fin en sí mismo.

La enorme paradoja que he vivido es que mientras yo estaba de coordinador y limitando las tentaciones de fomentar el patriotismo de partido interno —y ocasiones no faltaban, pues es una organización histórica que tenía que competir con otras recién creadas—, he visto cómo una fuerza política nueva, Podemos, se convertía al patriotismo más canónico de todos. Las agresiones que habían sufrido, arriba descritas, llevaron a su dirección a asumir una estrategia victimista que conducía inexorablemente a ese patriotismo de partido. Y cuando uno se centra tanto en el «yo» es mucho más fácil encontrar diferencias con el «tú», que es uno de los riesgos que se han ido materializando poco a poco. La distancia entre Podemos e Izquierda Unida, y con otras fuerzas, ha sido creciente en el tiempo. Y en gran parte está vinculada a la forma en la que Podemos ha ido metabolizando las derrotas políticas y también las agresiones externas, pues han conducido al partido a un callejón sin salida de victimismo y retroalimentación patriótica.

En mi opinión eso es lo que mejor contribuye a explicar lo sucedido en los últimos años, cuando se ha iniciado un proceso de reestructuración en la izquierda —en estos momentos todavía en marcha— y en Podemos se han quedado aislados y pensando que todo es una operación orquestada para acabar con ellos. Ese relato, aunque totalmente falso, es útil para cohesionar internamente y crear una identidad comunitaria, aunque al coste de que esa comunidad sea cada vez más reducida e intransigente. Con esos mimbres era imposible ganar el país y por eso, durante años, se fue fraguando la idea de que había que probar algo distinto.

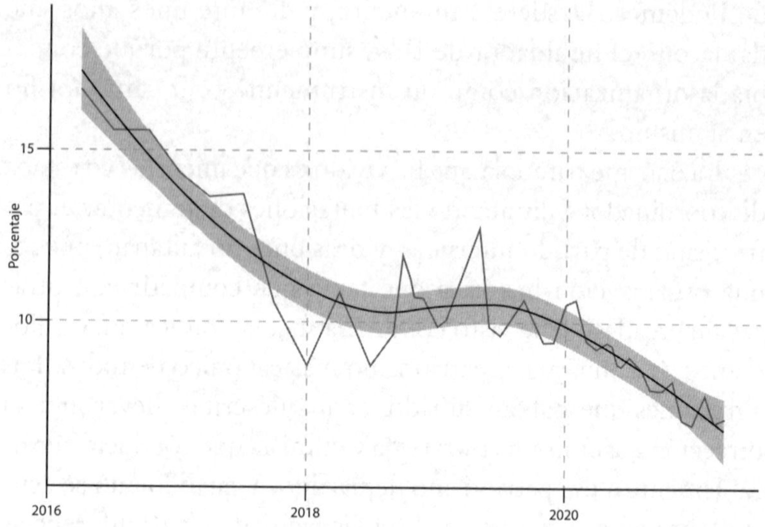

Intención directa de voto a Unidas Podemos. CIS (enero 2016 – mayo 2022)

El agotamiento del espacio de Unidas Podemos estaba claro desde las elecciones generales de 2016. El indicador de intención directa de voto expresa de manera clara esa clara tendencia que duró casi seis años, y que marcó su punto más bajo en mayo de 2021. En aquella primavera tuvieron lugar las elecciones autonómicas de Madrid, y la situación se hizo insostenible para Unidas Podemos. Así lo leyó Pablo Iglesias, y con su dimisión anunció un cambio de fase para el espacio político.

La designación de Yolanda Díaz como nuevo referente permitió dar un impulso a Unidas Podemos, y recuperar durante el último semestre de 2021 cierto porcentaje de apoyo socioelectoral. Sin embargo, como ya he apuntado, para entonces era evidente que el espacio político a la izquierda del PSOE había dejado de ser monopolio de Unidas Podemos, esto es, de la suma de Podemos-IU-Comunes. Desde 2019 estaba ocupado también por una fuerza de reciente creación, Más País/Más Madrid, que además había superado a Unidas Podemos en la Comunidad de Madrid.

A partir de ese momento, en Unidas Podemos se llegó a la encrucijada central de la que derivó casi todo lo que ha sucedido desde entonces. Se abrieron dos opciones generales que, desgraciadamente, eran antagónicas. La primera consideraba que el papel de Yolanda Díaz tenía que limitarse a ser la candidata de UP, con lo que se podía aspirar a refrescar Unidas Podemos al tiempo que se recuperaba la hegemonía en el espacio. Yolanda, se decía, era mucho más competitiva que el resto. La segunda opción consideraba que el nuevo liderazgo de Yolanda Díaz podía servir para algo más ambicioso: recomponer y sumar los pedazos del espacio y llevarlo a nuevas y más altas cotas de apoyo social.

Yolanda Díaz, apoyada con sus matices y diferencias por Izquierda Unida y Comunes (que formaban parte de Unidas Podemos), optó por esta segunda opción. A muchos nos pareció una gran oportunidad, sin dejar de reconocer que existían los riesgos propios de cualquier innovación. El elemento clave es que aquella trayectoria implicaba volver a reunir en un

Intención directa de voto a Unidas Podemos. CIS (enero 2016 – enero 2022)

mismo espacio —aún sin nombre— a gentes que hacía muy poco que acababan de separarse de manera traumática. Y eso resultaría ser un precio demasiado elevado para Podemos, que se opuso desde el primer momento a esta opción.

Desde entonces, y han pasado ya más de dos años, hemos vivido absurdas escaramuzas y duras refriegas que han agrandado más la distancia entre ambas posiciones. El ambiente se ha enfangado y, por descontado, todo ello ha perjudicado seriamente a la imagen del propio espacio político. En la calle poco de esto se entiende.

La gran ironía es que, a lo largo de 2023, surgió Sumar como actor propio y, a pesar de todas las dificultades, logró reunificar todo el espacio político en una sola candidatura para las elecciones generales de julio de 2023. Sin este movimiento hubiera sido sumamente complicado —por no decir imposible— resistir la ofensiva de las fuerzas reaccionarias, las cuales se quedaron a muy poco de gobernar el país. De hecho, sin Sumar como plataforma común de aterrizaje, estaría totalmente descartado que todas las izquierdas se hubieran unido en una única candidatura. Y, sin esa unidad, la ley electoral hubiera concedido a las derechas la ventaja que necesitaban para gobernar.

Del comunismo al ecosocialismo

Este libro lo escribí con la intención de proporcionar herramientas al lector o a la lectora para comprender mejor cómo funciona el mundo y, en este caso, la política. Mi idea era profundizar en ideas tales como el Estado, la clase social y los partidos políticos, a fin de que no nos quedáramos en ideas simples que normalmente nos llevan a decisiones equivocadas en política. Como ya he dicho antes, las cosas suelen ser más complejas de lo que reflejan las consignas de agitación y propaganda.

Siempre he considerado que uno se hace socialista o comunista, es decir, anticapitalista, cuando conoce bien cómo funciona el mundo que le rodea. Esa fue, al menos, mi experiencia. Yo entré en la facultad de Económicas siendo un joven progresista, a lo sumo republicano, pero en absoluto comprometido con la radical idea de cambiar por completo el sistema económico capitalista. Fue al estudiar dicho sistema cuando me di cuenta de lo peligroso que era, para las clases trabajadoras y para el planeta, seguir manteniendo un sistema como ese. Me radicalicé cuando aprendí cuáles eran los resortes de nuestras sociedades. Y desde entonces mi obsesión ha sido la de intentar contribuir a que otras personas pudieran disponer de esas herramientas que permiten entenderlo todo mejor.

Para mí, la principal contradicción en este momento es la que se da entre el capital y la vida misma, y que se expresa a través de la crisis ecológica. En mi opinión, es la cuestión más importante del siglo XXI, y dependiendo de cómo la abordemos podríamos encontrarnos con que a finales de siglo el planeta tuviera unas condiciones de habitabilidad incompatibles con la vida humana.

Hasta donde sabemos, la Tierra es el único planeta que puede albergar la vida. Sin embargo, las condiciones para que eso sea posible son muy severas. Quizás la vida no sea un milagro, pero sí un hecho altamente improbable. Aunque la Tierra nos parece un lugar enorme, el espacio en el que puede desenvolverse la especie humana, por ejemplo, es muy limitado. Nuestros pulmones no toleran estar unos pocos centenares de metros bajo la superficie del océano, pero tampoco tan solo unos pocos kilómetros por encima de la superficie terrestre. Asimismo, dependemos de las condiciones de calor que nos proporciona la ubicación de la Tierra respecto al Sol, que es justamente la adecuada para no morirnos congelados o abrasados, y del tamaño apropiado de nuestro planeta para no ser continuamente bombardeado por asteroides, como le sucede a Júpiter. También dependemos de la composición del núcleo de la Tierra, que crea unos campos magnéticos que nos protegen de los fatales rayos cósmicos, así como de la composición de la propia atmósfera, que ha evolucionado hasta estar compuesta por gases que podemos respirar y que al mismo tiempo proporcionan temperaturas viables para los ciclos biogeoquímicos, como el hidrológico y, por ende, para la propia vida.

En suma, la Tierra es un sistema dinámico muy complejo, repleto de interrelaciones y donde la vida depende de frágiles equilibrios. Desestabilizar esos equilibrios es una muy mala idea, pero esa es precisamente una de las descripciones posibles del Antropoceno: la del desequilibrio de las condiciones climáticas que hicieron del Holoceno una etapa fértil para el desarrollo de la civilización.

La cuestión que debemos preguntarnos es la siguiente: ¿quién ha transformado estas condiciones? La respuesta inmediata es clara: ha sido el ser humano, quien se ha convertido en una fuerza geológica capaz de alterar radical y velozmente los parámetros de equilibrio de la vida. De ahí que hablemos del Antropoceno como la era geológica en la que el ser humano tiene un poder destructivo equivalente a los meteoritos o los grandes volcanes que durante la historia de la Tierra ya alteraron de forma dramática nuestro planeta.

Sin embargo, aunque el impacto ecológico del ser humano ha existido desde el comienzo de nuestra especie, si nos centramos en el cambio climático descubrimos que el mayor impacto ha tenido lugar a partir de la Revolución Industrial y, más específicamente, a partir del final de la Segunda Guerra Mundial. Es decir, que el gran impacto se ha producido cuando los seres humanos hemos organizado nuestra economía a partir del sistema económico capitalista.

Cualquier economía se estructura a partir del uso de recursos naturales y del empleo de energía, además del trabajo humano. El capitalismo, en concreto, se basa en la búsqueda incesante de la maximización de beneficios sin considerar el coste laboral, social, humano y ecológico que todo ello conlleva. Eso nos sugiere ya que el capitalismo es un sistema irracional y destructivo.

Y es irracional sobre todo porque ningún sistema puede continuar creciendo indefinidamente sobre la base de unos recursos naturales escasos (tal es el caso de los minerales críticos, motivo de incesantes conflictos geopolíticos) y unas fuentes de energía contaminantes (tales como los combustibles fósiles, de los que actualmente somos totalmente dependientes).

Una sociedad que quiera volver a la racionalidad es una sociedad que se marca como objetivo vivir dentro de los límites del planeta. Sin embargo, es posible vivir dentro de los límites del planeta de muy diferentes formas. Una perspectiva socialista o comunista plantea, está claro, que tenemos que hablar necesariamente de una crisis ecosocial, es decir, de un fenómeno complejo que relaciona los problemas ecológicos con los problemas sociales. Sufrimos al mismo tiempo una crisis ecológica, que amenaza las condiciones de la vida humana, y una crisis social, que lleva a la pobreza y privaciones a gran parte de la población mundial. Por lo tanto, el objetivo debe ser vivir con un suelo social para satisfacer las necesidades humanas y un techo ecológico para poder hacerlo dentro de los límites del planeta.

Para conseguir esto necesitamos que nuestra economía no dependa de la fuerza irracional del mercado y, por lo tanto, necesitamos una economía planificada. A esto muchos le llamamos ecosocialismo, y es el desarrollo lógico de la tradición comunista una vez que recibe el aporte del conocimiento científico sobre el estado del planeta y la vida en él.

En febrero de 2014, Olga Rodríguez organizó un debate entre Pablo Iglesias y yo mismo, también en Lavapiés. Era una forma de acercar posturas políticas, si bien empezaban a visualizarse algunas diferencias importantes respecto al cómo operar en aquellos momentos. No sirvió de nada, porque, a pesar de que Iglesias estaba dispuesto a ir en unidad si había primarias conjuntas, todo apuntaba a que la dirección de IU quería volver a presentar a las elecciones europeas a Willy Meyer, un histórico del PCE y de IU. Aun así, y una vez estuvo claro que la dirección de IU no aceptaría primarias, algunos hicimos movimientos para presentar a Marina Albiol, una mujer joven, como alternativa a Meyer.

Me siento privilegiado por haber podido intervenir de manera activa en el panorama político español de la última década. He estado doce años en la primera línea, intentando contribuir a mejorar la vida de las familias trabajadoras y navegando como he podido a través del turbulento mar en el que se ha convertido la política de nuestro país. En este tiempo he acumulado muchas experiencias que me han permitido comprender mejor cómo funcionamos como sociedad, al tiempo que se me ha brindado la oportunidad de contrastar y modificar la teoría que ya traía desde casa. De esa colisión entre teoría y práctica han emergido muchas enseñanzas. Así lo veo yo.

Guía de lectura

El lector o la lectora debe tener presente que el libro que tiene entre manos aborda cuestiones complejas de ámbitos muy diversos, como la física, la filosofía, la economía o la teoría política. Pero no hay motivos para la preocupación. Al ser un ensayo de divulgación y no un texto académico estándar, he tratado de ofrecer una lectura ligera y asequible para cualquier persona interesada en la política en general. Espero haberlo conseguido. Al menos tengo la sensación de que, para acceder al conjunto de este texto, no es necesario tener ninguna formación previa en cualquiera de los campos citados.

Eso no quiere decir que todos los capítulos sean igual de asequibles. Quizás tampoco sean igual de importantes para quien los lea. Por eso he creído conveniente explicar brevemente en qué consiste cada capítulo y también cómo veo yo el grado de dificultad que puede implicar, por si el lector o la lectora considera adecuado recorrer el libro de una forma distinta a la prevista.

La obra está estructurada en tres partes de desigual extensión. La primera, «La ciencia y el socialismo», es quizás la que requiere más esfuerzo. En el capítulo 1 se hace un repaso de la historia de la ciencia, la cuestión del método científico y el estatus científico de las ciencias sociales. Aquí es donde se abordan temáticas relacionadas con la física y con la filosofía, dos disciplinas que suelen requerir más atención. No es un capítulo cuya lectura sea indispensable para entender el resto, pero sí es recomendable. El capítulo 2 habla de marxismo y trata de hacer un repaso muy general de lo que significa el materialismo histórico y el funcionamiento del capitalismo. En general, considero que es un capítulo fácil de seguir. Si se está familiarizado con las nociones marxistas, aún más, pero tampoco es un requisito.

La segunda parte, «La política y el capital», es el núcleo del libro. En el capítulo 3 se estudia qué es la clase social y por qué importa en el análisis político. Veremos cómo se forma una clase y qué debates se han abierto a raíz de la extensión de la idea acerca de la clase media. Y el capítulo 4 versa sobre la cuestión del Estado, particularmente sobre el papel que juegan las instituciones y el parlamentarismo. Además, haremos una reflexión sobre la noción de democracia y su tratamiento en la tradición marxista. En general, esta parte es fácil de seguir.

La tercera parte, «Actualidad política», es el descenso a la realidad más concreta. Aquí hablaremos sobre fenómenos de actualidad como el crecimiento de la extrema derecha y sus causas utilizando los conceptos e ideas trabajados en los capítulos anteriores, y también sobre la crisis del sistema político español. En relación con esto último, hay una parte específica que aborda la Transición española y los debates que se han reavivado en los últimos años. También es un capítulo de fácil lectura.

En todo caso, conviene hacer una advertencia sobre el uso del lenguaje. Por una parte, he de pedir perdón de antemano por el uso del masculino como fórmula neutra. Quisiera que el lector o la lectora pueda disculparme por esta decisión, que en ningún caso compromete mi lucha feminista. Por otra parte, algunas personas encontrarán confuso el uso indistinto que hago de determinados términos o conceptos que en un contexto especializado suelen estar diferenciados. Aquí, por cuestiones de exposición y divulgación, utilizaré conceptos como «clase trabajadora», «clase obrera», «proletariado» o incluso «clases populares» como sinónimos. Estoy convencido de que se comprenderán bien en el contexto. Así, también uso «Estado de bienestar» y «Estado social» de forma indiferenciada, si bien la segunda fórmula creo que es la más adecuada. Finalmente, conviene tener presente el recorrido que ha tenido el término «socialdemocracia» en la historia política. El lector recordará que los llamados partidos socialdemócratas eran, hasta la década de 1920, partidos socialistas que estaban comprometidos con el marxismo. Por eso las citas de algunos autores de la época podrían ser confusas si se leen con los ojos del presente y sin tener en cuenta esta consideración. En la obra no he tratado, más que residualmente y en el último capítulo, el fenómeno de la socialdemocracia moderna, de modo que el lector o lectora puede asumir que «socialdemócrata», «comunista» o «socialista» cubren un mismo rol descriptivo.

Introducción

El comunismo en el siglo XXI

En el momento de la publicación de este libro se cumplieron cien años de la Revolución rusa que cambió el mundo. Pero era también el 150.º aniversario de la publicación del primer tomo de *El capital* y el 80.º aniversario de la muerte de Antonio Gramsci (1891-1937), intelectual y fundador del Partido Comunista Italiano. Con tanta efeméride, parece el momento idóneo para publicar un libro sobre el comunismo. Sin embargo, esta obra no es un simple intento de darle un poco de brillo al comunismo como pieza de museo. Nada más lejos de mi pretensión, pues a mi juicio el lugar del comunismo no es solo la historia, sino, sobre todo, el presente y el futuro. Eso es lo que trataré de justificar a lo largo del texto: que la emancipación de la humanidad y la protección del planeta van de la mano y terminan inevitablemente en la estación comunista.

No tengo ninguna duda de que 2017 era un momento extraordinario para escribir un libro así. Lo que está pasando en nuestra sociedad —la crisis económica, el crecimiento de la extrema derecha, los recortes en los derechos conquistados, etc.— justifica que lo analicemos con un enfoque de clase y que exploremos alternativas pensadas desde abajo, desde las clases más golpeadas por el capitalismo. Por eso en este libro hablaremos de historia, pues sin ella es imposible comprender el presente, pero nos centraremos en todo aquello que sea útil para comprender y transformar el mundo en el que vivimos. Sigo el espíritu de la conocida XI tesis de Marx sobre Feuerbach, esto es, «los filósofos no han hecho más que interpretar de diversos modos el mundo, pero de lo que se trata es de transformarlo». Estudiar, formarse, instruirse... no hay otra manera si se quiere cumplir con una tarea revolucionaria. Y nuestro mundo necesita urgentemente una revolución.

Obsérvese que en los últimos años hemos visto cómo la mayor crisis capitalista desde la Gran Depresión ha sido gestionada y dirigida por las propias élites económicas y políticas que deberían haber sido desenmascaradas por ella. Esto es una enorme paradoja. Al fin y al cabo, la crisis es la demostración de que muchos de los argumentos que subrayaba Marx eran ciertos y de que los grandes discursos del fin de la historia de gobernantes y nuevos filósofos eran simple propaganda. ¡Cuánto charlatán había predicho que nunca más volveríamos a ver una crisis económica! Sin embargo, cuando llegó la crisis que daba la razón a Marx, sus libros estaban, por lo general, descansando llenos de polvo en las estanterías de militantes comunistas o escondidos en las librerías y bibliotecas públicas. A pesar de su falsedad, el fin de la historia había conseguido neutralizar a Marx, y cuando este despertó ya era demasiado tarde. Para entonces las clases dominantes habían vuelto a aprovechar la crisis económica para enriquecerse aún más a costa de las clases populares. Saquearon las finanzas públicas, salvaron a sus amiguetes empresarios y recortaron el derecho a la vida hundiendo los salarios y la calidad de los servicios públicos. Las clases populares, más desorganizadas que organizadas, salimos a las calles a protestar y a recordar que no somos mercancías en manos de banqueros o políticos. Pero ¿dónde estaba la izquierda marxista, esa izquierda revolucionaria inspirada en Marx que había prometido el socialismo como vacuna contra el capitalismo y sus crisis?

Permítaseme que ilustre esta cuestión con una anécdota personal. Cuando emergió la crisis en España yo era aún estudiante de posgrado de economía internacional y desarrollo. Era también militante de Izquierda Unida y del Partido Comunista, pero mi atención estaba concentrada en la tesis doctoral y en el trabajo que tenía al mismo tiempo como investigador universitario. Pero fue entonces cuando me di cuenta de que casi nadie en la izquierda estaba ofreciendo una explicación a la crisis. La derecha se había quedado muda, como los economistas que en 2009 fueron convocados por la reina Isabel II de Inglaterra para que le explicaran la crisis. Pero... ¡resultó que la izquierda tampoco sabía hablar! Solo un puñado de economistas críticos, como los galos de Astérix, se habían dispuesto a escribir el porqué de la crisis de forma que las clases populares pudieran tener herramientas para actuar. Entre esos galos destacaban Juan Torres López (1954) y Vicenç Navarro (1937). La publicación de *Hay alternativas*, a comienzos de 2011,[1] no fue el primer material que sacamos, pero se convirtió rápidamente en un arma para las clases populares. Una de las estampas más divulgadas de las movilizaciones del 15-M fue la de tres jóvenes que, detrás de una pancarta, enseñaban sus libros. Dos de esos ejemplares eran de *Hay alternativas*.

La conexión entre la teoría y la práctica es muy conocida en la tradición marxista, pero pocas veces se tiene suficientemente en cuenta. Las acampadas del 15-M fueron, entre otras cosas, verdaderas universidades populares a las que los ciuda-

1. Alberto Garzón, Vicenç Navarro y Juan Torres López, *Hay alternativas*, Sequitur, Madrid, 2011.

danos acudían con papel y lápiz para aprender. Las comisiones de economía, por ejemplo, se convirtieron en lugares de debate y deliberación sobre alternativas a la crisis, y eran espacios abiertos a todo el mundo.

El problema fue que durante esos años no se dio ninguna explicación significativa desde el punto de vista marxista. Los trabajos que habíamos publicado colectivamente, como *Hay alternativas*, eran muy útiles, pero no eran marxistas. Y las organizaciones marxistas, entre ellas la mía, carecían de capacidad suficiente para proporcionar una explicación rigurosa que animara a la gente a actuar. Esto no quiere decir que no hubiera en la organización intelectuales en el sentido clásico, sino que la propia organización no estaba preparada para lo que había pasado y, si soy sincero, tampoco me parece que le diera mucha importancia. Daba la sensación de que la crisis no era concebida como una oportunidad para construir clase social, esto es, para convencer a las clases populares de la necesidad del *comunismo*, sino que por el contrario se interpretaba la crisis como una oportunidad para el crecimiento electoral. Lo sé bien porque yo fui una de las personas que, como militante de base, se recorrieron media España explicando el origen de la crisis.

Por eso este libro, escrito muchos años más tarde, mantiene un hilo directo con aquella necesidad. Mi modesta intención ha sido la de proporcionar herramientas teóricas que puedan contribuir a la lucha por el socialismo a través de una mejor comprensión de los fenómenos sociales que ocurren a nuestro alrededor: miseria, pobreza, explotación, desigualdad, crisis ecológica, etc. No obstante, y como el propósito es eminentemente práctico, he tenido que centrarme en algunas cuestiones que considero centrales para el debate actual. En particular son dos las que conforman el núcleo de este libro: la clase social y el Estado.

En primer lugar, considero que, a pesar de los cantos de

sirena de la derecha y del posmodernismo, la clase social sigue teniendo una enorme validez explicativa y, de hecho, sin ella no podríamos comprender cómo se transforman el capitalismo y nuestra sociedad. Como tendremos oportunidad de ver, gracias a este enfoque podemos entender por qué crece la extrema derecha y cómo tendría que actuar la izquierda si queremos evitar ser sepultados por el renovado fascismo.

En segundo lugar, abordar la cuestión del Estado me parece también relevante para valorar bien las cuestiones relacionadas con las instituciones y el parlamentarismo. Como se verá, yo no creo que las instituciones sean neutrales y que la clase trabajadora, o cualquier partido que la represente, pueda llegar a ellas y hacer lo que le dé la gana. Al contrario, las instituciones están sesgadas porque el Estado es un sistema de dominio de clase y, en consecuencia, cualquier victoria de la clase trabajadora pasa por combinar adecuadamente su presencia institucional con la construcción de tejido social en la sociedad civil. En última instancia, lo que vamos a analizar con detalle es el famoso debate entre calle o instituciones.

Como es lógico, y espero que sea comprendido por el lector o la lectora, he dejado fuera muchas cuestiones que también son relevantes. Por ejemplo, solo he tratado de forma indirecta temas como el imperialismo, las teorías de las crisis o las cuestiones más económicas. Otra ausencia notable, probablemente imperdonable, es el feminismo. He de reconocer que abordar el tema era una de mis intenciones originales, pero el tiempo me ha impedido presentarlo adecuadamente en este trabajo. Así, queda prometido para un próximo libro.

Finalmente, cabe insistir en que este libro es un humilde intento por devolver el marxismo al lugar que, honestamente, creo que le corresponde. Este no es otro que el de la atención cuidada de los efectos del capitalismo sobre el planeta y los seres humanos, la crítica implacable y rigurosa incluso de los propios argumentos, los desarrollos de las ciencias modernas y la lectura política sesgada por la propia concepción comunista, es decir, centrada en conceptos como clase social y capitalismo.

Basta decir que no se trata de una obra filológica, y tampoco académica. Mucho menos se trata de una obra completa o de un estudio exhaustivo del marxismo. No me veo capacitado actualmente para elaborar ningún trabajo de esas características. Lo que el lector o la lectora tiene entre manos es una humilde aproximación a ciertos rasgos que he querido destacar y que considero necesarios para entender nuestro mundo y para poder transformarlo en sentido socialista. Pero, además, tengo como uno de los principales objetivos desacralizar el marxismo, esto es, recordar el carácter pagano de la obra de Marx y, especialmente, su interés en dudar de todo. Así lo dejó escrito el propio Marx cuando hizo del *de omnibus dubitandum* su máxima. La ciencia se basa en el mismo principio. El dogmatismo es uno de los principales obstáculos del pensamiento y la práctica socialistas, junto con la falta de rigor que suele llevar asociado, pero que también existe más allá del dogma.

Hemos de tener en cuenta, también, que la obra de Marx es enormemente compleja y abarca ámbitos muy diferentes que van desde la filosofía hasta la economía, pasando por métodos de exposición a menudo muy abstractos y difícilmente comprensibles sin la dedicación de horas de estudio. Es una obra en construcción. A pesar de eso, o quizás debido a eso, merece la pena leer a Marx. Es un clásico que envejece bien y que siempre puede inspirarnos. Atendiendo a este hecho, he escrito un libro que intenta una asequible aproximación a algunas cuestiones marxistas. Sin embargo, el carácter también pagano de este documento me ha impedido obrar milagros, y es posible que algunos pasajes sean algo más difíciles que otros. Anticipo mis disculpas por ello, y animo al lector o lectora a encontrar en mis insuficiencias un motivo más para incrementar el interés por el estudio.

Estoy convencido de que este libro puede ser útil. En noviembre de 2016 ofrecí una conferencia en la Universidad Complutense de Madrid que llevaba por título «Por qué soy marxista», y que contó con la inesperada presencia de más de mil estudiantes. El ambiente recordó, a los mayores, el vivido en los tiempos de la Transición española. Creo que es una señal más que notable del interés que existe, si no por estudiar a Marx, sí al menos por buscar explicaciones alternativas a la teoría liberal de la política y la economía. Aquella conferencia me animó a plasmar algunas de esas ideas por escrito; el resultado, con importantes adiciones, es el que tenemos entre manos.

Como dice Fernández Buey, «de todas las grandes ideas que ha tenido aquella parte de la humanidad que podríamos llamar humanidad sufriente y pensante, el comunismo ha sido una de las mejores».[2] Quizás por eso convenga recordar que en estos tiempos de crisis del capitalismo, crisis que no solo se mide a través del Producto Interior Bruto, el comunismo es más necesario que nunca. Fueron millones las personas anónimas que, en todas partes y en nombre del comunismo, lucharon contra la explotación y la injusticia. Fueron esos millones de personas los que, a lo largo de toda la historia, conquistaron los derechos sociales que hoy pueden parecer caídos del cielo, como el derecho al trabajo digno, los servicios públicos, el sufragio universal, la educación pública de calidad o la propia democracia. Y son esos millones de personas los que iluminan el futuro con sus acciones pasadas, en busca de que el principio rector de la sociedad futura sea aquel de «a cada cual según sus necesidades, de cada cual según sus posibilidades y aptitudes».

Rivas-Vaciamadrid, agosto de 2017

2. F. Fernández Buey, «Ser comunista ahora», en F. Fernández Buey, *1917*, El Viejo Topo, Madrid, 2017.

Parte I

LA CIENCIA Y EL SOCIALISMO

Cuando las obras de Aristóteles fueron adoptadas en las universidades de la Europa medieval, se pensaba que eran la única fuente confiable de conocimiento junto con las sagradas escrituras cristianas. Sus obras, aunque seleccionadas, se convirtieron en un manual de saber adquirido. No servían tanto de inspiración como de lecturas a las que someter cualquier proyecto. Se suponía que todo lo que era necesario para la vida se podía encontrar directamente en los textos aristotélicos y, cuando no, en las interpretaciones que de ellos hacían otros autores formados en esa tradición. El conocimiento estaba plegado a una lectura escolástica de los textos de un autor que había vivido varios miles de años antes, en una sociedad muy distinta en todos los aspectos.

El pensamiento aristotélico sin duda era coherente. No tanto con lo que hoy llamaríamos realidad, sino con el conjunto de creencias que formaba el sentido común de época en la Antigüedad y que, al mantenerse lo fundamental de su corpus teórico, fue mutando a lo largo de los siglos posteriores. Hasta la emergencia de la conocida como revolución científica en el siglo XVII, con los trabajos de Galileo y Newton, los principios aristotélicos sobrevivieron mal que bien. Hasta que la nueva ciencia, erigida sobre el trabajo de Newton y su concepción del universo, se convirtió en el principio rector que modeló, poco a poco, el sentido común de época al tiempo que transformó radicalmente a las sociedades europeas y de todo el mundo gracias a los descubrimientos científicos.

La fe en el progreso, alimentada por estos descubrimientos, se convirtió en un patrón común de todo el pensamiento social de época. No solo los pensadores liberales asumieron la creencia en una historia que se mueve inevitablemente hacia delante, aunque con interrupciones, gracias al desarrollo científico, sino que también lo hicieron los autores socialistas. Entre ellos destacan Marx y Engels. El pensamiento socialista, que fue previo a los autores de *El manifiesto comunista*, quiso ser convertido por ellos en una ciencia que justificara el comunismo a partir de un estudio racional del sistema económico y social. Engels más tarde lo llamaría «socialismo científico».

Pero durante el siglo XX, las investigaciones de la teoría de la relatividad y de la física cuántica pusieron en entredicho muchos de los fundamentos en los que se basaba la concepción mecanicista del mundo. Estos nuevos descubrimientos cambiaron el modo de ver la ciencia, pero también sus métodos y algunas concepciones sociales que se habían inspirado en esos trabajos. Las categorías como espacio y tiempo, que se habían concebido como absolutas, ahora eran relativas. La realidad, que se creía aprehensible por medio del pensamiento racional, ahora también dependía del observador y de sus propias creencias, y en el caso de la física cuántica, dependía de los instrumentos de medida.

Y sin embargo estas novedades no arraigaron en la mayor parte de las ciencias sociales, que, durante siglos, habían hecho notables esfuerzos por fundarse a imitación de la física y sus modelos. Particularmente la economía, que a partir de Adam Smith pretendía convertirse en una ciencia similar a la física, recorrió el camino inverso al de la física moderna. Las teorías dominantes hoy en día en economía son teorías cientificistas, es decir, meras especulaciones que, aunque desarrolladas con matemáticas sofisticadas y con una formalidad exquisita, no se someten a ningún contraste con la realidad. Son modelos construidos en el aire que, sin embargo, condicionan —normalmente para mal— la vida de millones de personas. Abrigada con el supuesto carácter de ciencia, la economía se presenta actualmente como una herramienta neutral en manos de supuestos expertos, casi siempre procedentes del sector financiero o de universidades privadas, que permitiría a la sociedad avanzar por la ineludible senda del progreso.

El lugar que ocupan el comunismo y el marxismo en todo esto es complejo. Por un lado, Marx fue un hombre de su tiempo y asumió grandes rasgos de la concepción dominante en su época. Su obra en algunos casos está impregnada de un fuerte determinismo que, aunque matizado, responde a la visión de un orden social mecanicista. El socialismo sería inevitable porque era lo que se derivaba de los descubrimientos científicos de Marx y Engels. Pero, por otro lado, Marx era un pensador dialéctico que heredó de Hegel una visión dinámica y contradictoria de la historia. Muchos de los escritos de Marx son también lúcidas representaciones de una sociedad compleja en la que todas las variables, sean económicas, sociales o incluso psicológicas, influyen en el devenir de la historia. El socialismo, desde esta otra perspectiva, no parece ya tan inevitable porque requiere el concurso de una clase trabajadora que tiene que actuar políticamente para traerlo. Esta tensión, que subyace a toda la obra de Marx, es también la tensión entre un marxismo leído como ciencia, y por lo tanto cientificista, y un marxismo leído como crítica.

Al fin y al cabo, a Marx también le sucedió como a Aristóteles. Seleccionadas con inteligencia, en algunos momentos sus obras se convirtieron en doctrina oficial. Sus trabajos se codificaron como tales desde muy temprano, y hasta un contemporáneo suyo como Kautsky escribió un catecismo comunista. La obra de Marx no es solo una herramienta para comprender el mundo, sino también para transformarlo, y atendiendo a esa dualidad fueron muchos y muchas quienes se pusieron manos a la obra para vulgarizar la compleja obra de Marx. De esa vulgarización nacieron grandes debates escolásticos que en conjunto no aportaron demasiado a la causa comunista. Al contrario, la distorsión de Marx implicó la construcción de una caricatura que ni era ciencia ni era útil para el socialismo.

El historiador de la ciencia David Wootton recuerda que «Galileo cuenta la historia del profesor que se negaba a aceptar que los nervios estaban conectados al cerebro y no al corazón porque esto no concordaba con la afirmación explícita de Aristóteles, y que mantuvo su opinión incluso cuando se le mostraron las rutas de los nervios en un cadáver disecado».[1] Algo parecido ocurre con Marx cuando la lectura que de él se hace es meramente dogmática, es decir, cuando un evento real se interpreta según los escritos del autor alemán y no de acuerdo con la propia realidad. A veces las cosas suceden tal y como estaban escritas, pero otras veces no. En caso de conflicto, siempre ha de prevalecer la realidad y el pensamiento crítico. No olvidemos que el coste de la autocomplacencia, de mantenernos seguros entre los textos conocidos, es sencillamente renunciar a esa transformación de la realidad.

A final del siglo pasado, la caída de los países del llamado «socialismo real» y la transformación de muchos partidos comunistas en organizaciones de impronta liberal llevó al repliegue del marxismo. Marx dejó de leerse y también dejó de entenderse. Quedó en algunas fuerzas minoritarias una fuerte liturgia asociada a sus símbolos que estaba desprovista de un conocimiento sustantivo. El marxismo más vivo se recluyó en las universidades, muchas de ellas anglosajonas —países en los que apenas había movimiento obrero organizado— y, paradó-

1. David Wootton, *La invención de la ciencia*, Crítica, Barcelona, 2017.

jicamente, las teorías que prometían la mejor comprensión del capitalismo se quedaron lejos de los actores que debían servirse de ellas. Marxismo fosilizado en las débiles organizaciones comunistas y marxismo vivo en los lugares donde no había movimiento obrero. Teoría sin práctica y práctica sin teoría, una de las mayores pesadillas de los fundadores del llamado socialismo científico.

Espero que este capítulo permita recuperar la curiosidad por Marx y, sobre todo, alimente las ganas de estudiarlo con todo el rigor que se merece. La sociedad lo necesita.

I

La ciencia y nuestro mundo

Probablemente parezca extraño que un libro sobre marxismo comience con un capítulo dedicado a la ciencia. Pero lo considero necesario. El objetivo no es solo recordar que los comunistas debemos tener formación científica, por razones que más tarde se expondrán, sino también poner de manifiesto cómo ha avanzado realmente la ciencia y qué conocimientos nos ha aportado y aporta hoy. El comunismo aspira a transformar la realidad, y para ello necesitamos comprenderla. No solo comprender su parte social, sino también su parte física. No es posible concebir una nueva sociedad sin atender a la tecnología actual, pero tampoco lo es sin conocer cuáles son los riesgos y preocupaciones que, a los ojos de la actividad científica, emergen en nuestro planeta.

En este capítulo haremos un breve, pero intenso y espero que también estimulante, recorrido por la historia de la ciencia. Veremos cómo verdades que estaban socialmente establecidas fueron cuestionadas y superadas gracias a la ciencia, y veremos igualmente cómo muchas de nuestras actuales creencias y opiniones también son hijas de nuestro tiempo y, a menudo, ya han sido desmentidas por el avance científico. En consecuencia, nuestra humildad ha de ser restituida no solo a efectos de tamaño, pues somos una mota de polvo en el espacio y un instante en el tiempo, sino también a efectos de concepción política. Recordemos: *de omnibus dubitandum*.

La ciencia también nos enseña a hacernos las preguntas adecuadas, a mirar el mundo a través de unas lentes críticas y, adicionalmente, a reflexionar sobre los métodos científicos. Durante mucho tiempo se pensó que solo existía un único método para obtener el conocimiento, pero los descubrimientos científicos, y sobre todo la reflexión filosófica sobre los mismos, han puesto de relieve que eso no es así. Las viejas e inflexibles certezas acerca de cómo la humanidad avanzaría inevitablemente por la senda del progreso gracias a un método infalible que nos permitiría obtener conocimiento han dado paso a una concepción del método científico mucho más abierta, que implica variables históricas, sociales e incluso políticas en el proceso de generación de nuevo conocimiento.

Esto no significa que cualquier método sea válido, puesto que sí existen una serie de criterios mínimos que han de respetarse para mantener el rigor y aproximarnos con fiabilidad al conocimiento. Lo que se cuestiona es la vigencia de una suerte de modelo canónico que toda disciplina debería asumir. Y esto es realmente importante en lo que se refiere a la ciencia social, es decir, al estudio de los fenómenos sociales. Como es bien sabido, estos fenómenos son cualitativamente distintos a los físicos y, sin embargo, durante siglos fueron muchos los pensadores sociales, sobre todo economistas, que creyeron que el estatus científico de sus disciplinas era equiparable al de la física. En efecto, con los descubrimientos de Newton la física se convirtió en el arquetipo del resto de las disciplinas. Una realidad que llega hasta el día de hoy, cuando especialmente los economistas dicen ser expertos tecnócratas o científicos que trabajan con modelos de la misma categoría científica que la física. Como veremos, a la economía aún no le ha llegado ni su revolución copernicana ni su física cuántica.

Todo esto servirá para dotarnos de un bagaje científico y metodológico suficiente para afrontar los capítulos posteriores con más humildad, menos dogmatismo y, sobre todo, más claridad.

Cómo es realmente nuestro universo

Actualmente la esperanza de vida en España ronda los ochenta años, lo que quiere decir que esa es la edad promedio que vivirán las personas que nazcan ahora si la tasa de mortalidad se mantiene estable (es decir, si no hay fenómenos anormales como guerras o hambrunas). En los años ochenta, cuando yo nací, ese promedio de edad era de setenta y cinco años. Las mejores condiciones de vida alcanzadas en estos treinta años han permitido reducir la tasa de mortalidad y han elevado la esperanza de vida. Algo que es motivo de celebración.[1] Ahora bien, como se trata de promedios, siempre habrá personas que vivan más años y otras que vivan menos. Pero en general somos conscientes de que nuestra vida es limitada y que difí-

1. No obstante, hay que tener en cuenta que no siempre se llega al final de la vida en las mismas condiciones. A veces una vida más larga es también una prolongación del sufrimiento. Desde 2001, la Organización Mundial de la Salud (OMS) publica el *indicador de esperanza de vida saludable* con objeto de cuantificar el número de años que una persona puede vivir con salud completa, es decir, sin sufrir enfermedades o dolencias graves. En España el promedio de años adicionales que un hombre y una mujer de 65 años pueden vivir libres de enfermedades graves es de 9,7 y 9 respectivamente, frente a la esperanza de vida de 19 y 23 respectivamente. En suma, se vive más tiempo, pero no siempre mejor, algo particularmente relevante en las discusiones sobre pensiones y edad de jubilación.

cilmente superará los cien años. Y con eso en mente organizamos nuestras vidas y tomamos decisiones. Nuestro mundo personal está construido por entero sobre este hecho: la finitud de nuestra vida individual.

Cuando los nacidos en los años ochenta llegamos al mundo, había ya muchas cosas que estaban ahí y que habían llegado antes que nosotros. La escritura es una de ellas. Surgió hace más de cinco mil años en Babilonia, de modo que desde mi visión personal —y la de muchas de las generaciones anteriores— siempre ha estado ahí. Lo mismo sucede con el capitalismo, que surgió hace unos trescientos años y que para mí también ha estado siempre ahí. Es más, desde mi punto de vista ambos fenómenos son de hecho casi naturales. Y digo casi porque en realidad sabemos, gracias a la historia y a la ciencia, que hubo un tiempo en el que los seres como yo, de la especie *Homo sapiens sapiens*, no sufrían el capitalismo ni tenían escritura. Pero, en ausencia de estos conocimientos, ambos fenómenos serían tan naturales como respirar. Y, de hecho, así tendemos a pensarlo en cuanto nos despistamos. Como ocurre con tantas otras cosas a las que nos hemos acostumbrado aunque también hayan tenido un comienzo. Tendemos a mirar la vida social desde nuestra propia óptica vital y solo en raras excepciones pensamos desde el punto de vista histórico.

Por eso, cuando nos dicen que nuestro universo tiene 13.800 millones de años, nos quedamos bastante fríos. Sabemos que es mucho, pero somos incapaces de establecer una comparación adecuada. Es una cifra demasiado grande para que nos hagamos una idea concreta de su verdadera magnitud. Al fin y al cabo, como hemos dicho, lo normal es que concibamos los fenómenos en relación con nuestra propia existencia. Como dice el cosmólogo Lawrence M. Krauss (1954), «la evolución no preparó nuestras mentes para apreciar cortas o largas escalas de tiempo o cortas o enormes distancias que no podemos experimentar directamente».[2] Pero podemos hacer un esfuerzo comparando con el ya citado origen de la escritura hace más de cinco mil años. Si colocásemos ambos acontecimientos en un calendario de 365 días, con el origen del universo en el día 1 de enero, la escritura habría aparecido a las 23.59 horas del día 31 de diciembre. ¡Casi nada! Todo lo que conocemos como historia de la humanidad estaría circunscrito a los últimos minutos del día de Nochevieja. Y el capitalismo habría surgido tres milisegundos antes de terminar el año.[3]

Si nos ha parecido poco, pensemos que la ciencia ha averiguado que nuestra especie apareció en el mundo hace unos doscientos mil años. La cerámica lo hizo hace veinticinco mil años. La revolución neolítica, con la domesticación de los primeros animales, la aparición de la agricultura y el inicio del reemplazo de los utensilios de piedra por los de metal, sucedió hace entre doce y siete mil años. Como contraste con estos datos, piénsese que un libro relativamente reciente como la Biblia sitúa la creación del mundo en solo unos seis mil años de antigüedad.[4]

En efecto, el conocimiento científico actual nos ha hecho muy pequeños como especie y como individuos. Nuestros ancestros, leyesen o no la Biblia, nunca pensaron en un pasado tan extenso. Gran parte de ellos aceptaron la idea recogida en la conocida frase de Protágoras (486 a. n. e. - 411 a. n. e.), según la cual «el hombre es la medida de todas las cosas, de

2. L. M. Krauss, *La historia más grande jamás contada… hasta ahora*, Pasado & Presente, Barcelona, 2017.

3. Si al lector o lectora le ha parecido curiosa esta comparación, por otro lado clásica, sugiero el visionado del capítulo 1 del documental *Cosmos* en su nueva etapa, presentado por el astrofísico Neil deGrasse.

4. Se trata de una estimación hecha por el arzobispo James Ussher (1581-1656) a partir del estudio de las generaciones que aparecen en la Biblia.

las que son en cuanto que son y de las que no son en cuanto que no son».[5] Pero la invención del telescopio en el siglo XVII comenzó a socavar la imagen de que el universo estaba hecho para el ser humano, y a partir de 1610 la humanidad fue desplazada del centro del universo. Como afirma el historiador de la ciencia David Wootton (1952), con el telescopio y el microscopio «las estrellas se convirtieron en copos de nieve y los copos de nieve se convirtieron en estrellas».[6] El filósofo John Locke (1632-1704) llegó a afirmar, en claro contraste con la mayor parte de la filosofía antigua y medieval, que «la Tierra no es un punto, sino una mota: nuestra pequeña mota de polvo, esta mota del universo».[7] Y el poeta Cyrano de Bergerac (1619-1655) resumió perfectamente la nueva forma de ver la relación entre humanidad y universo cuando atacó…

> … el insoportable orgullo de la humanidad, que se persuade de que la naturaleza solo ha sido hecha para ellos; como si fuera probable que el Sol, un cuerpo enorme, cuatrocientas treinta veces mayor que la Tierra, solo se hubiera encendido para madurar sus nísperos y engordar sus repollos.[8]

En suma, como afirma el astrofísico Christophe Galfard (1976), «comprobar la verdadera magnitud de nuestro mundo en el contexto espacial es, y será siempre, un ejercicio de hu-

5. Aunque la controversia sobre esta frase no está resuelta. Hay quienes interpretan la frase en su sentido antropocéntrico (considerar al ser humano como centro de todas las cosas), pero otros toman esa expresión en su sentido relativista, sobre el que volveremos más adelante. F. Coopleston, *Historia de la filosofía*, vol. 1, Ariel, Barcelona, 2011.

6. D. Wootton, *La invención de la ciencia*, Crítica, Barcelona, 2017.

7. *Ibídem*.

8. Citado en D. Wootton, *La invención de la ciencia*, Crítica, Barcelona, 2017.

mildad».[9] Y si somos pequeños y diminutos ante el universo, también lo es el capitalismo frente al universo. Al fin y al cabo, nuestro lugar en el mundo es bastante más humilde del que pensábamos y lo que nos parece natural desde el punto de vista individual no lo es tanto desde el punto de vista histórico.

Afortunadamente, hemos ido saliendo de la ignorancia con mucho esfuerzo, gracias a la contribución de grandes científicos y científicas[10] que, como veremos, desafiaron el *sentido común* de cada época. La ciencia ha ido desentrañando los muchos misterios de la naturaleza, y hoy conocemos mucho mejor el universo en el que vivimos y también, en particular, el planeta en el que nos insertamos como especie. Desgraciadamente, el mayor conocimiento del estado y la evolución de nuestro planeta no está siendo suficiente para detener su destrucción. Los desafíos ecológicos que hoy conocemos y que en otra época se ignoraban chocan de forma directa con la lógica de nuestro sistema económico.

Y es que la ciencia no solo nos ha permitido entender con mayor humildad nuestro lugar en el mundo, sino que, además, y esto a menudo suele ser olvidado, nos ha dado muestras de la enorme fragilidad de nuestra especie y de nuestro entorno. Hoy sabemos que la acción del ser humano sobre el planeta amenaza con hacer de él un lugar imposible para la vida, y esto

9. C. Galfard, *El universo en tu mano*, Blackie Books, Barcelona, 2017.

10. Desgraciadamente, no solo la estructura social de las sociedades antigua y moderna ha sido injusta con las mujeres que se han dedicado a la ciencia, sino también la propia ciencia y la historia de la ciencia. Como ejemplos, el de Hipatia de Alejandría (355-415) en la Antigüedad y el de Rosalind Franklin (1920-1958) en la era moderna. El trabajo de Franklin fue fundamental para el descubrimiento del ADN y sin embargo careció del reconocimiento adecuado. El propio James Dewey Watson (1928), quien sí sería reconocido, escribió una mención en su obra a «las luchas a las que una mujer inteligente se enfrenta para ser aceptada en un mundo científico».

se refiere a las próximas décadas. El cambio climático es solo uno de los fenómenos que revelan los riesgos de no haber comprendido, con todas sus consecuencias, el conocimiento científico. Hemos llegado a acostumbrarnos a que la literatura y las películas de ciencia ficción traten sobre temas postapocalípticos derivados del destrozo medioambiental, pero no hemos avanzado lo suficiente en la toma de decisiones para evitar que esas distopías se conviertan en realidad. Fredric Jameson (1934) dijo con acierto que hoy es más fácil imaginar el fin del mundo que el fin del capitalismo, lo que tiene un reflejo evidente en la producción literaria y artística actual: un ejemplo notable y además muy recomendable es la película *Interstellar*. Sin embargo, hay quienes sostenemos que precisamente para evitar el fin del mundo tenemos que lograr el final del capitalismo.

Historia de la ciencia

No solo el lugar del ser humano y del planeta Tierra se vio modificado a lo largo del siglo XVII. También comenzó a cambiar la forma en la que se concebía la vida en general. Hasta entonces casi todos creían, por ejemplo, que el arcoíris era una señal de Dios o que los cometas presagiaban el mal. Aún hoy hay gente que piensa eso, desde luego. Pero con el inicio de la revolución científica muchas de estas ideas fueron demostrándose falsas, y se hallaron explicaciones convincentes para estos fenómenos, que no necesitaban de la acción de fuerzas místicas.

La revolución científica, que tuvo lugar en el siglo XVII, fue un hito que permite describir un salto cualitativo en nuestro entendimiento del universo y de la naturaleza. Sin embargo, el mismo concepto de revolución científica es relativamente nuevo. Los científicos que como Galileo o Newton hicieron grandes descubrimientos sobre la naturaleza durante los siglos XVII y XVIII no los pensaron en términos de revolución. Sabían de la importancia de lo que estaban haciendo, incluso de los cambios radicales que significaban, pero no se tomaron sus trabajos de la misma manera que hoy tendemos a considerarlos. A diferencia de las revoluciones políticas, como la estadounidense o la francesa, cuyos protagonistas conocían y defendían el carácter revolucionario de sus actos, en el marco de la revolución científica no existía esa comprensión por parte de los científicos. Dicha etiqueta ha sido un producto posterior, obra de los historiadores del siglo XX que se encargaron de periodizar las etapas del conocimiento científico.

Hoy entendemos por revolución científica el proceso de ruptura con la cosmovisión dominante, es decir, con la forma de entender e interpretar el universo que era común hasta el siglo XVII. La ruptura se produjo, no sin dificultad, por la sucesión de descubrimientos que pusieron de relieve que la anterior comprensión del mundo era incorrecta. La revolución científica transformó la vida entera, hasta el punto de que es imposible imaginar las revoluciones políticas del siglo XVIII sin el precedente de sus descubrimientos y nuevas concepciones. Al mismo tiempo, como veremos más adelante, fue también la principal responsable de que la noción de progreso calase tanto en la sociedad.

A que este proceso de consolidación de una nueva ciencia tuviera lugar, contribuyeron especialmente el nuevo papel otorgado a la observación y la experimentación frente a la mera especulación, el redescubrimiento de los autores griegos de la Antigüedad y el progreso de las matemáticas.[11] De especial importancia fue el redescubrimiento de los autores pitagóricos, pues habían sido los primeros en hacer progresar el

11. D. Sánchez Meca, *Teoría del conocimiento*, Dykinson, Madrid, 2012.

estudio de las matemáticas y también en pensar que sus principios eran aplicables a todo el universo. La sociedad pitagórica fue fundada por Pitágoras de Samos (569 a. n. e. - 475 a. n. e.) como una comunidad religiosa que, entre otras cosas, defendía la metempsicosis o reencarnación del alma en algún otro cuerpo. Aunque esta visión del alma influyó destacadamente en Platón, la escuela pitagórica fue de importancia para los filósofos naturales de los siglos XVII y XVIII por su visión de las matemáticas. Los autores pitagóricos habían descubierto que los intervalos musicales que hay entre las notas de la lira podían expresarse numéricamente, y pensaron que la armonía del universo también dependía del número. Llegaron incluso a declarar que las cosas eran también números. Además, de acuerdo a estas ideas, plantearon de forma especulativa que la Tierra, el Sol y los planetas giraban en torno al fuego o corazón del cosmos, identificado con el número uno.[12] Estas ideas influyeron de forma decisiva en una nueva cosmovisión del mundo.

La cosmovisión anterior, con la que se rompía, también era de procedencia griega. Se trataba de un marco de creencias basado en las ideas de Aristóteles, y que luego el cristianismo, el judaísmo y el islam adaptarían a sus creencias, aunque manteniendo lo fundamental. Esto no significa que todo el mundo creyese en lo que decía Aristóteles, sino que buena parte del mundo occidental compartía una forma de concebir el mundo que se basaba en las ideas cristianizadas del filósofo griego.

Entre esos pilares fundamentales se encontraban las creencias de que la Tierra era estacionaria y que ocupaba el centro del universo, que el universo estaba dividido en dos niveles —el supralunar, donde todo era perfecto y existía una sustancia llamada éter, y el sublunar, en el que se instalaba la imperfec-

12. F. Copleston, *Historia de la filosofía*, vol. 1, Ariel, Barcelona, 2011.

ción— y que el círculo era la figura geométrica perfecta. Estas ideas se combinaban unas con otras en un puzle de creencias interrelacionadas de forma coherente que trataban de explicar y dar sentido a la propia existencia. Esa es, de hecho, una de las definiciones de la palabra «cosmovisión».[13] Es importante que entendamos esta idea de interconexión de ideas porque debemos estar prevenidos ante la tentación de acusar a esta cosmovisión de incoherente o absurda. Desde el punto de vista de una persona nacida en la antigua Grecia, tenía mucho sentido pensar de ese modo, pues todas sus ideas sobre la vida encajaban unas con otras. Pensar los fenómenos naturales y sociales a partir de esa cosmovisión era de sentido común. Es más, tuvieron que pasar más de diecisiete siglos para que se empezara a sustituir la cosmovisión aristotélico-cristiana por otra nacida de los nuevos descubrimientos de la revolución científica, a la que se ha convenido en llamar cosmovisión newtoniana.

Como hemos dicho, la fuerza de las ideas aristotélicas se derivaba de su capacidad para explicar el universo. Esas explicaciones partían de pensamientos puramente especulativos, pero sus planteamientos no chocaban con la experiencia cotidiana. Por eso formaban parte del sentido común de época con tanta facilidad: porque ese tipo de creencias no era incompatible con el mundo en que se vivía.

Por ejemplo, según Empédocles de Agrigento (495 a. n. e. - 444 a. n. e.), solo existen cuatro especies fundamentales y eternas de elementos: la tierra, el aire, el fuego y el agua. Todos los objetos que nos rodean son una combinación de estos elementos, y se forman a través de la fuerza del Amor y se destruyen a través de la fuerza del Odio. Aristóteles, que recoge esta idea, añade que la tierra es el elemento más pesado y, como el agua, su tendencia natural es a caer, mientras que el fuego y el

13. R. DeWitt, *Cosmovisiones*, Biblioteca Buridán, Barcelona, 2010.

aire son más livianos y tienden a subir. Esta interpretación de los cuatro elementos refleja la visión esencialista y teleológica del universo aristotélico: los objetos ocupan el lugar natural que depende de su esencia. Durante la Antigüedad griega, la mayoría de los filósofos concebía el universo como un espacio armónico. La vida se basaba en la armonía de todos los órganos que componen el universo, de tal manera que cada uno de ellos cumplía una función en interdependencia con los demás. La concepción aristotélica es una concepción organicista, teleológica y esencialista. Y a partir de estos principios especulativos, se explica, por ejemplo, por qué las rocas, hierros y metales (que se presuponen formados principalmente por el elemento tierra) caen.[14] Cualquiera que probara a tirar un trozo de metal al aire comprobaría que, efectivamente, caía.

Pero Aristóteles también concluye que la Tierra debe ser estacionaria, es decir, estar parada, pues argumenta que es difícil que exista un ente con fuerza suficiente para desplazar una roca semejante. El astrónomo Claudio Ptolomeo (100-168) también puso a prueba la posibilidad de que la Tierra se moviese, pero llegó a la conclusión de que necesariamente tenía que estar detenida. Primero argumentó que, si nuestro planeta estuviera en movimiento, dada la circunferencia de la Tierra, la velocidad debería ser tal que tendríamos que sentir el viento en la cara igual que cuando navegamos en barco. Pero eso no sucede. Como podemos comprobar, este es un argumento de sentido común que hace referencia a lo que efectivamente observa cualquiera. A ello añadió otro argumento más: si la Tierra estuviera en movimiento, al lanzar un objeto, este debería caer muy por detrás de nosotros, tal y como también ocurre cuando se navega. Pero eso tampoco sucede. Finalmente, Ptolomeo observó que, si la Tierra se moviera,

14. F. Copleston, *Historia de la filosofía*, vol. 1, Ariel, Barcelona, 2011.

el paralaje estelar (la desviación aparente con respecto a las estrellas) debería observarse como cuando nos movemos respecto a un punto fijo situado a unos metros, pero eso tampoco sucede y las estrellas parecen quietas. Estos tres argumentos fueron suficientes para pensar que la Tierra era estacionaria, una creencia que duró miles de años.

Hay que agregar que Aristóteles no conocía aún el principio de inercia (hoy llamado primera ley de Newton) y pensaba que el movimiento violento de una cosa estaba motivado por el hecho de que la cosa tendía a ocupar su lugar natural. A partir de ese momento el objeto no se movería más. Esto también es de sentido común: pruébese a poner algo en movimiento, por ejemplo, empujar un trozo de roca. Lo que veremos es que el objeto acaba frenándose, y lo último que esperaremos es que su movimiento continúe de forma indefinida como afirma el principio de inercia. Para cualquier persona de la Antigüedad —también para los de la Edad Media y para cualquiera sin formación científica—, lo razonable es lo que dijo Aristóteles y no lo que diría Newton.[15]

Además, para la filosofía aristotélica el círculo es un reflejo de la perfección. Es más, el universo se entendía como una serie de esferas concéntricas: la interior era la tierra, luego el agua, el aire, el fuego y finalmente la región supralunar con el éter y las estrellas. Según Empédocles, el proceso del mundo es circular y cíclico: al comienzo los cuatro elementos están entremezclados, después se van separando hasta estar totalmente separados y finalmente se vuelven a entremezclar. Y así en sucesivos ciclos. También su concepción del tiempo y de la vida era cíclica: a la belleza del mundo se accedía observando

15. Si bien es evidente que la mayor parte de la población, ciudadana o no, de la Antigüedad estaba al margen de lo que debatían los filósofos sobre estas cuestiones.

los astros, y estos marcaban una concepción cíclica que impregna todo el pensamiento griego. El propio Platón (427 a. n. e. - 347 a. n. e.) desarrolló una teoría sobre la reminiscencia que supone que todo nuestro conocimiento proviene del recuerdo. Afirmaba Platón que el alma contempla las formas puras de la realidad antes de habitar el cuerpo, pero que las olvida al entrar en contacto con el mundo sensible. El conocimiento sería entonces una forma de recuerdo de aquel momento anterior. Además, la filosofía platónica —que después heredaría Aristóteles— aseguraba que todo en el mundo emerge, se degrada y retorna a la naturaleza, de tal manera que la salvación del ser humano reside en su vuelta al mundo suprasensible, donde están el conocimiento y la belleza. El tiempo griego no es histórico, sino cíclico. Tan cíclico como los ritmos de las estaciones y del movimiento de los astros.[16]

En la actualidad, sin embargo, nuestras sociedades creen en un tiempo lineal y no cíclico. La noción de progreso que estimula la revolución científica es sin duda el mejor ejemplo de ello. Pero antes ya se habían dado algunos precedentes. Uno de los más destacados fue la interpretación cristiana de san Agustín, la de una historia ordenada por la providencia divina. Tanto el bienestar como las desgracias formarían parte de una historia cuyas líneas maestras ha marcado previamente Dios. Como afirma Salvador Giner, «a esta visión cósmica y general, coherente, de la historia de la raza humana a través del tiempo le cupo una enorme influencia en la cultura occidental posterior»[17] y la visión agustiniana de la historia «constituye el fundamento de cuantos han sostenido que la historia de nuestra especie posee un sentido y estructura, un lugar de origen y otro de destino que son cognoscibles con la informa-

16. D. Sánchez Meca, *Teoría del conocimiento*, Dykinson, Madrid, 2012.
17. S. Giner, *Historia del pensamiento social*, Ariel, Barcelona, 2013.

ción que poseemos».[18]

Por otra parte, hemos dicho que la ciencia se emancipó de la filosofía. Pero podríamos ir más allá y afirmar que la revolución científica «representó una rebelión con éxito de los matemáticos en contra de la autoridad de los filósofos, y de ambos contra la autoridad de los teólogos».[19] Como hemos avanzado, ya en la antigua Grecia existían teorías, como la de los pitagóricos, que afirmaban que el universo estaba escrito en clave matemática. La cosmovisión aristotélica consideraba que el mundo supralunar era perfecto, de modo que también tanto el propio Aristóteles como Ptolomeo pensaron que los cielos eran interpretables de forma matemática. Sin embargo, nunca llegaron a plantear —a excepción de los citados pitagóricos— que el mundo sublunar pudiera ser leído de la misma forma. Ese fue, precisamente, uno de los saltos de la revolución científica. Autores como Galileo, Descartes y Newton empezaron a pensar que el comportamiento de toda la materia presente en el mundo terrenal era igualmente predecible con el uso de las matemáticas. Aquella matematización, que se daba ya en la pintura en perspectiva, la cartografía, la balística, la navegación y la agrimensura, comenzó a extenderse a todos los fenómenos materiales del universo con la revolución científica. Y, en contra de un extendido tópico, esto fue perfectamente compatible con las creencias religiosas, ya que se asumió que Dios era un matemático que hablaba el más perfecto de los lenguajes y que había escrito el funcionamiento del mundo en dicho lenguaje. Descifrarlo era cosa de matemáticos o, como

18. *Ibídem.*

19. D. Wootton, *La invención de la ciencia*, Crítica, Barcelona, 2017. Debemos tener en cuenta que los matemáticos no existían tal y como los conocemos hoy en día, sino que se autoconsideraban filósofos naturales. Es una licencia que nos hemos permitido a lo largo de este capítulo.

se empezaban a llamar ahora, científicos.

No obstante, fue en el campo de la astronomía en el que se dio el golpe letal a la cosmovisión aristotélica. Era ese, precisamente, el campo en el que se basaba gran parte de la filosofía de la Antigüedad y de la época medieval.

El inmenso trabajo astronómico de Ptolomeo había sido indudablemente la referencia en astronomía en todo el mundo occidental y parte del oriental. No es para menos. Su modelo, conocido como modelo ptolemaico, era capaz de predecir con gran precisión la posición de los planetas en cada época del año. Esto puede parecer extraño a quien sepa que el modelo ptolemaico es un modelo geocéntrico, es decir, en el que la Tierra está en el centro del universo y todos los planetas y el Sol giran alrededor suyo. Pero así es, y tiene explicación. El modelo ptolemaico empleaba un nivel bastante avanzado de matemáticas junto con recursos como los epiciclos y ecuantes que permitían explicar muy bien el movimiento de los astros conocidos. Su fortaleza durante catorce siglos se debió a que era un modelo coherente con la cosmovisión aristotélica y al mismo tiempo explicaba muy bien los datos empíricos.

El primer modelo que supuso un reto para el de Ptolomeo lo construyó el astrónomo Nicolás Copérnico (1473-1543). Copérnico era asimismo lo que hoy llamaríamos un matemático y consiguió desarrollar un modelo que también predecía con enorme precisión el movimiento de los astros. Sin embargo, había una diferencia fundamental: el modelo de Copérnico era heliocéntrico, es decir, con el Sol situado en el centro. Optó por situar al Sol en el centro no porque tuviera datos que así lo justificasen, sino por su adscripción a la teoría filosófica neoplatónica. En esta teoría, el Bien se identifica con Dios y a Dios con el Sol. En un modelo que respetara estas creencias, el mejor lugar para Dios era el centro, de modo que el Sol tendría que quitar a la Tierra de su sitio. Y a pesar de este cambio tan notable, «hay poca diferencia entre los sistemas ptolemaico y copernicano en lo que respecta a la explicación y predicción de los hechos empíricos».[20] Y a lo largo del siglo XVI el modelo de Copérnico fue creciendo en popularidad y se enseñó en las principales universidades, aunque no era considerado un modelo realista (que reflejara cómo funciona realmente el mundo), sino un modelo instrumentalista (que funciona bien para predecir fenómenos astronómicos, de mucha importancia para la agricultura y la guerra). La atracción que despertaba el modelo copernicano tenía que ver con su dispositivo matemático, muy elaborado, pero solo una minoría lo consideraba una verdad científica. La mayoría se lo tomaba como hoy tomaríamos un plano del metro de una gran ciudad, es decir, como algo útil para manejarnos espacialmente, pero inútil como descripción de la realidad. Además, la creencia en un universo heliocéntrico todavía no era condenada por la Iglesia. La Iglesia católica prohibió el modelo copernicano en 1616, después de los descubrimientos de Galileo, y la censura eclesiástica se extendió hasta 1822.

Tres décadas después de la publicación del modelo copernicano, en 1572, un joven llamado Tycho Brahe vio una estrella nueva que, según la cosmovisión aristotélica y el modelo de Ptolomeo, no debería haber estado ahí. Gracias a la financiación del rey de Dinamarca, se fundó un observatorio de investigación astronómica y durante quince años se recogieron datos empíricos del comportamiento de los astros. Lo importante de este hecho es que la cosmovisión aristotélica no era capaz de explicar la existencia de una estrella nueva porque el propio Aristóteles había afirmado que las estrellas son siempre

20. R. DeWitt, *Cosmovisiones*, Biblioteca Buridán, Barcelona, 2010.

las mismas y están fijadas en una esfera que engloba a todas las demás. Algunos historiadores de la ciencia, como el ya citado Wootton, consideran esta fecha, 1572, como la del inicio de la revolución científica. Sin embargo, el modelo tychónico volvía a ser un modelo geocéntrico, esto es, con la Tierra en el centro del universo. La novedad residía en que el resto de los planetas conocidos sí giraban en torno al Sol.

Un colaborador y discípulo de Tycho Brahe fue quien dio el siguiente paso en dirección a desmontar el modelo ptolemaico-aristotélico. Se trata de Johannes Kepler (1571-1630), quien desarrolló un sistema que, además de predecir el movimiento de los planetas, era mucho más sencillo. Aunque durante los primeros años de su investigación Kepler estuvo comprometido con las ideas del círculo perfecto y del movimiento uniforme propias del sistema aristotélico, pronto se dio cuenta de que no podía predecir bien el movimiento de Marte bajo esas premisas. Fue así como abandonó aquellos dos pilares esenciales de la cosmovisión aristotélica para descubrir las órbitas elípticas, con todos los planetas moviéndose a diferentes velocidades en torno al Sol (cuanto más cerca está el planeta del Sol, más velozmente se mueve). Con ese nuevo modelo, que también era heliocéntrico, las predicciones eran mucho mejores y más sencillas.

Kepler, que también era religioso, pensaba que Dios había tenido un plan para construir el universo, y dedicó el resto de su vida a tratar de descubrirlo. Ese particular fervor religioso en búsqueda de regularidades geométricas fue lo que le permitió descubrir las hoy conocidas como primera y segunda ley de Kepler, pero también lo que le empujó a utilizar todo tipo de figuras geométricas para describir el plan maestro que había redactado Dios (algo esencial en su modelo).[21] Con Kepler quedaba explícitamente diseñada una imagen moderna

21. R. DeWitt, *Cosmovisiones*, Biblioteca Buridán, Barcelona, 2010.

del mundo como un mecanismo de relojería regido por leyes inmutables y necesarias. Eso sí, quedaba pendiente la razón por la que todo el sistema entraba en funcionamiento: la causa del movimiento.[22]

Y en 1610 llegaron los descubrimientos de Galileo con el telescopio. Uno de esos hallazgos fueron las montañas de la Luna, algo que chocaba frontalmente con la concepción aristotélica del mundo supralunar que concebía todos los objetos del universo como figuras geométricas perfectas. Además, el telescopio permitía ver que la Luna también era un objeto rocoso y, sin embargo, se movía. Si la Luna estaba hecha de tierra y se movía, la Tierra también podría hacerlo. Todos estos datos empezaban a socavar las premisas filosóficas de la concepción aristotélica. Además, Galileo descubrió las hoy llamadas lunas de Júpiter, y supo ver que giraban en torno a ese planeta, algo también contrario a las enseñanzas aristotélicas, porque reflejaba que podía haber más de un centro de rotación en el universo. Por si fuera poco, el estudio de las fases de Venus descartaba que el sistema ptolemaico fuese correcto, aunque aún no permitía dilucidar si el sistema real era geocéntrico o heliocéntrico. Pero, con aquel descubrimiento, el sistema ptolemaico, que había resistido mil cuatrocientos años, se vino abajo irremediablemente.[23, 24]

En el caso de Galileo, la Iglesia católica ya no se mostró tan indulgente como con Copérnico. La Reforma protestante había dañado mucho el poder de la Iglesia y esta había iniciado una ofensiva en todas partes contra todo aquello susceptible de ser herético. Los trabajos de Galileo amenazaban con desmontar gran parte del poder restante de la Iglesia, por lo

22. D. Sánchez Meca, *Teoría del conocimiento*, Dykinson, Madrid, 2012.
23. R. DeWitt, *Cosmovisiones*, Biblioteca Buridán, Barcelona, 2010.
24. D. Wootton, *La invención de la ciencia*, Crítica, Barcelona, 2017.

que esta no tuvo ningún inconveniente en censurar las nuevas ideas científicas a partir de ese momento. Como es sabido, Galileo fue juzgado y obligado a retractarse de sus ideas heliocéntricas.

Una de las contribuciones esenciales de Galileo fue su descripción matemática del movimiento. Como hemos visto, hasta entonces se creía que siempre era necesaria una causa final para mantener un cuerpo en movimiento con velocidad constante, pero con Galileo, y posteriormente con Newton, se descubrió que, si los cuerpos detenían su movimiento, era por la fuerza de rozamiento. Al hacer un experimento con unas tablas inclinadas sobre las que dejó caer unas bolas, Galileo comprobó «que siempre que sobre un cuerpo no actuara ninguna fuerza, este se mantendría moviéndose en una línea recta con la misma velocidad».[25] A esto luego Newton lo llamó «principio de inercia», un principio que rompió radicalmente con la concepción del movimiento de la tradición aristotélica. Además, de esta idea se derivaba que los cielos y la Tierra ya no eran fundamentalmente diferentes.

Galileo también estaba comprometido con la idea de que las matemáticas eran el lenguaje del universo, de modo que el conocimiento de estas brindaría la oportunidad de alcanzar el conocimiento. Uno de los extractos más citados de Galileo no deja lugar a dudas:

> La filosofía está escrita en ese grandísimo libro que tenemos abierto ante los ojos, quiero decir, el universo, pero no se puede entender si antes no se aprende a entender la lengua, a conocer los caracteres en los que está escrito. Está escrito en lengua matemática y sus caracteres son triángulos, círculos y otras figuras

25. S. W. Hawking, *Historia del tiempo*, Círculo de Lectores, Barcelona, 1988.

geométricas, sin las cuales es imposible entender ni una palabra; sin ellos es como girar vanamente en un oscuro laberinto.[26]

Finalmente, Isaac Newton (1643-1727) fue quien descubrió la causa del movimiento de los planetas que Kepler había descrito sin aclarar su origen. Newton demostró matemáticamente la existencia de «una fuerza que atraía los planetas al Sol y los satélites a los planetas».[27] Como se conoce, esa fuerza es la gravitación universal, que fue descrita como «la atracción entre dos cuerpos y que es proporcional al producto de sus masas» y como «inversamente proporcional al cuadrado de la distancia».[28] Eso significa que, cuanto más masa tienen los objetos, mayor es la atracción gravitatoria que ejercen. También significa que, cuanto más lejos estén uno del otro, menor será la atracción. Ambas ideas explican por qué «todos los cuerpos caen con la misma rapidez: un cuerpo que tenga doble peso sufrirá y ejercerá una fuerza gravitatoria doble, pero al mismo tiempo tendrá una masa doble [...], estos dos efectos se cancelarán exactamente y la aceleración será la misma en ambos casos».[29] La ley de Newton de la gravitación universal y sus tres leyes de la dinámica mostraron que las leyes del mundo supralunar eran las mismas que las del mundo sublunar, con lo que se terminó de derrumbar el edificio aristotélico.

Ahora bien, como se puede comprobar, con Newton los objetos ya no se mueven en función de supuestas esencias internas, sino como resultado de la influencia de otros objetos o fuerzas externas. Así se fortalecía la metáfora de la máquina,

26. Galileo Galilei, *El ensayador*, Aguilar, Buenos Aires, 1981.

27. D. Sánchez Meca, *Teoría del conocimiento*, Dykinson, Madrid, 2012.

28. *Ibídem*.

29. S. W. Hawking, *Historia del tiempo*, Círculo de Lectores, Barcelona, 1988.

en claro contraste con el universo esencialista y teleológico de la cosmovisión aristotélica. El lenguaje de las matemáticas parecía ser capaz de explicar efectivamente el comportamiento de todo el universo. La ciencia abandonó la doctrina aristotélica, pero se hizo determinista: si el mundo era una máquina, sería posible desentrañar sus misterios y predecir el comportamiento de sus componentes.

El astrónomo, matemático y físico francés Pierre-Simon Laplace (1749-1827) fue un continuador de la mecánica newtoniana, convencido de que el universo era completamente determinista. Pensó que, solo con conocer el estado completo del universo en un instante de tiempo, podría predecirse todo lo que sucediera en el futuro. En realidad, «Laplace fue más lejos hasta suponer que había leyes similares gobernando todos los fenómenos, incluido el comportamiento humano».[30] Pero este planteamiento no era solo suyo. Como veremos más adelante, todo el liberalismo político y también el marxismo y las grandes ideologías de la modernidad quedaron impregnados de esta nueva visión determinista del mundo. Si la ciencia había sido capaz de predecir el comportamiento exacto de objetos inertes, ¿por qué no iba a poder hacer lo mismo con los objetos no inertes, es decir, con el conjunto de los seres vivos?

La teoría de la evolución que elaboraron de forma independiente tanto Charles Darwin (1809-1882) como Alfred Russel Wallace (1823-1913) fue también de gran importancia para la época y para los autores del pensamiento social. El propio Marx fue un lector ávido de Charles Darwin, con quien además tuvo un intercambio epistolar cuando le envió su obra *El capital*.

Darwin había comenzado sus trabajos pensando que Dios era el creador de todas las especies, pero sus observaciones

30. S. W. Hawking, *Historia del tiempo*, Círculo de Lectores, Barcelona, 1988.

posteriores le hicieron cambiar de opinión. Inspirado por el trabajo del economista político Thomas Malthus (1766-1834), quien había teorizado que la población crecía más rápido que la capacidad de alimentarla, llegó a la conclusión de que «plantas y animales, incluidos los humanos, tienden a reproducirse más allá de lo que el entorno puede soportar»,[31] por lo que «tiene que darse una lucha por la existencia».[32] Este proceso sería el conocido como «selección natural», por el que «la naturaleza selecciona ciertos rasgos que son ventajosos, con respecto a otros, para su supervivencia y reproducción».[33] Los trabajos posteriores de Ronald A. Fisher (1890-1962) y sobre todo el descubrimiento de la estructura del ADN por James Watson (1928) y Francis Crick (1916-2004) profundizaron los conocimientos en biología hasta llegar a la época actual. Gracias a ello, la biología también ha conseguido explicar los fenómenos naturales sin recurrir a seres o fuerzas sobrenaturales, lo que ha hecho innecesaria la figura de Dios.

Con todo, al comienzo del siglo XX existía la impresión de que un marco newtoniano, es decir, mecanicista, podía dar respuesta a todos los interrogantes sobre el mundo. En especial en física, pero no solamente. Los desarrollos de Antoine Lavoisier (1743-1794) llevaron a la química moderna, y los trabajos en biología parecían demostrar que los fenómenos biológicos podían explicarse a partir de acontecimientos a nivel molecular. Las investigaciones de James Clerk Maxwell (1831-1871) permitieron descubrir las ecuaciones matemáticas que unifican fenómenos como la luz, la electricidad y el magnetismo. Esta sensación de optimismo se transmitió rápidamente a otras ramas del pensamiento, entre ellas la economía política. Para los eco-

31. R. DeWitt, *Cosmovisiones*, Biblioteca Buridán, Barcelona, 2010.
32. *Ibídem*.
33. *Ibídem*.

nomistas políticos, la física se convirtió en la referencia absoluta con respecto a los métodos y formas de la investigación científica. Sin embargo, en física aún quedaban algunos interrogantes que no habían podido resolverse en un marco newtoniano.

En apariencia, Newton había encontrado la razón por la que los cuerpos se atraen unos a otros, pero curiosamente él no creía del todo en lo que había descubierto. Esto era así porque el concepto de gravedad usado por él requería una misteriosa acción a distancia que quedaba sin explicar. En efecto, en el universo newtoniano la influencia que el Sol ejerce sobre la Tierra y que se manifiesta en la gravedad se produce por la mera existencia de ambos objetos con masa, pero no queda claro a través de qué canales se transmite la información. Según la concepción newtoniana, si el Sol desapareciese de golpe, también desaparecería de golpe su efecto gravitatorio sobre la Tierra. Algo casi mágico. El propio Newton, como decimos, era muy consciente de esto y afirmó que «es inconcebible que una materia bruta inanimada, sin la mediación de algo más, que no sea material, afecte a otra materia y actúe sobre ella sin que exista contacto mutuo».[34] Pero Newton nunca llegó a encontrar la respuesta, y tuvieron que pasar varios siglos hasta que Albert Einstein (1879-1955) dio con una solución más adecuada.

Einstein elaboró tanto la teoría de la relatividad especial en 1905 como la teoría de la relatividad general en 1915. Y consiguió dar respuesta al interrogante sobre la gravedad, pero al precio de dejar obsoleto el marco newtoniano como modelo realista, es decir, como modelo que explica cómo es realmente el mundo. Los descubrimientos posteriores de la física cuántica terminaron por alejarse del sistema mecanicista clásico y

34. Citado en B. B. Greene, *El universo elegante*, Booket, Barcelona, 2006.

abrieron nuevos interrogantes sobre el comportamiento de los objetos en el universo. En definitiva, cuando todo parecía más o menos aclarado, surgieron nuevas preguntas que pusieron en cuestión las propias enseñanzas anteriores. O casi, porque, como dice el físico teórico Stephen Hawking (1942), «seguimos usando la teoría de Newton para todos los propósitos prácticos ya que las diferencias entre sus predicciones y las de la relatividad general son muy pequeñas en las situaciones que normalmente nos incumben».[35]

La teoría especial de la relatividad acabó con la idea clásica de un tiempo absoluto. En esa idea habían creído tanto Aristóteles como Newton, y es la idea que actualmente tenemos como sentido común. Es decir, creemos que el tiempo que transcurre entre dos sucesos puede ser medido igualmente por todos con tal de que se disponga de un buen instrumento de medida. Pero la teoría de Einstein demostró que eso es falso, y que tiempo y espacio no son conceptos absolutos. La conclusión de Einstein fue la extraña idea de que «ninguna medida de cualquier observador particular es más correcta que la de cualquier otro observador, sino que todas son equivalentes y además están relacionadas entre sí».[36]

La explicación residía en la combinación de algo que habían avanzado Galileo y Newton, el principio de inercia, y el descubrimiento de Maxwell de la velocidad de la luz. Galileo había afirmado que las leyes de la física son las mismas para todos los observadores que se mueven en un estado de movimiento uniforme.[37] Es posible que, a pesar de la difi-

35. S. W. Hawking, *Historia del tiempo*, Círculo de Lectores, Barcelona, 1988.

36. *Ibídem*.

37. L. M. Krauss, *La historia más grande jamás contada… hasta ahora*, Pasado & Presente, Barcelona, 2017.

cultad, hayamos experimentado alguna vez esta sensación.[38] Por otra parte, Maxwell había mostrado que «las perturbaciones electromagnéticas viajan a una velocidad fija e invariable, una velocidad que resulta ser igual que la velocidad de la luz».[39]

Para entender bien la contradicción que eso genera, imaginemos que en el marco de una manifestación un policía me dispara una pelota de goma a la velocidad de 100 km/h y yo salgo huyendo en la misma dirección de la bola a una velocidad de 40 km/h. Según las leyes del movimiento de Galileo y Newton, desde mi punto de vista la pelota se estará acercando a la velocidad de 60 km/h (100 km/h – 40km/h = 60 km/h). Hasta aquí bien. Pero si ahora el policía en vez de usar pelotas de goma usa un rayo láser, y yo en vez de huir corriendo me monto en una nave espacial cuya velocidad es de 50.000 km/s, ¿a qué velocidad se aproximarán a mí los fotones que forman ese rayo láser si sabemos, gracias a Maxwell, que la velocidad de esos fotones es de 300.000 km/s? Pues según Newton, la velocidad a la que yo percibo acercarse esos fotones habría de ser de 300.000 km/s – 50.000 km/s, es decir, de 250.000 km/s. Pero eso contradice la afirmación de Maxwell de que la velocidad de la luz siempre es la misma. Visto desde otra perspectiva, según el sistema newtoniano, si yo corro a la velocidad de la luz detrás de una onda de luz, tendré la sensación de que la luz está quieta, pero según Maxwell esto también es imposible. Einstein resolvió el

38. Imaginemos que estamos en una estación montados en un tren a punto de salir. Al arrancar y mantenerse en velocidad uniforme, es decir, constante, durante un tiempo, es posible que, si observamos el tren de otra vía, que también se mueve de forma uniforme, dudemos de si es nuestro tren o el otro el que se mueve.

39. B. B. Greene, *El universo elegante*, Booket, Barcelona, 2006.

problema aceptando que la velocidad de la luz es constante en el vacío, y aclarando que «da igual a qué velocidad persigamos un rayo de luz; siempre se alejará de nosotros a la velocidad de la luz».[40] Claro que «el carácter constante de la velocidad de la luz exige que abandonemos la vieja noción de que la simultaneidad es un concepto universal con el que cualquiera está de acuerdo, independientemente de su estado de movimiento».[41] Efectivamente, la solución de Einstein fue argumentar que los observadores deben medir distancias o tiempos de forma diferente, de modo que la velocidad de la luz es la constante. En suma, el tiempo y el espacio no son absolutos. Y esto es algo que va en contra del sentido común aristotélico, pero también del newtoniano.

Y ya en 1915 Einstein dio por fin respuesta al interrogante de Newton. Su teoría general de la relatividad demostró que la gravedad es la consecuencia de que «el espacio-tiempo no sea plano, sino curvado, o deformado, por la distribución de masa y energía en él presente».[42] Eso significa que los cuerpos no se mueven en órbitas curvas alrededor de otros, sino que se mueven en líneas rectas sobre un espacio curvo, lo que se llama líneas geodésicas. Nuestro planeta «simplemente sigue las líneas invisibles que crea nuestra estrella, como una canica en un cuenco».[43] En realidad se mueven en línea recta sobre un espacio tetradimensional, que nos parece a nosotros curvo desde una perspectiva tridimensional. Esto es relevante porque «si el Sol dejase de brillar en este preciso

40. B. B. Greene, *El universo elegante*, Booket, Barcelona, 2006.

41. *Ibídem*.

42. S. W. Hawking, *Historia del tiempo*, Círculo de Lectores, Barcelona, 1988.

43. C. Galfard, *El universo en tu mano*, Blackie Books, Barcelona, 2017.

instante, tendríamos noticia de ese (considerable) problema en ocho minutos y veinte segundos»,[44] que es el tiempo que tarda en llegar la luz desde el Sol hasta la Tierra a través del espacio-tiempo curvado.

Además, la teoría de Einstein significaría también aceptar que el tiempo pasa más despacio cuanto más cerca se está de un cuerpo con gran masa, de modo que alguien situado en el espacio vería pasar las cosas en la Tierra más lentamente. Igualmente, a mayor velocidad de un objeto, menor tiempo transcurre, de tal manera que a la velocidad de la luz el tiempo no existe como tal. Como dice Fernández Buey, «la teoría de la relatividad no contradice la mecánica newtoniana, y las predicciones de una y otra difieren significativamente solo para objetos que se mueven muy cerca de la velocidad de la luz, mientras que para el caso de los objetos que se mueven a velocidades normales las predicciones de la relatividad especial y las de la mecánica newtoniana coinciden».[45]

Todo esto no son meras abstracciones. Un dispositivo como el GPS (Global Positioning System) es capaz de indicarnos nuestra situación exacta gracias a que tiene en cuenta los efectos de la teoría de la relatividad. El sistema está compuesto por veinticuatro satélites, cada uno de los cuales tiene un reloj atómico y una emisora que emite señales que puede recibir cualquier receptor GPS. Según la teoría especial, como la velocidad del reloj es muy alta (3,9 km/s), veremos pasar sus manecillas más lentamente, por lo que el sistema GPS debe compensar ese retraso. Según la teoría general, además el reloj se adelanta cuanto más cerca está de una gran masa, algo que el sistema también tiene que corregir. Sin la

44. *Ibídem.*

45. F. Fernández Buey, *Albert Einstein, ciencia y conciencia*, El Viejo Topo, Barcelona, 2005.

teoría de Einstein no existirían ni el GPS ni, lógicamente, una aplicación como Google Maps.[46]

Para terminar nuestro viaje por la historia de la ciencia debemos retroceder unos cuantos siglos, de nuevo hasta la antigua Grecia. Ya vimos que el redescubrimiento de la escuela pitagórica fue importante en el marco de la revolución científica. Ahora corresponde ver la influencia que tuvo el atomismo. Esta escuela, fundada por Leucipo de Mileto (siglo IV a. n. e.), continuó la filosofía de Empédocles, quien, como hemos visto, había asegurado que cualquier objeto está constituido por la agrupación de algunos de los cuatro elementos (tierra, agua, aire y fuego). Según Leucipo, y también su discípulo Demócrito (460 a. n. e. - 370 a. n. e.), existen un número infinito de unidades indivisibles a las que llamó átomos. Estos átomos, aunque imperceptibles por los sentidos humanos, serían sólidos e impenetrables. Según su teoría, en el origen solo existían los átomos en el vacío, y en algún momento estos chocaron unos con otros y formaron agrupaciones de átomos, con lo que se formaron los cuatro elementos.

No obstante, cuando la revolución científica comenzó a desplegar todo su potencial, empezaron a hallarse partículas aún más elementales que los átomos. Joseph J. Thompson (1856-1940) descubrió el electrón, una partícula con una masa menor que la milésima parte de la del átomo más ligero. Posteriormente, Ernest Rutherford (1871-1937) estudió las partículas radioactivas y reveló la estructura interna de los átomos, es decir, un núcleo muy pequeño de carga positiva sobre el que giran un cierto número de electrones. El físico James Chadwick (1891-1974) descubrió que el núcleo, además de tener protones, como ya se suponía, también tenía neutrones. Con

46. P. Tipler y G. Mosca, *Física para la ciencia y la tecnología*, vol. 2 C, Reverte, Madrid, 2010.

el tiempo, y basándose en experimentos, se descubrieron partículas aún más pequeñas como los quarks.

A partir del estudio de estas partículas tan diminutas, lógicamente imperceptibles por el ojo humano, se hicieron otros descubrimientos que terminaron de cuestionar el modelo newtoniano y que también entraron en contradicción con las teorías de Einstein. El principio de incertidumbre de Werner Heisenberg (1901-1976) estableció que era imposible medir de forma exacta y al mismo tiempo la posición y el momento lineal de una partícula elemental porque para ello ha de usarse un cuanto (valor mínimo que puede tomar una magnitud) de luz que interferirá en el comportamiento de la partícula. Pero no se trataba de un problema experimental, sino de un problema de definición de las magnitudes y de las entidades matemáticas empleadas para formularlas.

Así lo explica Krauss:

> El principio de incertidumbre marcó el final del sueño de Laplace de una teoría de la ciencia, un modelo del universo que sería totalmente determinista: ciertamente no se pueden predecir los acontecimientos futuros con exactitud si ni siquiera se puede medir el estado presente del universo de forma precisa.[47]

Y en 1920 el propio Heisenberg, junto con Erwin Schrödinger (1887-1961) y Paul Adrien Dirac (1902-1984), puso los cimientos de la nueva teoría de la mecánica cuántica, según la cual la mecánica no es capaz de predecir un único resultado, sino un cierto número de resultados posibles. Curiosamente esta teoría contó con la oposición de Einstein, a pesar de que sus trabajos contribuyeron necesariamente a su formulación.

47. L. M. Krauss, *La historia más grande jamás contada… hasta ahora*, Pasado & Presente, Barcelona, 2017.

Como avanzábamos, la teoría de la relatividad general de Einstein y la mecánica cuántica son contradictorias en su modelo actual. Y sin embargo, «los físicos han confirmado experimentalmente, con una exactitud casi inimaginable, la práctica totalidad de las predicciones que hace cada una de estas teorías».[48] En un intento de hacerlas compatibles ha surgido en las últimas décadas la teoría de cuerdas, que aspira a englobar todos los fenómenos físicos bajo la misma teoría,[49] aunque no parece que vaya a tener mucho recorrido en el futuro.

Pues bien, hasta aquí hemos hecho un breve pero intenso viaje por algunos de los hitos más importantes de la historia de la ciencia. Hemos visto cómo ideas asentadas por largo tiempo, como el modelo astronómico de Ptolomeo o la ley de gravitación universal de Newton, con el tiempo terminaron perdiendo su posición privilegiada en el mundo del conocimiento científico. Otras teorías las han ido sustituyendo, a veces porque son mejores para predecir y otras veces porque, además, son más realistas. En todo caso, parece claro que en la ciencia no hay que dar nunca por definitiva una teoría.

También hemos comprobado que las ideas de sentido común se insertan en cosmovisiones que engloban una serie de creencias interconectadas que son coherentes y que ofrecen una explicación del mundo, con independencia de si posteriormente se revelan como verdaderas o falsas. Eso es algo que ha de servirnos de alerta, pues nosotros también tenemos creencias que pensamos ciertas por el simple hecho de que las compartimos con la mayoría de las personas que nos rodean. Sin embargo, ¿cuántos de nuestros semejantes siguen creyendo en la explicación de la gravedad dada por Newton y cuán-

48. B. B. Greene, *El universo elegante*, Booket, Barcelona, 2006.
49. *Ibídem*.

tos en la de Einstein? La inmensa mayoría de la población ha sido educada en un marco newtoniano, es decir, una cosmovisión que trata de dar explicaciones mecanicistas en ausencia de fuerzas externas como Dios. Precisamente por eso mismo comprendemos con tanta dificultad los descubrimientos aportados por la física cuántica o por la teoría general y especial de la relatividad.

Y sin embargo la ciencia ha avanzado combatiendo el sentido común de cada época, yendo a contracorriente y tratando de poner a prueba nuevos planteamientos que desafiaban el pensamiento dominante. Y muchas veces esas teorías, como hemos podido ver con profusión, no se inspiran en datos empíricos, sino en motivaciones de carácter religioso o ideológico. La propia creatividad, a la hora de abrir nuevas investigaciones o seleccionar posibles hipótesis de trabajo, es parte necesaria de la actividad científica.

También hemos visto cómo la concepción newtoniana consolidó una visión determinista del mundo material e inmaterial que en casos extremos también se trasladaba a lo social. Esto es de suma importancia para nuestro trabajo, pues la ciencia social y particularmente la economía quedaron impregnadas de esa concepción mecanicista y determinista. Y, curiosamente, aunque luego los descubrimientos de la física moderna cuestionaran esos mismos fundamentos y esa concepción, gran parte de la ciencia social se mantuvo como si no hubiera pasado nada.

Lo que sí cambió fue la forma de concebir el conocimiento y el método científico, algo crucial también para nuestro propósito.

El método científico

En nuestro repaso de la historia de la ciencia hemos tratado acerca de los descubrimientos y de algunas polémicas clave que enfrentaron teorías y cosmovisiones. Sin embargo, en ningún momento hemos hablado de las formas en las que se adquirieron esos conocimientos, es decir, de los métodos utilizados para llegar a las conclusiones que se declararon ciertas o verdaderas. Esto es lo que vamos a hacer ahora, es decir, preguntarnos por el tipo de reglas que ha de seguir un científico en su actividad.

Es verdad que «no es necesario un curso de metodología para aprender a poner el pie izquierdo delante del derecho y echarse a andar por los mundos de la investigación»,[50] y esto lo comparten millones de científicos que en sus respectivos campos rara vez se han detenido a pensar en cuestiones metodológicas. Lo normal para, pongamos, un especialista en microbiología es aprender de sus profesores y tutores un abanico de determinados trucos y formas de proceder en la investigación que le permitan ir descubriendo cosas nuevas de su campo. En la práctica, los investigadores cuentan con una gran flexibilidad, de tal manera que los procesos de ensayo y error no suelen estar guiados por rígidas normas a seguir, sino por procesos que mezclan la experiencia pasada con la creatividad y la inspiración. De la misma forma que podemos saber hablar perfectamente, pero no saber explicar qué es una argumentación correcta, es posible también saber hacer ciencia, pero no saber explicar qué es la actividad de la ciencia. Esa es la relación que existe entre la filosofía de la ciencia y la actividad científica.[51] De ahí que hayamos dicho que un científico puede realizar des-

50. F. Fernández Buey, *La ilusión del método*, Crítica, Barcelona, 1991.

51. J. A. Díez y C. U. Moulines, *Fundamentos de filosofía de la ciencia*, Ariel, Barcelona, 2008.

cubrimientos científicos sin tener un conocimiento preciso de los fundamentos de la ciencia, esto es, de lo que explica qué es la actividad científica.

Sin embargo, es útil discutir sobre metodología porque en nuestra práctica investigadora también necesitamos saber cómo distinguir una actividad que es científica de otra que no lo es. Especialmente si después vamos a depender de ellas para la toma de decisiones políticas. ¿Cómo sabemos que nuestras teorías y argumentos son correctos y no son un mero ejercicio de fantasía? ¿Cómo vamos a ser capaces de combatir el cambio climático o el efecto invernadero si no somos capaces de diferenciar la teoría científica de la que no lo es?

Además, cabe preguntarse si estos métodos científicos son aplicables a la ciencia social (como la economía, la política o la sociología) o si, por el contrario, estas disciplinas disponen de herramientas metodológicas propias adaptadas a la naturaleza específica de su campo. Esta cuestión, que veremos en el apartado siguiente, entrará de lleno en el debate sobre el carácter científico de la economía y el marxismo.

Ahora bien, cualquiera podría perfectamente preguntarse, y muchas son las personas a lo largo de la historia que así lo han hecho, si es posible disponer de un método universal que guíe la actividad científica y que nos permita alcanzar nuevos conocimientos de forma más o menos ordenada. De hecho, es habitual que en el marco del sentido común de nuestra sociedad se considere que solo existe un método científico. De forma simplista suele creerse que el mundo se divide entre quienes hacen ciencia, utilizando el método científico, y quienes no hacen ciencia, cuyo método es el de la mera especulación. Para resolver estas dudas tendremos que adentrarnos en el mundo del conocimiento.

Vamos a empezar por un concepto al que solemos hacer referencia cotidianamente: la verdad. Imaginemos que un amigo nos dice que en nuestro jardín hay un gnomo explotador. Lo normal es que respondamos que eso es imposible porque nunca hemos visto a un gnomo explotador ni tenemos constancia de su existencia y porque la última vez que fuimos al jardín todo estaba como siempre. De todos modos salimos a comprobarlo y, efectivamente, no vemos ni rastro del gnomo explotador. Así que, satisfechos con nuestra observación, contestamos a nuestro amigo que no es verdad lo que dice. Sin embargo, él sigue empeñado en su afirmación.

Si nosotros hemos dicho que no es verdad que haya un gnomo explotador es probablemente porque creemos en la verdad como correspondencia, es decir, pensamos que lo afirmado tiene que corresponderse con la realidad, una realidad que es una entidad objetiva e independiente de nosotros. Si todo el mundo menos nosotros dijera que hay un gnomo explotador en el jardín, pero eso no se correspondiera con la realidad, la afirmación sería igualmente no verdadera. Es decir, la democracia no nos vale como criterio para decidir qué es verdad o no. Pero incluso si yo no existiera, y en esa realidad objetiva no hubiera tal gnomo explotador, la afirmación seguiría sin ser verdad. El problema que nos asalta es: ¿cómo podemos estar seguros de cómo es realmente la realidad? ¿No podría ser que nosotros existamos como creación de un diablo maligno que domina nuestra racionalidad y nuestros pensamientos y nos dice que ahí no hay un gnomo explotador cuando en realidad sí lo hay? ¿No podría pasarnos acaso lo que a Neo en *Matrix* cuando, antes de tomarse la pastilla roja, creía que su mundo era real?

Como ya hemos visto, hasta los siglos XVI y XVII predominaban ideas aceptadas socialmente que se basaban en afirmaciones tan estrambóticas como la de nuestro gnomo explotador. Por ejemplo, durante el Imperio romano se pensaba que las lechugas incrementaban el deseo sexual o incluso en el siglo XV se creía que el cuerpo de un asesinado sangraría en presencia de su asesino. Por no hablar de la figura de Dios, cuya existencia se daba por asegurada en ausencia de cualquier correspondencia con la realidad. Todas aquellas afirmaciones e ideas basaban su fuerza en la autoridad de quien las sostenía, de tal manera que no era lo mismo que las defendiera un campesino que un papa medieval.

Pero ya en los siglos XVI y XVII se empezaron a poner en cuestión todas aquellas ideas, y casi siempre en nombre de la razón. La razón, así, emprendió una poderosa batalla contra la autoridad. No obstante, entre los que decían defender la razón existían también diferencias que fueron consolidándose con el tiempo. Por un lado, en el mundo anglosajón comenzó a emerger la tradición empirista, mientras que, por otro lado, en el continente europeo nacía la tradición racionalista.

Los empiristas defendían que los seres humanos nacemos sin conocimiento y sin ninguna capacidad innata para acceder al mismo. Todo lo que sabemos es el resultado del aprendizaje, que se basa en nuestra experiencia sensible, esto es, la obtenida a través de los sentidos. Para los empiristas «todo aquello que no pueda ser retrotraído a la experiencia sensible debe ser tenido como un mero ejercicio especulativo» y, por lo tanto, es rechazable.[52] Así, conceptos como sustancia, causalidad o identidad fueron criticados y de ese modo también se asestó un duro golpe a otros como el de Dios. Un empirista como Francis Bacon (1561-1626) pensaba que el pensamiento científico debía dejar de discutir sobre conceptos, al modo escolástico, y convertirse en un saber de las ciencias por experiencia, a partir de la observación metódica que sería completada por el experimento. El conocimiento

52. L. C. Nogueira, M. A. C. Nogueira y J. M. Navarro, *Metodología de las ciencias sociales*, Tecnos, Madrid, 2015.

científico habría de ser práctico y orientarse al dominio de la naturaleza.[53]

En suma, para los empiristas la verdad tiene que ver con la experiencia sensible, porque lo que está en nuestra mente es solo una representación de la realidad. Y a esta realidad última no podemos acceder a través del conocimiento, de modo que nunca podemos estar seguros de la existencia de una realidad objetiva. Así, en nuestro dilema, un empirista observaría que no está el gnomo explotador en el jardín y declararía que la afirmación de nuestro amigo no es verdad; pero en este caso no sería porque esa observación no se correspondiera con una realidad objetiva, sino sencillamente porque el gnomo explotador no pertenece a nuestra experiencia sensible.

Por el contrario, los racionalistas sí creyeron posible alcanzar un conocimiento exacto de la realidad objetiva. Pero para ello había que hacer uso de la razón, que es un principio del saber innato en el individuo. Esa razón funcionaría como puente entre la realidad objetiva y las representaciones de nuestra mente.

El racionalista Descartes (1596-1650) se hizo una pregunta similar a la del gnomo explotador. Se preguntó si hay algo de lo que podamos estar seguros a pesar de todo. Tras valorar todas las opciones, encontró una: «*Cogito, ergo sum*» («Pienso, luego existo»). Descartes concluyó que podemos estar seguros de que al menos existimos como cosa pensante. Ello significa que en nuestro mundo sí es posible encontrar algo de certeza absoluta a partir de lo cual ir deduciendo, con cautela y precisión, todas las demás cosas. Y el camino lo marca la razón, cuyo vínculo con las matemáticas es inevitable. Descartes llegó a la convicción de que solo las matemáticas podían satisfacer su honda necesidad de verdad.[54] Para él, las matemáticas

53. D. Sánchez Meca, *Teoría del conocimiento*, Dykinson, Madrid, 2012.
54. *Ibídem*.

eran el único conocimiento cierto y evidente. La razón es la que distingue lo verdadero de lo falso, y para ello debe existir además una unidad del método, es decir, un único método que parta de un principio de certeza absoluta y del que se pueda deducir todo lo demás. Curiosamente pensaba que nuestra capacidad innata para el uso de la razón había sido puesta en el alma por Dios, lo que justificaba porque «la perfección de Dios implica su veracidad y es imposible que nos haya creado de tal modo que, por necesidad, nos equivoquemos».[55]

Podría decirse que la disputa entre racionalistas y empiristas, que no obstante compartían su aversión al pensamiento aristotélico-escolástico, la cerró Immanuel Kant (1724-1804). Kant afirmó, a diferencia de los empiristas, que sí es posible un saber estable y seguro, como demuestran la matemática y la física. Sin embargo, también consideró que el conocimiento basado en la primacía de la mente es cuestionable. Para él, la razón tiene que ser controlada por una autocrítica permanente, crítica de la razón pura, que delimite los márgenes de su legitimidad.[56] Lo que plantea Kant es que no se trata de buscar el conocimiento en la humanidad (la mente) o en la naturaleza (mundo exterior) porque la elección entre dogmatismo y relativismo es muy poco satisfactoria. Según él, la pregunta más pertinente es: ¿bajo qué condiciones es posible el conocimiento? El de Kant es un enfoque dialéctico que «trata de pensar en armonía con la paradoja de que la humanidad se encuentre a la vez dentro y fuera de la naturaleza».[57] Para Kant es importante que renunciemos al conocimiento exacto de la realidad objeti-

55. Citado en D. Sánchez Meca, *Teoría del conocimiento*, Dykinson, Madrid, 2012.

56. *Ibídem*.

57. D. Schecter, *La historia de la izquierda desde Marx hasta nuestros días*, Tecnos, Madrid, 2014.

va, así como a un conocimiento universal y necesario. El objeto que se adapta a nuestra experiencia no es la cosa en sí, sino su representación fenoménica, y para la construcción de esa representación ya ha operado la mente humana. Nuestra mente ha contaminado la percepción que tenemos de la realidad, lo que significa aceptar que «el conocimiento no es una mera copia de la realidad, sino el producto de la actividad cognitiva del ser humano y de sus anclajes sociales y pragmáticos».[58]

Estas disputas entre racionalistas y empiristas, así como lo que podríamos llamar la síntesis kantiana, son relevantes para comprender cómo la ciencia fue construyendo y matizando sus métodos científicos. Unos métodos que aspiraban a servir como herramienta para alcanzar el conocimiento, definido de forma diferente en función de si el científico estaba más o menos influenciado por las distintas doctrinas filosóficas. No olvidemos en ningún caso que, como demuestran eficazmente los ejemplos de Kepler o de Copérnico, e incluso del propio Newton, los avances científicos siempre se han producido propulsados por algún tipo de creencia filosófica. Copérnico creía en el neoplatonismo y ello le condujo a situar al Sol en el centro del universo, y Kepler pensaba que Dios había escrito el mundo con un lenguaje matemático que había que desvelar. Como veremos, toda investigación nace empujada por unas intuiciones o creencias que pertenecen al ámbito de la cosmovisión, concepción del mundo o ideología, según se prefiera llamar a una determinada visión parcial de la totalidad social y cultural.

Por otra parte, los métodos tenían como objetivo facilitar el descubrimiento de regularidades en el universo. A esas regularidades se las suele denominar leyes científicas, aunque, en contra de cierto sentido común, cabe hablar de muchos

58. L. C. Nogueira, M. A. C. Nogueira y J. M. Navarro, *Metodología de las ciencias sociales*, Tecnos, Madrid, 2015.

tipos de leyes. Existen regularidades accidentales, que se producen pero podrían no producirse, y también regularidades nómicas, que son necesarias. Sin duda, «las leyes cumplen un papel esencial en la explicación científica» y «deben presentarse como enunciados universales en los que se afirma la existencia de una conexión regular y uniforme; proclamando vínculos necesarios y expresando alguna clase de regularidad cuya veracidad sea contrastable».[59]

Para vacunarnos contra cierta tendencia al relativismo, cabe insistir en que desde nuestro punto de vista las leyes no son construcciones lingüísticas, sino descubrimientos, lo que significa que reflejan fenómenos que se producirían en la realidad con independencia del sujeto investigador. Dicho de otra forma, mantenemos un punto de vista realista y pensamos que los planetas giraban alrededor del Sol incluso antes de que surgiera nuestra especie en la Tierra. Eso sí, deberemos tener en cuenta, como ha quedado de manifiesto en el anterior epígrafe, que las leyes operan siempre como hipótesis, es decir, como creencias racionales basadas en pruebas y contrastes. El filósofo escocés David Hume (1711-1776) introdujo en la filosofía un cuestionamiento de toda actitud racionalista, pues sugirió que nuestra creencia en que los sucesos se repetirán de acuerdo con las leyes descubiertas depende, asimismo, de otra creencia: que el mundo seguirá siendo como fue y como es. La duda humeana sugiere que nunca podremos estar seguros de que lo que hasta ahora ha sido una regularidad siga siéndolo a partir de ahora. Ese principio de constancia de la naturaleza es el que tenemos que asumir para poder despegar, pues de lo contrario seríamos incapaces de iniciar nuestra propia actividad científica en busca de regularidades.

59. L. C. Nogueira, M. A. C. Nogueira y J. M. Navarro, *Metodología de las ciencias sociales*, Tecnos, Madrid, 2015.

Con todo esto presente, a partir del siglo XIX los filósofos de la ciencia se embarcaron en la tarea de construir un método científico que sentara las bases definitivas de las formas a través de las cuales acceder al conocimiento. Los filósofos positivistas fueron los más convencidos de esta posibilidad e, inspirados por los autores empiristas, fueron firmes defensores de lo que se llama el monismo metodológico, esto es, la existencia de un único método para la ciencia. Aunque hay numerosas diferencias entre autores que se consideran a sí mismos positivistas, en general se asume que comparten ciertas características comunes. Entre estas destaca el «establecimiento de una línea de demarcación clara entre ciencia y metafísica, ciencia y especulación, ciencia y conocimiento ordinario», la «delimitación de los elementos y momentos básicos del método científico como un conjunto de reglas que deben seguirse en cada caso y cada disciplina», la asunción de que las «piezas esenciales del conocimiento científico son la explicación y la predicción» y la «distinción clara y tajante entre un contexto de descubrimiento y un contexto de validación o justificación de teorías».[60] Esto último quiere decir, *grosso modo*, que lo importante no es el contexto histórico y social en el que el científico desarrolla su investigación, sino el producto teórico y práctico que construye.

En la actualidad es bastante común que la visión que tiene un ciudadano normal, no científico, coincida esencialmente con la visión positivista aquí planteada. Es decir, es común pensar que es perfectamente posible separar con claridad lo que es ciencia de lo que no, y sobre todo, como ya anticipamos, que solo existe un método científico con el que los investigadores hacen ciencia y alcanzan nuevos descubrimientos.

Diversos autores comprometidos con esta forma de ver la ciencia fundaron en 1929 el llamado Círculo de Viena, un

60. F. Fernández Buey, *La ilusión del método*, Crítica, Barcelona, 1991.

organismo científico y filosófico que tenía como objetivo la reflexión sobre el método en la ciencia. Su ambición era encontrar las «condiciones estructurales y formales del conocimiento científico».[61] Para ellos, el modelo de referencia era el de la física y las ciencias naturales en general. Desde el punto de vista positivista, la demarcación entre lo que es ciencia y lo que no lo es depende fundamentalmente del método. Asimismo, se pretendía que ese método fuera único, esto es, que existiera una única «estrategia general o conjunto de pasos que, en cierto modo, se repiten siempre y que diferencian a las disciplinas científicas de las que no lo son».[62] En consecuencia, aquellas disciplinas que no compartieran el método serían tildadas de pseudociencia o protociencia.

Además, los autores positivistas asumían que la ciencia avanza siempre de forma acumulativa, de tal forma que el conocimiento crecería con la suma de nuevas observaciones y experimentos. Pero, para que ese conocimiento fuera seguro, los científicos tendrían que traducir a lenguaje formal los fenómenos dados en la experiencia, pues a través de ese lenguaje formal podría desplegarse la actividad científica sin sufrir ningún tipo de experiencia. Así, la tarea del filósofo de la ciencia consistía en averiguar la forma de encontrar un lenguaje, libre de sesgos, con el que llevar al campo teórico los fenómenos dados en la experiencia. Esa herramienta en la que confiaban para hacer la traducción era la lógica. Sin embargo, pronto se dieron cuenta de que era imposible hacer una observación de los fenómenos que estuviera libre de toda carga teórica, pues nuestras mentes ya interpretan los fenómenos durante la observación y condicionan todo el proceso.

61. L. C. Nogueira, M. A. C. Nogueira y J. M. Navarro, *Metodología de las ciencias sociales*, Tecnos, Madrid, 2015.

62. F. Fernández Buey, *La ilusión del método*, Crítica, Barcelona, 1991.

De hecho, Karl Popper (1902-1994), que participó en el Círculo de Viena, introdujo importantes matices a la interpretación positivista. La obra de Popper es de las que más han influenciado a los científicos sociales que aspiran a convertir sus disciplinas en verdaderas ciencias puras. Es más, el autor vienés es prácticamente el único filósofo de la ciencia que se estudia en las facultades de economía. Su agudeza teórica, su positivismo matizado y su anticomunismo confeso le hicieron más que conocido en el mundo académico a partir de los años sesenta y setenta.

A veces se etiqueta la perspectiva popperiana como «racionalismo crítico», pues asume que «el conocimiento científico es siempre una interpretación de lo real, irreductible a la mera constatación de lo dado en la experiencia».[63] Eso quiere decir que para Popper, a diferencia de los positivistas del Círculo de Viena, la realidad no es trasladable sin sesgos al plano teórico a través de ningún lenguaje lógico. Como ya avanzamos, desde el momento en el que observamos la compleja realidad, nos centramos en las partes concretas que nos interesan y en algunos hechos específicos. Toda observación, hecho o dato está sesgado desde el momento en el que la mirada del investigador se posa sobre cualquier objeto de la realidad. Así, en el proceso de interpretación de lo real los investigadores han de proponer ciertas hipótesis que tendrán que enfrentarse a una crítica racional en forma de contrastación. Con esto, Popper rebajó mucho las pretensiones de los autores positivistas.

Y dado que existen esos sesgos, el método de Popper propone que el conocimiento científico avance a través de la formulación de hipótesis y teorías que pretendan representar la compleja realidad. Por hipótesis tenemos que entender «la afir-

63. L. C. Nogueira, M. A. C. Nogueira y J. M. Navarro, *Metodología de las ciencias sociales*, Tecnos, Madrid, 2015.

mación que se somete a prueba, postulada para dar cuenta de un determinado fenómeno y acerca del cual buscamos evidencia a favor o en contra».[64] Esas hipótesis habrán de ser confirmadas o refutadas por la experiencia, lo que se llama «proceso de contrastación». Si la experiencia es contraria a la hipótesis, se dice que la hipótesis ha sido refutada, y si la experiencia es favorable a la hipótesis, se considera provisionalmente aceptada. El carácter de provisionalidad tiene que ver con la imposibilidad de acceder a un conocimiento totalmente cierto, dada la naturaleza de la ciencia, de tal manera que en cualquier momento podría refutarse la hipótesis o encontrarse una mejor.

Esto que acabamos de decir es de enorme importancia. Al fin y al cabo, ¿podemos pensar que el conocimiento adquirido hasta el momento es en realidad conocimiento plenamente cierto? Obsérvese, por ejemplo, que durante mucho tiempo la teoría de Newton sobre la gravedad se consideró incontestable. Su ecuación cuantificaba la atracción mutua entre objetos, pero sin decir nada sobre qué era la gravedad, algo de lo que Newton era plenamente consciente. Fue Einstein quien descubrió que «la gravedad era una curva en el tejido del universo provocada por los objetos que este contiene»[65] y con eso «descubrió que nuestro universo no solo podía tener una forma, sino que era dinámico, o lo que es lo mismo, capaz de cambiar con el tiempo».

En consecuencia, para Popper una teoría científica exitosa es aquella que «haya sobrevivido a repetidos intentos de refutarla mediante la puesta a prueba de las más concretas y espectaculares de sus predicciones».[66] Aunque hemos de incorporar

64. A. J. Díez y C. U. Moulines, *Fundamentos de filosofía de la ciencia*, Ariel, Barcelona, 2008.

65. C. Galfard, *El universo en tu mano*, Blackie Books, Barcelona, 2017.

66. R. DeWitt, *Cosmovisiones*, Biblioteca Buridán, Barcelona, 2010.

otra cautela. Como dice DeWitt, «el razonamiento de confirmación puede a lo sumo proporcionar respaldo para una teoría, pero por muchos casos de predicciones confirmadas que haya, siempre seguirá siendo posible que la teoría siga siendo incorrecta».[67] Esto lo vimos en el caso de los epiciclos de Ptolomeo, que eran muy buenos para predecir el movimiento de los astros conocidos y, a pesar de eso, se ha demostrado que es una teoría incorrecta para representar la realidad.

Finalmente, manteniendo cierto hilo conductor con el positivismo, para Popper la diferencia entre una actividad científica y otra que no lo es depende del criterio de verificación. Si una afirmación puede ser verificable, es científica; si, por el contrario, no puede verificarse, no lo es. Es lo que Popper llama el criterio de falsación.[68] Además, Popper mantiene la creencia positivista en el avance de la ciencia por acumulación, de forma que las hipótesis confirmadas provisionalmente van formando un edificio científico que puede mejorarse de forma constante.

Como se puede observar, las novedades de Popper abren un debate que parecía sentenciado por los autores positivas. Y se trata de un «desacuerdo acerca del aspecto en que ha de ponerse el acento: si en el ser un procedimiento repetitivo y, por tanto, susceptible de transmisión en el sentido de "truco que se aprende" o en la preparación de una capacidad inventiva y creativa de hipótesis que tendría carácter personal y sería difícilmente transferible».[69] Es decir, para los positivistas del Círculo de Viena, la actividad científica debe seguir unas rígidas reglas metodológicas que conducen necesariamente al avance de la ciencia. Por el contrario, los matices de Popper otorgan

67. R. DeWitt, *Cosmovisiones*, Biblioteca Buridán, Barcelona, 2010.

68. L. C. Nogueira, M. A. C. Nogueira y J. M. Navarro, *Metodología de las ciencias sociales*, Tecnos, Madrid, 2015.

69. F. Fernández Buey, *La ilusión del método*, Crítica, Barcelona, 1991.

mayor espacio a la creatividad y a la inspiración, que siempre es personal, en relación con el tratamiento de hipótesis y la selección de temas de estudio.

Aun así, el método de Popper «no se ocupa generalmente de cómo se generan las propias hipótesis, sino de la justificación o confirmación de las mismas».[70] Lo que significa que, como con los autores positivistas, la atención se concentra en el producto formal de la ciencia (contexto de justificación) y no en el contexto social (contexto de descubrimiento).

Precisamente la posterior obra de Thomas Kuhn (1922-1996) «puede entenderse como un intento de superación de la distinción entre contexto de descubrimiento y de justificación».[71] Para Kuhn es imposible comprender la actividad científica sin atender al contexto sociohistórico. La obra de Kuhn se considera como el punto de inflexión de la concepción positivista, es decir, el principio de su deslegitimación. Al introducir la historia en la ciencia, Kuhn demuestra que la visión positivista es una construcción racionalizada de lo que realmente ha sucedido en la ciencia, y de este modo se cuestiona los rígidos fundamentos positivistas. Así, para Kuhn lo que ha diferenciado a las distintas escuelas históricas que han producido descubrimientos «no fue este o aquel error de método, y aún menos el desprecio del método científico por parte de alguna de ellas, sino más bien la forma de ver el mundo, lo que incluye un determinado concepto de método y un modo de operar en la práctica».[72] Esto no quiere decir que para Kuhn toda teoría o método sea igualmente válido, sino que existen una pluralidad de mecanismos por los que se han producido

70. R. DeWitt, *Cosmovisiones*, Biblioteca Buridán, Barcelona, 2010.

71. L. C. Nogueira, M. A. C. Nogueira y J. M. Navarro, *Metodología de las ciencias sociales*, Tecnos, Madrid, 2015.

72. F. Fernández Buey, *La ilusión del método*, Crítica, Barcelona, 1991.

descubrimientos y que todos dependen de su contexto sociohistórico. Es decir, los investigadores son personas de su tiempo, con una mochila de creencias que afecta a su investigación, y, como consecuencia, no existe un criterio único y preciso para comparar las diferentes teorías científicas.

Entre los cuestionamientos de Kuhn a la concepción positivista se encuentra también su visión acumulativa y lineal del avance de la ciencia. Para el autor, la ciencia avanza de forma discontinua, con saltos y no por mera suma de conocimientos. Kuhn distingue entre ciencia normal y ciencia revolucionaria. La ciencia normal es el paradigma científico que emplea una determinada comunidad científica en un momento histórico dado hasta que, eventualmente, surgen suficientes fenómenos inexplicables mediante el paradigma que provocan que pierda su legitimidad. En ese momento emerge otro paradigma que amenaza con disputarle la posición y que proporciona una mejor explicación de las anomalías. Si el nuevo paradigma se termina imponiendo, con el tiempo se convertirá en ciencia normal.[73]

Aquí el papel destacado lo tiene la comunidad científica: un conjunto de investigadores que se reconocen como participantes de un mismo paradigma y comparten ciertas reglas y métodos de investigación, y que lógicamente también son portadores de un sistema de creencias anclado en un tiempo histórico determinado. Es la propia comunidad científica la que gestiona el carácter científico o no de las teorías, en función del paradigma establecido. Además, Kuhn otorga a los científicos un papel muy conservador, porque los supone comprometidos hasta el último minuto con su propio paradigma incluso cuando estén dando muestras de no saber explicar determinados fenómenos. En esos casos, argumenta Kuhn, los investigadores no descartan su paradigma, sino que tratan de

73. F. Fernández Buey, *La ilusión del método*, Crítica, Barcelona, 1991.

explicar las anomalías recurriendo a otras hipótesis compatibles con este. Este comportamiento garantiza la estabilidad de la comunidad científica y del propio paradigma, al menos hasta que las revoluciones científicas se hacen inevitables debido a la magnitud de las anomalías. Esto solo sucede cuando la mayor parte de la comunidad científica, o sus miembros más influyentes, acaban reconociendo la gravedad de los fallos. Por lo tanto, lo que Kuhn dice es que el método popperiano de falsabilidad solo se da en ocasiones excepcionales, como en el curso de las revoluciones científicas, y no como modo normal de proceder en la ciencia. Dicho de una forma más común: los científicos se aferran a sus paradigmas aun cuando la evidencia refuta sus hipótesis. En esos casos buscan explicaciones de los fallos dentro del paradigma, manteniendo su confianza en el mismo. Aunque Kuhn nunca definió de forma precisa qué es un paradigma, este podría interpretarse como «una amalgama de creencias básicas, métodos, conceptos y valores compartidos por una comunidad científica»,[74] que «define el espacio de lo pensable y practicable en un momento histórico determinado para una comunidad científica, a la vez que establece los modos en que ha de investigarse y representarse la realidad a través de ciertos métodos colectivamente sancionados».[75]

Otros autores, como Feyerabend (1924-1994), fueron aún más lejos y propusieron cierto anarquismo metodológico. Aunque la crítica de Feyerabend a la concepción positivista está muy fundada y hay elementos históricamente ciertos, como cuando reconoce «que los grandes descubrimientos científicos se han logrado porque algunos pensadores e investigadores decidieron voluntariamente no someterse a ciertas reglas

74. L. C. Nogueira, M. A. C. Nogueira y J. M. Navarro, *Metodología de las ciencias sociales*, Tecnos, Madrid, 2015.

75. *Ibídem*.

metodológicas»,[76] el carácter de su obra es fundamentalmente relativista. Es decir, muy tendente al «todo vale». No es lo mismo decir que los mecanismos positivistas son insuficientes que decir que no existe ningún criterio para determinar si una actividad es científica o no. Lo segundo es lo que defiende Feyerabend en su obra, que lleva como título un explícito *Tratado contra el método*.

Siguiendo la estela de los trabajos de Popper y Kuhn, Imre Lakatos (1922-1974) propuso la metodología de los programas de investigación. Según este filósofo de la ciencia húngaro, las teorías científicas deben ser estudiadas desde una perspectiva histórica, pero también sabiendo que esas mismas teorías pueden y deben compararse para preferir unas a otras. La novedad radica en que para Lakatos no son las hipótesis aisladas las que forman los grandes logros de la ciencia, sino los programas de investigación. En este sentido, las teorías científicas son en realidad redes formadas por otras teorías menores que se interconectan en un sistema. Ese sistema, llamado programa de investigación, incorpora a su vez un núcleo duro que «contiene ciertas leyes y ciertos supuestos fundamentales que se mantienen al margen de cualquier proceso de refutación», un conjunto de reglas metodológicas que orientan al científico y un conjunto de hipótesis auxiliares que protegen el núcleo.[77] Eso quiere decir que cada programa de investigación es como un paradigma de ciencia normal kuhniano, es decir, un sistema estable en el que los investigadores no cuestionan determinados posicionamientos, sino que juegan y adaptan hipótesis auxiliares para que el programa pueda seguir teniendo validez científica.

76. F. Fernández Buey, *La ilusión del método*, Crítica, Barcelona, 1991.

77. L. C. Nogueira, M. A. C. Nogueira y J. M. Navarro, *Metodología de las ciencias sociales*, Tecnos, Madrid, 2015.

Finalmente, aunque hay muchos más, otro filósofo de la ciencia que ha hecho grandes aportes a la cuestión es Larry Laudan (1941), para quien el concepto clave es «tradición de investigación». Para Laudan también es «en la historia de la ciencia donde podemos encontrar las claves para comprender y sistematizar qué es esa cosa llamada ciencia».[78] Según esta perspectiva, una teoría es una tentativa de resolución de un problema y está formada por teorías particulares que se enredan en torno a un núcleo central. Una tradición de investigación contiene una serie de compromisos metafísicos que definen el campo de estudio, y también dispone de un conjunto de reglas metodológicas que orientan la investigación.[79]

Como Kuhn y Lakatos, Laudan tampoco acepta que la ciencia avance acumulando conocimientos, sino que considera que el cambio científico implica también cambios cualitativos. Estos cambios tienen que ver con disputas que muchas veces son conceptuales y no empíricas, y además es bastante habitual que coexistan diversas teorías rivales que pretenden explicar los mismos fenómenos. Las disputas entre tradiciones de investigación se resuelven en función de cuál es más eficaz para dar respuesta a los problemas a los que se enfrenta.

En definitiva, las discusiones acometidas en filosofía de la ciencia a partir de los años sesenta y setenta sentaron las bases de una metodología abierta pero rigurosa. El estudio pormenorizado de la historia de la ciencia y de cómo se hicieron los descubrimientos rompió con el mito del monismo metodológico, y también con las esperanzas de quienes pensaban que la realidad era aprehensible de forma absolutamente objetiva.

78. L. C. Nogueira, M. A. C. Nogueira y J. M. Navarro, *Metodología de las ciencias sociales*, Tecnos, Madrid, 2015.

79. *Ibídem*.

Los desarrollos científicos de la física moderna acompañaron muchas de estas reflexiones, y llevaron a los propios científicos a ser más humildes en relación con teorías rivales.

Desgraciadamente, este tipo de advertencias y debates no llegaron a todas las disciplinas por igual. Y hubo, de hecho, una disciplina que, en general, pareció no querer enterarse de nada: la economía.

La economía como ciencia

En nuestro repaso de la historia de la ciencia hablamos sobre todo de la física y de algunas de sus actuales ramas, como la astronomía, aunque también hemos incorporado comentarios sobre otras ciencias de las llamadas naturales (química, biología, etc.). Sin embargo, habrá comprobado el lector o la lectora que no hemos hablado en ningún momento de una materia actualmente tan importante como es la economía. Y esto debería resultar extraño, pues al fin y al cabo muchos de los economistas que pueblan nuestras sociedades actuales se ven a sí mismos como científicos. El propio Marx, que hacía lo que hoy llamaríamos economía, pensaba que estaba descubriendo las leyes fundamentales de algo llamado «socialismo científico». E incluso la mayoría de las facultades de universidad en las que hoy en día se enseñan los principios de la economía se llaman facultades de ciencias económicas. No obstante, el estatus científico de la economía está aún en entredicho. Los filósofos de la ciencia y sobre todo los propios economistas aún debaten sobre si la economía es una ciencia o no y, en el caso de que sí lo sea, sobre los rasgos que la diferencian de las ciencias naturales.

Este no es un debate estéril. Piénsese que en nuestras sociedades se ha elevado la ciencia a los altares de una nueva divinidad, y eso significa que la disputa por saber si los economistas hacen ciencia es también la disputa por saber si convertimos a los economistas en dioses. Al fin y al cabo, si aceptamos que los economistas hacen ciencia, y asumimos que el producto de la ciencia es el pensamiento verdadero, no tenemos más remedio que aceptar que el producto de los economistas es también producto verdadero. Estudiar economía sería, desde este punto de vista, una forma de acceder a las herramientas que nos permiten alcanzar ese saber verdadero. Al saber que se corresponde con la adecuada toma de decisiones sobre la producción, la distribución y el consumo en nuestra sociedad. Y pensar así es el *ticket* de entrada al ámbito de la tecnocracia, es decir, al mundo donde los expertos son los que mandan por encima de cualquier otra consideración, muy especialmente de la consideración democrática.

Obsérvese, por ejemplo, que una institución tan importante como el Banco Central Europeo (BCE), que ostenta el control sobre la política monetaria, está constituida para ser independiente del poder político. Este estatus se ha justificado por el supuesto carácter estrictamente técnico de sus funciones. A pesar de que sus decisiones tienen efectos asimétricos en la sociedad y afectan a rasgos tan políticos como la distribución de la renta (por ejemplo, una subida de los tipos de interés beneficia a los prestamistas y perjudica a los prestatarios), los gobernadores del BCE se ven a sí mismos como por encima del bien y del mal, de las izquierdas y las derechas y, sobre todo, de la gente corriente. Aun así, los hechos reales han deslegitimado cualquier intento de justificar ese estatus. La última crisis económica, sin ir más lejos, no solo ha puesto de relieve que los bancos centrales fueron inútiles para prevenir la crisis, o bien cómplices necesarios en su gestación y agravamiento, sino que para combatirla tuvieron que verse obligados a hacer todo aquello que hasta entonces decían que era malo para la economía.[80] En otras ocasiones su actitud ha parecido dominada por una combinación de azar y mala fe. En julio del año 2008, en plena crisis internacional, el BCE decidió subir el tipo de interés del 4 al 4,25 por ciento. Sin embargo, apenas unas semanas más tarde decidió bajarlo de nuevo y en el curso de unos pocos meses ya se encontraba en el 1 por ciento. ¿Puede un comportamiento tan errático ser considerado científico? ¿No habría sido más fácil tomar decisiones tirando los dados? Esta última puede parecer una pregunta absurda, pero a finales de los años ochenta un investigador llamado Philip Tetlock (1954) publicó un estudio muy particular. Estudió un total de 28.000 predicciones realizadas por un grupo de 284 economistas y analistas políticos y luego las contrastó con la realidad. El resultado fue bastante ilustrativo: el promedio de acierto había sido similar al de las probabilidades que tenía un chimpancé de ganar a los dados.

En cualquier caso, el interés de los economistas por convertirse en científicos no es reciente, sino que entronca con la propia historia de la disciplina. Una disciplina que, tal y como la conocemos, no existió hasta el siglo XVIII. La palabra «economía» proviene del griego *oikonomia*, que significa algo así como «administración del hogar». Aristóteles, por ejemplo, diferenciaba entre la crematística y el adecuado o recto uso de las monedas. Esa concepción, reducida al hogar y además de naturaleza privada, se mantuvo dominante hasta convertirse, ya en el siglo XVII, en economía política. Sin embargo, suele decirse que el nacimiento de la economía política coincide con

80. En un rebuscado uso del lenguaje, justificaron la toma de «decisiones heterodoxas de política monetaria» en virtud de una «situación excepcional». Entre esas medidas destacaba la *quantitative easing*, para aumentar la oferta de dinero.

la publicación en 1776 de *La riqueza de las naciones* de Adam Smith (1723-1790).[81]

Como se habrá deducido por las fechas, esta concepción de economía política es deudora de los descubrimientos científicos de Newton y de la cosmovisión que entonces se inauguraba. En efecto, como dice el profesor José Manuel Naredo (1942), «los éxitos alcanzados por la física ejercieron una gran fascinación sobre los pensadores de los siglos XVII, XVIII y XIX que soñaban con extenderlos a los demás campos del conocimiento».[82] Este intento se producía además en un contexto en el que empezaban a despegar la sociedad industrial y las formas modernas del capitalismo. Motivados por ambos fenómenos, es decir, por el despliegue industrial y por los nuevos descubrimientos científicos, los primeros economistas bebieron también de la nueva fe en la ciencia y en el progreso que emanaba de la cosmovisión mecanicista. La idea de que la humanidad se movía de forma inevitable por la senda del progreso subyacía a todos los trabajos de los nuevos economistas políticos.

Los pensadores racionalistas como Descartes habían considerado que la naturaleza y la mente humana estaban escritas en un lenguaje que la razón podía desvelar. Una razón que apuntaba, directamente, hacia las verdades absolutas y hacia la comprensión exacta de cómo funciona la naturaleza. Ese pensamiento impregnaba toda la época, como hemos visto con la opinión que tenía Galileo acerca del mundo escrito en lenguaje matemático.

Junto a esa forma de pensar estaba también «la creencia profunda de que tanto en la ciencia como en la vida social existe una trayectoria evolutiva de la historia humana con un sentido unidireccional cuya idea matriz es el progreso humano

81. D. Guerrero, *Economía básica*, Maia, Madrid, 2016.
82. J. M. Naredo, *La economía en evolución*, Siglo XXI, Madrid, 2003.

desde todos los puntos de vista: científico, social, económico, político, material e histórico».[83] Hay un punto providencial y religioso en esta concepción de la linealidad del progreso, como también lo hay en formulaciones como la de la mano invisible de Smith. Según el autor escocés, existe en la «sabia naturaleza» un mecanismo por el cual las actitudes egoístas individuales se convierten en beneficiosas para el conjunto de la sociedad. De acuerdo a esta teoría, cualquier actor económico «al perseguir su propio interés promueve el de la sociedad de una manera más efectiva que si esto entrara en sus designios». De esa forma, Smith se sumaba a la teoría de que un sistema invisible convertía los vicios privados en virtudes públicas, ya defendida por Bernard Mandeville (1670-1733). Lo que se esconde detrás de esta visión es la creencia, típica de la modernidad, de que la naturaleza está construida como un sistema que es aprehensible por la ciencia.

En el espíritu de estos primeros economistas estaba, como se ha dicho, trasladar al campo de las relaciones sociales y económicas lo descubierto en el campo de la física. Eso significaba trasladar también el método de la física, que «se convirtió en el arquetipo de conocimiento desarrollado a través del método científico».[84] Sin embargo, en su intento de modelizar una realidad sumamente más compleja que la física, «los economistas clásicos crearon una metodología ciertamente original, que se hallaba alejada de la práctica investigadora de los científicos y de las ideas centrales que se debatían sobre el método científico».[85] Muy influidos por la física, y también por el positivismo metodológico, trataron de encontrar las leyes que regulaban la vida económica de una sociedad.

83. E. Palazuelos, *Contenido y método de la economía*, Akal, Madrid, 2000.
84. *Ibídem*.
85. E. Palazuelos, *Contenido y método de la economía*, Akal, Madrid, 2000.

Sin embargo, durante el siglo XIX surgieron críticas al método hasta entonces aceptado desde el seno de la economía política. Por un lado, la escuela histórica alemana reivindicó el positivismo, pero se alejó de los altos niveles de abstracción que manejaban los autores británicos. En su lugar preferían concentrarse en las situaciones concretas, de las que podían extraerse leyes que «solo podían ser válidas para un período de tiempo y para un espacio nacional delimitados».[86] Por otra parte, emergió el marxismo, que contenía elementos de continuidad, como ahora analizaremos, con el método de la economía política, pero también elementos de ruptura. Sin embargo, lo más importante en este punto fue que en torno a 1870 apareció el pensamiento marginalista o neoclásico, un nuevo enfoque que ha sido la base del pensamiento económico moderno.

Todas estas críticas tenían su razón de ser en que los economistas encontraban muy difícil interpretar la realidad social a partir de modelos y métodos de alta abstracción y que pretendían convertir al ser humano en un átomo controlable en laboratorio. En el fondo el problema tenía que ver con la naturaleza específica de las ciencias sociales, que se diferencia de la ciencia natural o formal al menos en estos puntos: a) sus problemas para efectuar pruebas controladas de experimentación; b) el carácter histórico de los hechos sociales; c) la modificabilidad de la conducta humana; d) el contenido subjetivo de los fenómenos sociales, y e) la inevitabilidad de los juicios de valor en el análisis social.[87]

No obstante, y a pesar de esas diferencias de tanta importancia, fueron muchos, quizás la mayoría, los economistas que, huyendo hacia delante, pretendieron construir modelos económicos que representaran de forma precisa el comporta-

86. *Ibídem.*
87. *Ibídem.*

miento humano y sirvieran para predecir adecuadamente los fenómenos económicos. Sin embargo, siempre ha sido evidente su complejo de inferioridad con respecto a las ciencias de la naturaleza, un complejo que el economista austríaco Friedrich von Hayek (1899-1992) descalificó como «cientificismo».

En efecto, autores como Stanley Jevons (1835-1882), Léon Walras (1834-1910) y Carl Menger (1840-1921) consideraron que la economía política estaba aún demasiado impregnada de sesgos teóricos e ideológicos y que estos impedían a la disciplina económica transitar el camino que había hecho la física. Por eso «crearon la *economics*, término con el que pretendían establecer una diferencia semántica entre su discurso teórico y el expuesto por la economía política, reclamando para sí el carácter de construcción científica».[88] Este cambio de nombre obedecía a su interés en establecer una disciplina que fuera una ciencia objetiva. Sin embargo, a pesar de sus intenciones, y precisamente por la naturaleza de la ciencia social, nunca pudieron imitar exactamente el método de la física, sobre todo porque en ningún caso podía realizarse ningún tipo de contraste de la realidad, algo que era esencial en la física.

Además, los economistas marginalistas o neoclásicos dieron un giro radical al contenido de la disciplina. Mientras la economía política se definía fundamentalmente por el análisis de los procesos de producción, distribución y consumo, en que las clases sociales jugaban un papel primordial, la *economics* dirigió su preocupación hacia algo tan vago como la asignación de recursos escasos y creó modelos económicos ahistóricos que teóricamente eran de aplicación universal. El átomo fundamental del análisis marginalista era el individuo, de tal manera que la sociedad se definía como la suma de individuos y de sus preferencias. Además, se partía de una mode-

88. E. Palazuelos, *Contenido y método de la economía*, Akal, Madrid, 2000.

lización del comportamiento humano altamente simplificada, según la cual todos los individuos se comportan como un *Homo oeconomicus*, esto es, como un animal racional, egoísta y centrado en la maximización de su placer (utilidad). Gracias a esta simplificación, los modelos económicos pudieron desarrollarse mediante la aplicación de un sofisticado instrumental matemático, pero al coste de interpelar a mundos extraños absolutamente desconectados de la realidad social.

En la década de 1930, la Gran Depresión permitió que el pensamiento keynesiano se abriera paso ante la incapacidad del pensamiento marginalista de resolver los problemas económicos. El método keynesiano, aunque inspirado por los mismos patrones deductivos que el resto, defendía la utilización de supuestos realistas que además tuvieran en cuenta la historia. Sin embargo, su éxito al interpretar los males de las economías desarrolladas de la época y al proponer soluciones pronto desapareció, cuando, con un juego de manos, los economistas neoclásicos integraron las partes que les interesaban del pensamiento keynesiano en su propio corpus teórico. Como si nada hubiera pasado, los neoclásicos habían dado nacimiento al «keynesianismo bastardo», en palabras de la economista británica Joan Robinson (1903-1983), que no era otra cosa que la «síntesis neoclásica» de Paul Samuelson. En suma, más de lo mismo pero aderezado con algunos toques keynesianos que dejaban el esqueleto neoclásico-marginalista intacto. A diferencia de lo que ocurre con las ciencias naturales, y de lo que suponía Kuhn, en las ciencias sociales el salto de un paradigma a otro no viene motivado por su mayor capacidad explicativa de los fenómenos, sino por su poder o incluso su funcionalidad con el poder establecido.

Estas características se han mantenido con el tiempo, pues el pensamiento neoclásico se convirtió pronto en dominante y aún hoy es de plena actualidad en los principales centros de enseñanza del mundo. Como dice César Rendueles (1975), «en realidad los economistas han convertido su especialidad en una rama de la matemática aplicada cuya relación con la subsistencia material, los procesos productivos y los intercambios en las sociedades históricas es extremadamente remota».[89] El periodista Joaquín Estefanía cuenta una anécdota vivida por él en los años ochenta, cuando un alto cargo de la OCDE explicó a unos alumnos de un curso de verano que la situación económica de México podía resumirse a través de una ecuación de segundo grado.[90] No se trata de cuestionar el uso de las matemáticas, pues son una herramienta que permite desplegar modelos y clarificar muchos desarrollos, que, eso sí, deben tener algunas cualidades, como ser cuantificables. El problema es de naturaleza, y es que «la identidad de los objetos de estudio de la economía no se puede expresar en términos matemáticos, como ocurre en cambio en ciencias naturales».[91]

La enorme paradoja es que, como hemos visto en el epígrafe anterior, la discusión metodológica en el ámbito de la filosofía de la ciencia que tuvo lugar a partir de los años sesenta y setenta llevó a un nivel mucho más humilde el tipo de análisis de la física y de las ciencias naturales en general. Se asumió que la práctica investigadora estaba influida, cuando no determinada, por factores históricos, sociales y psicológicos tanto o más importantes que las diferentes reglas metodológicas. Los trabajos de Kuhn, Lakatos o Laudan cuestionaron la pretensión del monismo metodológico, esto es, la idea de que existe

89. C. Rendueles, *Los límites de las ciencias sociales. Una defensa del eclecticismo metodológico de Karl Marx*, tesis doctoral, Madrid, 2006.

90. J. Estefanía, «La economía de nuestros hijos», *El País*, 4 de diciembre de 2000.

91. C. Rendueles, *Los límites de las ciencias sociales. Una defensa del eclecticismo metodológico de Karl Marx*, tesis doctoral, Madrid, 2006.

un único y rígido método para la actividad científica. Si esos planteamientos se hacían para la ciencia natural, más importantes serían para la ciencia social. Pero, he ahí la paradoja, los economistas hicieron caso omiso de todos esos debates y continuaron una senda aún más fisicista y rígida que la que habían mantenido hasta entonces. Las nuevas reflexiones de la física, que había inspirado la creación de la disciplina económica, no fueron escuchadas por los economistas cientificistas, esto es, por los economistas cuyos complejos les impedían querer ser otra cosa que equivalentes a científicos naturales.

En definitiva, la intención de equiparar las ciencias sociales a las ciencias naturales es un absurdo que podemos etiquetar como «cientificista». No es posible porque la propia naturaleza del objeto de estudio es diferente, lo que determina la imposibilidad de utilizar los mismos métodos y reglas. La vida social es tan sumamente compleja que incluso los investigadores de las ciencias sociales están atravesados por influencias de todo tipo (políticas, corporativas, sociales...) que afectan al propio trabajo investigador. Todo ello no quiere decir que la sociedad sea ininteligible, es decir, que el trabajo de los investigadores sociales esté abocado al fracaso. Simplemente introduce unas dosis de humildad y de realismo que son necesarias. Pero, a partir de ahí, cabe trabajar y desarrollar un trabajo concreto que permita a la ciencia social avanzar y encontrar explicaciones de los fenómenos sociales.

La sociedad es una totalidad compleja en constante movimiento, inexplicable por regularidades causales perfectas, pero sí admite el esfuerzo de «intentar modelizar su urdimbre a través de formulaciones simples en las que se destaquen solo ciertas interdependencias con el propósito de formular una concepción general de cómo funciona la totalidad»,[92] es decir,

92. E. Palazuelos, *Contenido y método de la economía*, Akal, Madrid, 2000.

poniendo el foco en determinados aspectos concretos de la realidad social que, a modo de hipótesis, pueden explicar en sus interrelaciones diferentes fenómenos sociales. Además, hacen falta esfuerzos científicos para avalar la calidad del conocimiento. En suma, como dice Palazuelos, «esto significa que, si bien la totalidad social no es cientificable, sí admite el conocimiento científico de ciertos ámbitos y fenómenos económicos, sociales, políticos y de otros tipos de disciplinas concernientes a la conducta y al ordenamiento de la sociedad humana».[93]

Uno de esos esfuerzos científicos ha sido precisamente el del marxismo, que es la tradición política y de investigación a la que concedemos mayor capacidad explicativa de los fenómenos económicos y sociales que ocurren a nuestro alrededor. Como veremos, el marxismo es una herramienta útil para comprender las causas de las crisis, así como el comportamiento de muchos actores económicos, como los empresarios capitalistas, que en ausencia de esta tradición de investigación serían difícilmente comprensibles. Eso sí, con todo lo visto hasta ahora debe quedar claro que en ningún caso el marxismo puede pretender tener un estatus científico asimilable al de la ciencia natural y mucho menos aún debe ser comprendido como una doctrina que incorpora leyes inmutables y prácticas políticas incuestionables. Y esto, para ir adelantando materia, no ha sido siempre lo que tuvo en la cabeza el propio Marx.

93. *Ibídem*.

2

El socialismo científico

En el capítulo anterior hemos hecho un recorrido por la historia de la ciencia y por los métodos científicos que, según diversos autores, expresaban mejor la forma de alcanzar el conocimiento. En la concepción newtoniana, el conocimiento es susceptible de ser alcanzado porque el universo, e incluso el orden social, está formado como una gran máquina-reloj cuya lógica podemos descifrar a partir del estudio de regularidades y causalidades. La economía política que inauguró Adam Smith partió también de esa consideración y, en su formulación más extrema de los autores marginalistas o neoclásicos, se entendió que era posible encontrar los fundamentos de una física social que explicara el comportamiento de los seres humanos de la misma forma que la física newtoniana explicaba el comportamiento de la materia.

Sin embargo, la crisis de esta concepción de la ciencia emergió con los nuevos descubrimientos científicos, particularmente de la física cuántica, la teoría de la relatividad y, aunque aún no hemos hablado de ella, la teoría de la termodinámica. Estos avances, como hemos puesto de manifiesto, cuestionaron la existencia de categorías objetivas y absolutas, como el espacio y el tiempo, e incluso postularon la posibilidad de que la materia no fuera tampoco perfectamente definible pues, por ejemplo, hasta la luz podría ser onda y partícula al mismo tiempo. Esta deconstrucción del sistema newtoniano por los avances científicos vino pareja a la deslegitimación de la metodología positivista, que estaba enormemente anclada en la creencia de que la realidad era aprehensible a través de la observación objetiva. Desde ese momento se aceptó que no era posible hacer observación alguna que no estuviera mediada y sesgada por el observador y su mochila de creencias.

Lo que nos corresponde ahora es valorar el estatus científico del marxismo, a la luz del capítulo precedente, y adentrarnos en el estudio que Marx hizo de la realidad económica y social. Con esta caja de herramientas, que tiene un estatus mucho más débil del que se le presupone habitualmente en determinados círculos marxistas, seremos capaces de examinar otros ámbitos de análisis más estrictamente políticos como el Estado, la clase o el partido, que nos van a conducir de forma inmediata al abordaje de problemas actuales. Veremos en este capítulo, por ejemplo, que el enfoque marxista se ha ido desplazando en el tiempo desde la economía política hacia cuestiones de naturaleza cultural. Solo recientemente, al calor de las crisis de los años setenta del siglo pasado y de la más reciente al inicio del presente siglo, se ha vuelto a considerar necesario reconectar el marxismo con la economía política. Como justificaré, valoro este replanteamiento como una buena idea.

Ahora bien, a mi juicio, no cabe considerar el marxismo como una ciencia dura, sino, en el mejor de los casos, como una tradición de investigación que es, además, una tradición política. Este doble estatus como tradición se deriva del hecho de que el marxismo no solo pretende interpretar el mundo, sino también transformarlo. Y estos rasgos están determinados, a su vez, por la propia naturaleza del mundo social, que, como hemos dicho, es distinta de la del mundo físico.

No obstante, eso no significa que el marxismo no permita explicar determinados fenómenos sociales. Al contrario, esta tradición de investigación ha hecho posible comprender mucho mejor cómo opera el sistema económico conocido como capitalismo y, al mismo tiempo, ha creado un importante abanico de teoría de las crisis que contribuye a nuestro conocimiento de por qué eventualmente colapsa el sistema. Gracias a ello sabemos que el capitalismo es un sistema histórico cuya lógica interna crea desigualdad y también las condiciones para su propia destrucción.

Una destrucción que puede venir ocasionada por factores sociales, como el incremento de la desigualdad que se encuentra detrás del surgimiento de nuevos movimientos antisistema, o por factores físicos, como el agotamiento del planeta. Como veremos en este capítulo, este segundo escenario toma cada vez más fuerza en tanto que ha quedado demostrada una relación imposible entre el capitalismo y el planeta del que dependemos para la vida. En el último siglo, la ciencia nos ha permitido comprender mejor cuál es el impacto real del modo de producción capitalista sobre el entorno natural, y ha puesto de relieve que estamos ante una amenaza de primer orden, que, por motivos evidentes, no pudo ser detectada por autores clásicos como Marx o Engels.

El marxismo y la ciencia

Karl Marx (1818-1883) es particularmente conocido por haber escrito, junto con Friedrich Engels (1820-1895), *El manifiesto comunista* y, en solitario, *El capital* —si bien en vida de Marx solo se publicó el primer tomo, y los otros dos fueron editados por Engels sobre la base de manuscritos—. A pesar de su afiliación comunista, ciertamente la obra de mayor envergadura de Marx apenas dice nada sobre la sociedad llamada a suceder al capitalismo. Con *El capital* emprendió una tarea enorme: describir el funcionamiento del sistema económico conocido como capitalismo. A diferencia de *El manifiesto*, la obra no es de fácil lectura ni tampoco ligera. No obstante, durante el año 2008 y ya en los inicios de la última gran crisis económica, las ventas de *El capital* se multiplicaron en Alemania, pues resurgió el interés por ella. También en España se reimprimieron ediciones y se publicaron nuevos títulos sobre la obra de Marx. Y más recientemente, en 2016 y tras la victoria de Donald Trump (1946) en Estados Unidos, las ventas han vuelto a dispararse.[1] Es como si, cada vez que el capitalismo colapsa de forma más o menos notoria, el interés por Marx volviera a despertarse y con él también el interés en el comunismo.

No obstante, su enorme obra va mucho más allá de esos dos títulos, si bien cabe decir que la mayoría de sus trabajos fueron publicados con posterioridad a su muerte. Conviene tenerlo presente porque puede significar que muchos de los materiales de Marx que se han publicado no estaban, a juicio del autor, en un estadio adecuado para entrar en imprenta. Y, quizás por eso, o cuando menos ayudado por dichas razones, el debate sobre la naturaleza del conjunto de la obra de Marx ha empleado ríos de tinta durante casi dos siglos. Lo cierto es que su obra no fue plenamente coherente, como quizás no puede serlo ninguna. Y, sin embargo, no han sido pocos los autores que han querido leer a Marx como quien lee la Biblia. Además, el método de trabajo de Marx fue causa de enormes retrasos en sus planificaciones y, como veremos en el capítulo 4, también su intenso activismo político durante algunas épocas contribuyó a que no cumpliera

1. Núria Escur, «Orwell y Marx, superventas con Trump», *La Vanguardia*, 12 de marzo de 2017.

con sus propios compromisos editoriales. Con todo esto presente, quizás lo mejor sea hacer caso de la recomendación de Fernández Buey cuando dijo que «hay que leer a Marx como si no fuera de los nuestros, como si no fuera de los vuestros».[2] La riqueza de los textos de Marx no es reductible a un dogma, y mucho menos a una formulación cualquiera que pretenda dar respuesta a todos los interrogantes económicos y sociales.

Para comenzar, tenemos que destacar que Marx y Engels nunca basaron su defensa del comunismo en valores éticos y morales; de hecho, criticaron con dureza a quienes así lo hacían. Por supuesto, eso no quiere decir que ninguno de los dos tuviera valores, o que no echaran mano de ellos para justificar determinadas prácticas políticas. Significa simplemente que trataron de fundar sus reflexiones sobre el capitalismo en una comprensión racional de los fenómenos sociales y económicos. A ambos les importaba el conocimiento más que la moral. Es importante reseñar este punto porque, como dice Sacristán, las ideas morales solo tienen sentido si su contenido «significa futura realidad previsible, y si se insertan en el marco de una concepción del mundo que, sobre una base científica, sea capaz de explicar primero y organizar después la realización de aquellos contenidos».[3] Esto quiere decir que el comunismo queda justificado no porque cuente con una moral superior, sino porque el estudio y conocimiento del capitalismo y de la historia de la humanidad ha llevado a él como conclusión racional y sobre la base de la ciencia. Así, lo que Marx intentó fue explicar, a partir de una argumentación rigurosa, que el socialismo estaba en el interés de la clase trabajadora. Cabe recordar que Marx se había hecho comunista antes de iniciar sus

2. F. Fernández Buey, *Marx (sin ismos)*, El Viejo Topo, Madrid, 2009.

3. M. Sacristán, «Sobre el *Anti-*Dürhing», prólogo a *Anti-Dühring*, de F. Engels, Grijalbo, México, 1964.

investigaciones económicas, pero fue a partir de estas cuando se dispuso a proporcionar una fundamentación científica tanto a la crítica del capitalismo como a la defensa del socialismo.

De hecho, Marx fue un atento lector de los trabajos científicos no sociales, y como recuerda Sacristán, leía con interés «principalmente agrotecnia, agroquímica y, por prolongación, biología y química».[4] Ahora bien, la visión que tenía Marx sobre la ciencia era claramente deudora de la época en la que vivió. Marx fue un hombre de su tiempo y, a pesar de ser un crítico agudo de la ideología burguesa, también fue influenciado por las ideas y prejuicios dominantes de su época. Entre otras cosas, Marx asumió tanto la pretensión cientificista de los economistas como la creencia en la inevitabilidad del progreso humano y de la ciencia. Es verdad que estos elementos están matizados en muchos de sus escritos, pero no se puede negar que están presentes a lo largo de toda su obra.

Como ya se ha dicho, tanto Marx como Engels pensaban que habían descubierto las leyes de funcionamiento de la sociedad capitalista, y con ello asumieron que el orden social era equiparable a cualquier orden físico y, en consecuencia, interpretable según códigos científicos. No obstante, no fueron los primeros autores que recurrieron a la ciencia para defender el socialismo. Varios representantes de lo que Marx luego llamaría el «socialismo utópico»,[5] como Robert Owen (1771-1858), Charles Fourier (1772-1837) y el conde Henri de Saint-Simon

4. M. Sacristán, *Sobre dialéctica*, El Viejo Topo, Barcelona, 2009.

5. El término proviene de Engels, que consideró las medidas propuestas por estos autores irrealizables y utópicas. El concepto se construye en oposición al de *socialismo científico*. Algunos de los autores del socialismo utópico pusieron en marcha proyectos concretos de emancipación, como los falansterios de Fourier o las factorías de Owen, experiencias pioneras de cooperativismo industrial.

(1760-1825), lo habían hecho antes que ellos, a veces con maneras muy significativas. Sin ir más lejos, Saint-Simon decía haber fundado una física social equiparable a la física material, mientras que Fourier se autoconsideró el Newton del mundo social.[6] Algunos destacados pensadores libertarios, como Piotr Kropotkin (1842-1921), fueron incluso más allá y afirmaron que «el anarquismo es una concepción del mundo fundada sobre una explicación mecánica de todos los fenómenos, abarcando la totalidad de la naturaleza y, en consecuencia, de la vida de las sociedades».[7]

Pero el objetivo de Marx y Engels iba mucho más allá de las meras declaraciones de los socialistas utópicos, pues iban a emplear todo el instrumental de la economía política para construir un sistema o teoría que diera una explicación nada más y nada menos que de la historia misma. En el «Discurso ante la tumba de Marx», el propio Engels explicó que «de la misma forma que Darwin ha descubierto las leyes del desarrollo de la naturaleza orgánica, Marx ha descubierto las leyes del desarrollo de la historia humana».[8] Y en una carta a Ferdinand Lassalle (1825-1864), Marx le explicó que «la obra de Darwin es de una gran importancia y sirve a mi propósito en cuanto que proporciona una base para la lucha histórica de clases en las ciencias naturales».[9] Este interés en Darwin y en construir una teoría científico-positiva marcó gran parte de la obra de Marx.

6. J. M. Naredo, *Raíces económicas del deterioro ecológico y social*, Siglo XXI, Madrid, 2010.

7. Citado en J. M. Naredo, *Raíces económicas del deterioro ecológico y social*, Siglo XXI, Madrid, 2010.

8. F. Engels, «Discurso ante la tumba de Marx», 1883, disponible en https://www.marxists.org/espanol/m-e/1880s/83-tumba.htm

9. Citado en S. Arnal, «Darwin, Marx y las dedicatorias de *El capital*», 2009, disponible en http://www.rebelion.org/noticia.php?id=95700

Sin embargo, es de justicia reconocer que «ni el pensamiento de Marx ni ningún pensamiento positivamente relacionable con Marx son ciencia pura ni solo ciencia».[10] Según Sacristán, hay tres conceptos diferentes de ciencia en el trabajo de Marx que suponen inspiraciones de su actividad intelectual. Por un lado, está la noción normal de ciencia *(science)*, que inspira su intento de construir un sistema científico-positivo, equiparable a cualquier ciencia natural. Por otro lado, está la inspiración de la dialéctica o método hegeliano para explicar cómo las contradicciones mueven el mundo. Y finalmente, está la idea de la ciencia como crítica, propia de su época de joven hegeliano. Estos serían «los nombres de las tres tradiciones que alimentan la filosofía de la ciencia implícita en el trabajo científico de Marx»,[11] que responden a la propia trayectoria biográfica del autor y dan a su trabajo un carácter específico, que no es de ciencia pura, pero intenta no ser mera especulación.

En cualquier caso, queremos profundizar aquí en una idea fundamental que está presente en la mayor parte de las lecturas marxistas: el llamado materialismo histórico. Este concepto representa la concepción de la historia de Marx, que él heredó fundamentalmente de Hegel (1770-1831) y que responde al espíritu de época que hemos venido describiendo hasta ahora. Impregnada de un fuerte determinismo, la concepción de la historia de Marx está fundada sobre tesis filosóficas más que empíricas. En efecto, «cuando Marx y Engels avanzan esa propuesta acerca de la evolución histórica de la sociedad, lo hacen en clave filosófica sin disponer de ningún tipo de apoyo empírico ni haber hecho ningún estudio his-

10. M. Sacristán, «El trabajo científico de Marx y su noción de ciencia», dentro de *Sobre Marx y marxismo. Panfletos y materiales I*, Icaria, Barcelona, 1983.

11. *Ibídem.*

tórico concreto».[12] Es más, como recuerda César Rendueles (1975), «Marx nunca empleó la expresión "materialismo histórico" y mucho menos "materialismo dialéctico"».[13] Sin embargo, el esfuerzo sintetizador posterior, especialmente desde la Segunda Internacional y luego desde la Unión Soviética (URSS) —que intentó presentar la obra marxiana como unificada, coherente y sistemática, casi a modo de catecismo—, implicó la creación de un marxismo codificado, rígido y fosilizado. Ese marxismo, si bien se inspiraba en algunas lecturas de Marx, convirtió en mera caricatura la riqueza del trabajo original marxista.

Ahora bien, para entender la visión de la historia de Marx conviene hacer una primera aproximación básica a la teoría de Hegel. Dado que no es un autor sencillo, ni mucho menos, nos serviremos aquí de la descripción que el marxista analítico Gerald A. Cohen (1941-2009) dio en su imprescindible obra *La teoría de la historia de Karl Marx*.

Para Hegel, el objetivo de la evolución de la mente individual es la total autoconciencia. Cada vez que un ser humano reflexiona sobre sí mismo también cambia él mismo; se le confiere una nueva personalidad más consciente de sí misma. Además, sus propias creencias o imágenes de sí mismo le hacen actuar, y esa actuación provoca un nuevo cambio en la visión que él tiene de sí. En suma, el ser humano «se hace a sí mismo, guiado por una imagen de lo que es, y de ese modo lo que cree ser contribuye a lo que es de hecho».[14] Este proceso de autodesarrollo implica recompensas y penalidades: lo nue-

12. E. Palazuelos, *Contenido y método de la economía*, Akal, Madrid, 2000.

13. C. Rendueles, «Introducción», en K. Marx, *Escritos sobre materialismo histórico*, Alianza, Madrid, 2012.

14. G. A. Cohen, *La teoría de la historia de Karl Marx*, Siglo XXI, Madrid, 2015.

vo, en proceso de organización, sustituye a lo viejo, ahora en proceso de desorganización. El camino hacia la autoconciencia es tortuoso.

Según Hegel, lo mismo le ocurre al espíritu universal, una suerte de motor de la historia que va conformando el mundo a nuestro alrededor, y que tiene que transcurrir por fases o etapas análogas a las del espíritu individual. En una primera fase, la humanidad está inmersa y entrelazada en la naturaleza, sin ser consciente de ser algo distinto a ella. En una segunda fase, la humanidad consigue ser consciente de su entidad separada de la naturaleza, y también de su capacidad para dominarla. Este es el momento del conflicto, del choque con una realidad ajena. Pero por ese camino poco a poco la humanidad conseguirá dominar la naturaleza, algo que tendrá su expresión más obvia en los logros científicos modernos. En este recorrido que hace el espíritu universal, «la vida política, el sistema económico, la moda en el vestir [...] reflejan el nivel de autoconciencia que han alcanzado los seres humanos gracias al espíritu».[15] Pero en cada salto hacia delante surgen crisis y también renacimiento y renovación, y el tortuoso proceso de la evolución a nivel individual también se da a nivel universal o de la historia. Para Hegel, «la historia debe ser cumplida con violencia y esfuerzo».[16] Pero al final del camino «la humanidad sabrá lo que ha de saber sobre sí misma» y los seres humanos «recobrarán su unidad original, pero esta no será irreflexiva y bruta, como lo era en un principio».[17]

Esta interpretación de la historia es teleológica, es decir, atribuye todo movimiento histórico a una finalidad preesta-

15. G. A. Cohen, *La teoría de la historia de Karl Marx*, Siglo XXI, Madrid, 2015.

16. *Ibídem.*

17. *Ibídem.*

blecida. La autoconciencia del espíritu universal es la meta que define a la historia, que a su vez y a partir de este momento queda compuesta por fases y hechos que apuntan todos, necesariamente, hacia ese momento final. Esto lo trasladará Marx a su propia visión del desarrollo histórico, aunque desprovisto de idealismo filosófico. Y será un elemento muy arraigado en la concepción marxista de la política. Solo hay que recordar aquel famoso lema de Fidel Castro, «la historia me absolverá», que parece decir que la historia es una entidad propia con conciencia que, aunque tenga sus momentos bajos, siempre camina hacia el progreso y el socialismo.

Marx formó parte de un conjunto de filósofos alemanes que heredó la visión histórica de Hegel, aunque con nuevas aportaciones. En el caso de Marx, él «llegó a la conclusión de que no eran las actitudes espirituales, sino las condiciones externas, la riqueza de que disponían o carecían los hombres, el modo en que tenían que trabajar, lo que configuraba la sociedad».[18] Así, lo importante para él eran las condiciones materiales de la vida. Y con este importante y radical matiz, Marx mantuvo la estructura de la historia de Hegel pero cambiando su contenido. En este caso, el proceso central de la historia sería el incremento de la capacidad para controlar la naturaleza.

Desde este punto de vista, en una primera fase de la historia el ser humano es indisociable de la naturaleza, y los individuos viven en comunidad bajo el comunismo primitivo. Pero, una vez que emerge la capacidad de controlar la naturaleza, todo queda marcado por la existencia de una clase que domina y explota a las demás a partir de la disputa por el control de lo económico, esto es, la producción, la distribución y el consu-

18. G. A. Cohen, *La teoría de la historia de Karl Marx*, Siglo XXI, Madrid, 2015.

mo. Sin embargo, esa mayor capacidad para controlar la naturaleza también incrementa la riqueza material de la sociedad y evita la penuria de la escasez, por lo que sienta al mismo tiempo las bases materiales para la existencia de una sociedad sin clases: el comunismo moderno. Con la llegada del comunismo moderno se pondrá fin a la división entre clases y también a la división con la naturaleza. La unidad sucederá a la división que siguió a la unidad original. Como se puede comprobar, estamos ante el esquema hegeliano aplicado a la historia material de la humanidad, en cuya última parada se encuentra, necesariamente, la sociedad sin clases.

No obstante, estas ideas nunca se encuentran del todo sistematizadas en la obra de Marx. Él nunca elaboró una exposición completa del llamado materialismo histórico, sino que fue fundamentalmente Engels, a la muerte de Marx, quien intentó sistematizar esa teoría. Aun así, la forma más elaborada de estas ideas escrita por Marx aparece en el famoso «Prólogo» de 1859 a la *Contribución a la crítica de la economía política*, si bien hay otros muchos pasajes a lo largo de toda su obra que parecen corroborar que era el eje central de su pensamiento sobre la historia.

En el «Prólogo», Marx explica que «en la producción social de su vida, los hombres contraen determinadas relaciones necesarias e independientes de su voluntad, relaciones de producción que corresponden a una determinada fase de desarrollo de sus fuerzas productivas materiales».[19] Las fuerzas productivas son los recursos utilizados en la producción, tanto medios de producción como fuerza de trabajo, es decir, tanto máquinas e instrumental como personas trabajadoras, mientras que las relaciones de producción son las relaciones de poder que se dan entre las diferentes fuerzas productivas, esto es, la propiedad. Prosigue Marx diciendo que «el conjunto de estas

19. K. Marx, *Escritos sobre materialismo histórico*, Alianza, Madrid, 2012.

relaciones de producción forma la estructura económica de la sociedad, la base real sobre la que se levanta la superestructura jurídica y política, y a la que corresponden determinadas formas de conciencia social».[20] Esta relación entre base económica y superestructura, como se puede comprobar, es en este texto una relación determinista.[21] Esta será una de las cuestiones más polémicas de la teoría del materialismo histórico y, con el tiempo, muchos autores —incluido Marx— tratarán de rebajar la fuerza de esa determinación.

La clave de la teoría del materialismo histórico, lo que marca su concepción evolucionista, es que, según Marx, «al llegar a una determinada fase de desarrollo, las fuerzas productivas materiales de la sociedad entran en contradicción con las relaciones de producción existentes o, lo que no es más que la expresión jurídica de esto, con las relaciones de propiedad dentro de las cuales se han desenvuelto hasta allí».[22] Es decir, el desarrollo de las fuerzas productivas encuentra un obstáculo en las relaciones de producción y con ello se abre una época de revolución social. Este argumento es el que explicaría por qué al feudalismo le sucede el capitalismo y por qué el socialismo sería necesario continuador del capitalismo: porque las relaciones de producción socialistas sí permitirán extender la capacidad productiva más allá de lo que permite el capitalismo.

20. K. Marx, *Escritos sobre materialismo histórico*, Alianza, Madrid, 2012.

21. De hecho, inmediatamente Marx dice que «al cambiar la base económica, se altera, más o menos rápidamente, toda la inmensa superestructura erigida sobre ella». Antes, en el mismo párrafo, había escrito su famosa consideración acerca de que «el modo de producción de la vida material condiciona el proceso de la vida social, política y espiritual en general. No es la conciencia de los hombres la que determina su ser, sino, por el contrario, su ser social es lo que determina su conciencia».

22. K. Marx, *Escritos sobre materialismo histórico*, Alianza, Madrid, 2012.

Pero también en Marx el proceso de la historia es tortuoso, aunque necesario. Él consideraba que el socialismo era la etapa siguiente al capitalismo, y por lo tanto para llegar a aquel era necesario que antes existiera el modo de producción capitalista. Esto es tanto como decir que el capitalismo, a pesar de los dolores que produce en la sociedad, es históricamente necesario porque permite desplegar la capacidad de desarrollo de las fuerzas productivas. Es más, Marx indica que «ninguna formación social desaparece antes de que se desarrollen todas las fuerzas productivas que caben dentro de ella»,[23] que es tanto como decir que no es posible construir relaciones de producción socialistas si antes las fuerzas productivas no se han desplegado por completo bajo el capitalismo. Además, Marx diría también en el prólogo a *El capital* que «los países industrialmente más desarrollados no hacen más que poner por delante de los países menos progresivos el espejo de su porvenir».[24] Así, al abordar la cuestión del imperialismo inglés en la India, un lugar profundamente atrasado —desde el punto de vista marxista—, Marx escribió lo siguiente (la cursiva es mía):

> Sin embargo, por muy lamentable que sea desde un punto de vista humano ver cómo se desorganizan y descomponen en sus unidades integrantes esas decenas de miles de organizaciones sociales laboriosas, patriarcales e inofensivas; por triste que sea verlas sumidas en un mar de dolor, contemplar cómo cada uno de sus miembros va perdiendo a la vez sus viejas formas de civilización y sus medios hereditarios de subsistencia, no debemos olvidar al mismo tiempo que esas idílicas comunidades rurales, por inofensivas que pareciesen, constituyeron siempre

23. K. Marx, *Escritos sobre materialismo histórico*, Alianza, Madrid, 2012.

24. K. Marx, *El capital*, vol. I, Fondo de Cultura Económica, México, 2008.

una sólida base para el despotismo oriental [...]. Bien es verdad que al realizar una revolución social en el Indostán, Inglaterra actuaba bajo el impulso de los intereses más mezquinos, dando pruebas de verdadera estupidez en la forma de imponer esos intereses. Pero no se trata de eso. De lo que se trata es de saber si la humanidad puede cumplir su misión sin una revolución a fondo en el Estado social de Asia. Si no puede, entonces, y *a pesar de todos sus crímenes, Inglaterra fue el instrumento inconsciente de la historia al realizar dicha revolución*. En tal caso, por penoso que sea para nuestros sentimientos personales el espectáculo de un viejo mundo que se derrumba, desde el punto de vista de la historia tenemos pleno derecho a exclamar con Goethe: «¿Quién lamenta los estragos / Si los frutos son placeres? / ¿No aplastó miles de seres / Tamerlán en su reinado?».[25]

Esta concepción de la historia también estaba detrás de la predicción típicamente marxista de que la revolución sucedería en países industrializados. Los marxistas, de hecho, consideraban que el socialismo llegaría en la Europa industrial promovido por los obreros industriales justo cuando todas las fuerzas productivas alcanzaran su máximo despliegue, es decir, cuando las condiciones estuvieran maduras. Según esta visión, cualquier intento de llegar al socialismo directamente, sin pasar por el capitalismo, sería infructuoso y un mero reparto de la escasez. En el prólogo a *El capital*, Marx recuerda que «aunque una sociedad haya encontrado el rastro de la ley natural con arreglo a la cual se mueve [...], jamás podrá saltar ni descartar por decreto las fases naturales de su desarrollo. Podrá únicamente acortar y mitigar los dolores del parto».[26]

25. K. Marx, «La dominación británica en la India», 1853, disponible en https://www.marxists.org/espanol/m-e/1850s/25-vi-1853.htm

26. K. Marx, *El capital*, vol. I, Fondo de Cultura Económica, México, 2008.

De ahí que, cuando la Revolución rusa de 1917 tuvo lugar en un país severamente atrasado y prácticamente feudal, Gramsci dijera que se trataba de una «revolución contra *El capital*» y que «*El capital* de Marx era, en Rusia, el libro de los burgueses más que el de los proletarios»[27] porque instaba a crear una burguesía e iniciar una era capitalista y no a que el proletariado tomara el poder en esas condiciones. Gramsci afirmó en aquel artículo que con la revolución «los bolcheviques reniegan de Carlos Marx al afirmar, con el testimonio de la acción desarrollada, de las conquistas obtenidas, que los cánones del materialismo histórico no son tan férreos como se pudiera pensar y se ha pensado».[28] Aun así, durante décadas se debatió en Rusia la conveniencia o no de hacer una revolución socialista. Los *naródniks* eran un movimiento radical que consideraba que el desarrollo capitalista podía evitarse en Rusia si la base de la revolución era campesina. Aterrorizados por las predicciones de Marx, trabajaron para impedir el desarrollo del capitalismo incluso recurriendo a acciones terroristas contra el zarismo. Gueorgui Plejánov (1856-1918) fue el intelectual revolucionario que rompió con los *naródniks* a favor del marxismo, al concluir que en Rusia ya se estaba formando una masa de clase trabajadora industrial en la que debía concentrarse el movimiento revolucionario. A partir de la obra de Plejánov se fue constituyendo en Rusia el llamado «marxismo legal», pues fue legalizado por el zarismo como medida de contención frente a los *naródniks*. Sin embargo, mientras Plejánov y sus seguidores defendieron la instauración del capitalismo en Rusia y las alianzas con la burguesía liberal, Lenin tomó una vía intermedia y se desvió de la concepción

27. A. Gramsci, «La revolución contra el capital», 1917, disponible en https://www.marxists.org/espanol/gramsci/nov1917.htm

28. *Ibídem*.

vulgar del materialismo histórico. A partir de ese momento, Lenin defendería que el capitalismo tenía un carácter progresivo, pero que en ningún caso podía venir acompañado de una alianza con los partidos liberales, sino con otras fuerzas como el campesinado.

Curiosamente, el último Marx, el de la década de 1870, se había estado reuniendo con amigos y revolucionarios rusos que contribuyeron a modificar su visión sobre la situación de Rusia, en particular, y la de los países atrasados, en general. Hasta el punto de que en una carta de 1877 escribió que «sucesos notablemente análogos pero que tienen lugar en medios históricos diferentes conducen a resultados totalmente distintos. Estudiando por separado cada una de estas formas de evolución y comparándolas luego, se puede encontrar fácilmente la clave de este fenómeno, pero nunca se llegará a ello mediante el pasaporte universal de una teoría histórico-filosófica general cuya suprema virtud consiste en ser suprahistórica».[29] Como se puede comprobar, casi una enmienda a la totalidad a su antigua concepción de la historia o, cuando menos, a la versión vulgar que Engels había sistematizado como materialismo histórico.

Este mismo debate se replicó años más tarde en América Latina, que no había tenido feudalismo en las formas que había descrito Marx para Europa, y dio lugar a una separación entre la línea oficial y ortodoxa marxista y la línea heterodoxa marxista. Esta última línea se conoce como línea neomarxista o teoría de la dependencia —con autores como Paul A. Baran (1910-1964), Paul Sweezy (1910-2004), Gunder Frank (1929-2005) o Samir Amin (1935), entre otros—. Mientras la línea marxista oficial propugnaba alianzas con la burguesía local, y rechazaba formas de insurrección precipitadas, la teoría neomarxista fun-

29. K. Marx, «Carta al director de Otieschéstvennie Zapiski», 1877, disponible en https://www.marxists.org/espanol/m-e/cartas/m1877.htm

damentaba los movimientos guerrilleros que aspiraban a hacer la revolución a pesar del materialismo histórico. No tenemos oportunidad de profundizar mucho más, pero este caso sirve como ejemplo de cómo una teoría política enmarca y limita las prácticas políticas mucho más de lo que puede parecer. Y es que a veces los debates teóricos parecen meras distracciones de intelectuales, cuando, en realidad, son prácticas políticas que influyen de forma brutal en el devenir del movimiento.

Ahora bien, un problema adicional que emerge con la concepción de la historia de Marx, y que sobrevuela toda obra marxista, es la dificultad de conciliar la libertad individual que anima a hacer la revolución con el determinismo histórico que parece implicar que la revolución es inevitable. De hecho, esta es una tensión permanente que ha sido heredada por toda la tradición marxista. El problema es que, si el capitalismo está gobernado por leyes que necesariamente implican su superación por el socialismo, tal y como predicen Marx y Engels, ¿por qué entonces habría que hacer hincapié en la necesidad de movilizar al proletariado con objeto de superar el capitalismo? Esta es claramente una tensión entre posiciones extremas de determinismo (la historia será así necesariamente con independencia de nuestra voluntad) y de voluntarismo (la historia no está escrita y solo depende de nuestra voluntad de cambiarla).

Algunos autores marxistas que han estudiado en profundidad la obra de Marx y su trayectoria intelectual han tratado de dividir esta en varias épocas, en una periodización que tiende a separar al Marx joven del Marx maduro y que, en el fondo, aspira a separar los trabajos más filosóficos de los más económicos. Según esta visión, hay un Marx comprometido con la filosofía hegeliana que no es determinista, sino que entiende que la sociedad es compleja y que la acción de los seres humanos es clave para el desarrollo histórico. Pero también habría otro Marx, el más maduro, que, ya desprovisto de la influencia de la filosofía hegeliana, habría dedicado sus esfuerzos, particularmente en *El capital*, a entender las bases científicas del capitalismo. Este último Marx sería claramente determinista. Como se puede observar, la tensión ya no se daría solo entre determinismo y voluntarismo, sino también entre la pretensión de hacer filosofía y de hacer ciencia.

Y es que la obra marxista, en su conjunto, entremezcla ambas concepciones. Tiene una parte política, según la cual importan los esfuerzos, la disciplina y los sacrificios de la gente para alcanzar metas. Pero también tiene una parte cientificista en que las leyes ciegas del marxismo tratan a las personas como entidades pasivas que ven pasar la historia sin ninguna influencia sobre ella. Algunos autores, como el sociólogo Alvin W. Gouldner (1920-1980), consideran que esta tensión permite dividir conceptualmente el marxismo en dos ramas: marxismo crítico y marxismo científico, respectivamente.[30]

Esto no es una cuestión menor. Los fundadores del socialismo científico y los llamados clásicos, entre los que se encuentran Marx, Engels, Lenin, Luxemburgo, Kautsky, etc., pusieron su atención fundamental en cuestiones de economía política y de lo que se llamaría base económica. Pero, a partir de los años veinte, el marxismo occidental adquiere otro tono y asume otras preocupaciones. Como dice el historiador Perry Anderson (1938), «el marxismo occidental en su conjunto, cuando fue más allá de cuestiones de método para considerar

30. A. W. Gouldner, *The two marxism*, The Macmillan Press, Londres, 1980. El marxismo crítico incluiría, por ejemplo, a Georg Lukács (1885-1971), el primer Karl Korsch (1886-1961), Antonio Gramsci (1891-1937) y J.-P. Sartre (1905-1980), y el marxismo científico a Galvano Della Volpe (1895-1968), Louis Althusser (1918-1990), Nicos Poulantzas (1936-1979) y Göran Therborn (1941).

problemas de sustancia, se concentró casi totalmente en el estudio de las superestructuras»,[31] especialmente las cuestiones culturales. Dicho de otra forma, el análisis cultural suplantó a la economía política. Pero, además, el tono fue cambiando desde un optimismo antropológico, basado en gran medida en la asunción de que la concepción de la historia era correcta, hasta convertirse en un pesimismo antropológico más que notable. Esto fue coincidente, además, con tres hechos adicionales. Por un lado, el desplazamiento del estudio y análisis marxista desde el continente europeo hacia el mundo anglosajón. Por otro lado, el cambio de perfil de los intelectuales marxistas, que hasta los años veinte habían sido tanto dirigentes políticos como estudiosos del marxismo y a partir de entonces se desconectaron profundamente del movimiento obrero organizado. Y, finalmente, el desarrollo de un Estado de bienestar que, a partir de un compromiso entre capital y trabajo, parecía cuestionar la necesidad del socialismo para gran parte de la clase trabajadora.[32]

Estos elementos han conducido, a partir de los años setenta, a una gran paradoja. El geógrafo y teórico marxista David Harvey (1935) cuenta, por ejemplo, que durante los años de posguerra y especialmente tras la caída del Muro de Berlín, pocos querían estudiar un libro como *El capital*: «El hecho real era que *El capital* no tenía demasiada aplicación directa a la vida diaria» porque «describía el capitalismo en su versión cruda, inalterada y bárbara típica del siglo XIX».[33] Esta situación, sin embargo, ha cambiado en la actualidad. Como decíamos al iniciar este capítulo, el marxismo ha vuelto a estar de moda. Pero, aún más, la razón es que hoy *El capital* parece hablarnos

31. P. Anderson, *Consideraciones sobre el marxismo occidental*, Siglo XXI, Madrid, 2012.

32. *Ibídem*.

33. D. Harvey, *Espacios de esperanza*, Akal, Madrid, 2015.

no del capitalismo del siglo XIX, sino del actual. Las reestructuraciones empresariales que implican despidos de miles de trabajadores, la crisis económica y sus efectos macroeconómicos, los comportamientos del capital financiero y de los diferentes tipos de capital… Es como si estuviéramos volviendo poco a poco al siglo XIX. O puede ser, más probablemente, que *El capital* tenga la capacidad de explicar el funcionamiento de un sistema que ha cambiado poco y cuyos principales fundamentos se mantienen invariables, con lo que su lectura y estudio, como de todo el marxismo que de ahí se deriva, pueden sernos de extraordinaria utilidad para comprender el mundo en que vivimos. Y para transformarlo.

¿Qué hacemos entonces con el marxismo y con el materialismo histórico a la luz de los planteamientos anteriores? En primer lugar, creo que es importante bajarse del fuerte determinismo que emana de su concepción de la historia. La historia no está escrita de antemano por ninguna fuerza providencial y, por lo tanto, no cabe presuponer ciertos desarrollos históricos sin la intervención de otras variables no estrictamente económicas. En segundo lugar, tampoco podemos contentarnos con el extremo contrario, el nihilismo y la política de la contingencia, propio de autores posmodernos según quienes la propia historia es el resultado de la acción de simples fuerzas voluntaristas. Es cierto que ninguna ciencia social, y tampoco el marxismo, puede modelizar la historia e incorporarla en un marco formal que sirva para predecir y explicar fenómenos, pero también es cierto que tanto la ciencia social como, sobre todo, el marxismo han obtenido avances significativos que permiten entender determinados fenómenos. Es posible que no podamos afirmar, como Engels, que el marxismo es socialismo científico o ciencia. Pero sí podemos decir, con más humildad, que Marx «sencillamente, identificó ciertas características del capitalismo muy resistentes al cambio que, por supuesto, no excluyen cualquier otro rasgo complementario».[34] Ciertamente, el marxismo y el materialismo histórico explican bien cómo y por qué la política y la economía toman ciertas formas.

Como insiste Rendueles, «posiblemente, la opción más razonable sea rebajar las aspiraciones de exactitud no solo del materialismo histórico, sino de las ciencias sociales en general».[35] No debemos confundirnos y pensar que es posible encontrar causalidades en el mundo social idénticas a las que existen en la ciencia natural, sino que más bien debemos concentrarnos en aquellos fenómenos sociales que «son más resistentes al cambio» y que contribuyen a explicar mejor otros fenómenos. Marx, como mínimo, «estableció una "trama" que resulta relevante en una gran cantidad de campos de estudios relacionados con la sociedad capitalista porque describe en términos razonables la forma en que se organiza la supervivencia material de los miembros de la sociedad moderna».[36]

Una de esas cosas que explica muy bien la tradición marxista es la evolución a largo plazo de un sistema económico como el capitalismo. No es necesario asumir el determinismo del materialismo histórico más vulgar para aceptar que la propia lógica del capitalismo va modelando enormes ámbitos de la vida social. Así, por ejemplo, la lógica de la ganancia y la coerción de la competencia, que exploraremos a continuación, son las responsables del incremento desorbitado de planos de la vida que están siendo mercantilizados en las últimas déca-

34. C. Rendueles, *Los límites de las ciencias sociales. Una defensa del eclecticismo metodológico de Karl Marx*, tesis doctoral, Madrid, 2006.

35. C. Rendueles, «Introducción», en K. Marx, *Escritos sobre materialismo histórico*, Alianza, Madrid, 2012.

36. C. Rendueles, *Los límites de las ciencias sociales. Una defensa del eclecticismo metodológico de Karl Marx*, tesis doctoral, Madrid, 2006.

das. Este proceso, como tantos otros, parecería azaroso sin la luz que proporciona la tradición marxista respecto de cómo funciona el capitalismo. Otras cuestiones, como la clase social y la desigualdad, o el Estado y su relación con la economía, serán examinadas más adelante y comprobaremos que aquí también la tradición marxista es lúcida al respecto.

En cualquier caso, sí creo que debemos recuperar el materialismo histórico, en una versión suavizada, como instrumento útil para la ciencia social y como forma de contrarrestar las tendencias posmodernas cuyos análisis se han desvinculado de la base económica. En este sentido, poner la economía política en el centro del análisis, sin pretender que lo pueda explicar todo causalmente, es una de las tareas más imperiosas de la tradición marxista actual. Es relevante volver a situar la perspectiva histórica y la lógica del capitalismo en primer plano. Al fin y al cabo, sus fundamentos no han cambiado, a pesar de que otros muchos aspectos de la vida social sí lo hayan hecho, y por lo tanto una herramienta como *El capital* sigue teniendo vigencia.

El marxismo no es, por lo tanto, la llave que abre todas las puertas. El marxismo es, más bien, una humilde herramienta para el análisis social y también para la práctica política. Y al mismo tiempo también es una concepción del mundo, inspirada por esa tradición política y de investigación, que nos anima a mirar determinadas trazas de la totalidad social. Como dice Sacristán, la concepción marxista del mundo «supone la concepción de lo filosófico no como un sistema superior a la ciencia, sino como un nivel del pensamiento científico: el de la inspiración del propio investigar y de la reflexión sobre su marcha y resultados».[37] En efecto, lo que hace que un investigador de orientación marxista se centre en cuestiones como

37. M. Sacristán, «Sobre el *Anti-Dürhing*», prólogo a *Anti-Dühring*, de F. Engels, Grijalbo, México, 1964.

las clases y la desigualdad y no en otros campos posibles es la creencia de que haciéndolo así se encontrarán más y mejores respuestas. En consecuencia, el marxismo tiene que ir cambiando en la medida en que incrementamos nuestro conocimiento sobre el mundo que nos rodea y en la medida en que cambia la sociedad a la que pertenecemos.

Cómo funciona el capitalismo

Más allá de la visión de la historia de Marx, conviene atender a lo específico del análisis marxista. Este no es otro que el estudio del modo de producción capitalista o del sistema económico capitalista. Como no tenemos intención de hacer un resumen de *El capital*,[38] y como tampoco hay espacio para introducirnos en todas las categorías del análisis marxista, nos centraremos en unos cuantos conceptos clave que serán útiles para entender el resto del libro. Esos conceptos clave son los de clase, explotación, ganancia y competencia.

Uno de los grandes méritos de Marx es haber descubierto que, aunque la explotación es una constante en todos los modos de producción de la historia, en el modo de producción capitalista la explotación aparece oculta detrás de la superficie de las relaciones de intercambio. Es decir, a diferencia de un sistema como el feudal, donde los señores requisaban a

38. El lector interesado puede consultar una obra realmente buena: D. Harvey, *Limits to capital*, Verso, Oxford, 2006; también los resúmenes traducidos del mismo autor en *Guía de El capital*, Akal, Madrid, libros primero (2014) y segundo (2016). Existen, además, una obra de D. Guerrero, *Un resumen completo de El capital de Marx*, Maia, Madrid, 2015, y otra de L. Gill, *Fundamentos y límites del capitalismo*, Trotta, Madrid, 2002. En cualquier caso, siempre será mejor acudir a la fuente original.

través de diferentes mecanismos una parte de lo que los campesinos habían producido, en el capitalismo aparentemente solo tenemos contratos jurídicos voluntarios que se realizan entre partes en apariencia iguales. Así, hay que desvelar la explotación explorando la verdadera naturaleza que se esconde tras esos contratos jurídicos voluntarios. Veamos a qué nos referimos.

El único motivo por el que un capitalista quiere seguir siendo un capitalista es que le resulta rentable, esto es, que gana dinero con ello. Si un capitalista no ganara dinero, o incluso si lo perdiera, no tendría incentivos para seguir siendo capitalista. Así pues, la única razón de ser del capital es la ganancia, que en el modo de producción capitalista se obtiene de forma regular a través de un proceso de producción en el que participan trabajadores y medios de producción. Esto es así porque el capitalismo es un sistema de clases en el que una parte de la población, los capitalistas, tiene medios de producción, y otra parte de la población, los trabajadores, carece de ellos; los trabajadores solo tienen su fuerza de trabajo y la ofrecen en el mercado a los capitalistas, quienes la necesitan para los procesos de producción. Esta es la división, meramente analítica —como luego veremos al abordar las clases sociales—, que establece Marx para comprender la lógica del sistema capitalista. No es cierto que los contratos jurídicos de compraventa de la fuerza de trabajo se den entre iguales, pues la fuerza de la necesidad es diferente para capitalistas y trabajadores. Los capitalistas pueden sobrevivir mucho más tiempo sin los trabajadores o incluso pueden contratar a otros. Sin embargo, los trabajadores están obligados a entrar en el juego para subsistir.

El proceso de producción se inicia cuando el capitalista, con una inversión inicial en dinero, adquiere tanto medios de producción como fuerza de trabajo. Al combinar ambos, la materia prima original se convierte en productos finales que se han de vender en el mercado. El total del dinero resultante de la venta debe ser mayor que el que había al principio, y en términos monetarios esa diferencia es la ganancia, beneficio o excedente. Como veremos a continuación, cualquier fallo en ese proceso puede desencadenar una crisis, bien en el seno de la empresa, bien a nivel global en la economía.

Desde un punto de vista marxista, la explotación existe porque el producto total, el valor monetario de lo que se ha producido al final del proceso, se divide en tres partes cuyo reparto depende de la lucha de clases. Por un lado, una parte se emplea en reponer los materiales usados y en compensar los costos de depreciación (el desgaste de las máquinas). Por otro lado, otra parte se dedica a pagar los salarios de los trabajadores. Y, finalmente, una tercera parte es la ganancia. Pero ¿quién ha creado esta ganancia? Los medios de producción no han podido ser, ya que son meras máquinas que a su vez han sido construidas, en procesos anteriores, por el ser humano. Así, necesariamente esa ganancia ha de provenir del trabajo, es decir, del tiempo que los trabajadores han dedicado a crear un valor por el que no van a recibir nada. Esta es, *grosso modo*, la esencia de la explotación.

Ahora bien, para que un capitalista siga siendo capitalista ha de reinvertir esa ganancia para iniciar un nuevo ciclo de producción que le permita obtener una nueva ganancia. Y así sucesivamente. Ese proceso es el que se conoce como acumulación del capital, porque se reinvierte al menos una parte de lo producido para iniciar un nuevo proceso de producción. En términos globales, eso supone que la sociedad mejora su capacidad productiva, ya que esa reinversión se traslada a mejoras en las fuerzas de producción. He aquí lo que Marx llamaba «reproducción ampliada del capital» y que se encuentra detrás de su visión del desarrollo continuado de las fuerzas productivas, al menos bajo el capitalismo.

Pero, por otra parte, ¿qué empuja al capitalista a reinvertir una parte de su ganancia y no, por ejemplo, quedársela toda él para su ocio? La explicación la da la competencia. Dado que el capitalista no está solo, sino que compite contra otros capitalistas, debe tener en cuenta que, si esos otros capitalistas sí reinvierten una parte de su ganancia en mejorar su capacidad productiva, es posible que al inicio del segundo ciclo sus competidores puedan ofrecer mejores productos o mejores precios y, en consecuencia, le acaben expulsando del mercado. Esa presión de la competencia es la que hace que los propios capitalistas, incluso en contra de su voluntad, reinviertan sus ganancias en la mejora de las fuerzas productivas. El sistema obliga a todos los capitalistas a comportarse como maximizadores de ganancia a menos que quieran desaparecer del mercado y, en consecuencia, dejar de ser capitalistas. Esa es la misma fuerza que presiona a todos los capitalistas individuales a querer reducir el salario de sus trabajadores, pues ello les permitirá tener mejores precios en sus productos de venta.[39]

Con todo esto, Marx adelanta tres hipótesis que considera leyes del capitalismo, aunque en su contexto debemos entenderlas más como tendencias. La primera de ellas es la concentración y centralización que implica la acumulación del capital. Esto significa que, en opinión de Marx y como consecuencia de la misma lógica de la acumulación de capital, las empresas se harán cada vez más grandes y cada vez habrá menos empresas. La competencia destruye a los capitalistas más débiles y ade-

39. No obstante, los capitalistas como colectivo están interesados en que los trabajadores tengan un nivel salarial suficiente para poder comprar los productos a la venta. Así, el carácter contradictorio del capitalismo también emerge en tanto que un capitalista individual querrá que sus trabajadores cobren menos, pero que los trabajadores de los capitalistas competidores cobren más.

más el desarrollo del sistema de crédito permite que ese proceso sea aún más veloz.[40] La segunda es la tendencia del capital a crear y mantener un ejército industrial de reserva, es decir, una parte de la población siempre desempleada. De un lado, la reinversión de beneficios crea puestos de trabajo, pero también produce su sustitución por máquinas; el efecto neto depende de cómo estos dos procesos se interrelacionan. Si la creación de puestos de trabajo es mayor, entonces el desempleo se reduce. Al reducirse el desempleo, suben los salarios y eso mismo es un incentivo para que los capitalistas sustituyan mano de obra por máquinas, lo que de nuevo empuja al alza el desempleo.

La tercera es la tendencia decreciente de la tasa de ganancia, que forma la columna vertebral de la principal teoría marxista de la crisis. Según Marx, los capitalistas mecanizan el proceso productivo para no fortalecer a los trabajadores, en la lógica de impedir que puedan elevar sus salarios. Además, los capitalistas bajan los salarios para poder competir mejor contra otros capitalistas. Gracias a ambos procesos los costes por unidad de producto se hacen menores. Pero ese mismo proceso socava las mismas fuentes de la ganancia, que tenderá a bajar y, por lo tanto, desincentivará la reinversión y provocará crisis.

En definitiva, según Marx, el capitalismo es un sistema clasista en el que entran en colisión dos clases sociales funda-

40. En algunos casos, la realidad parece confirmar esa tendencia de forma excepcional. Obsérvese, por ejemplo, que en España antes de la crisis financiera había más de cuarenta cajas de ahorro y bancos. Tras el proceso de reestructuración bancaria, actualmente quedan únicamente una docena de grandes entidades financieras. Por ejemplo, CaixaBank es el resultado de fusionar La Caixa, Caixa Girona, Cajasol, Caja de Guadalajara, Caja Navarra, Caja de Burgos y Caja Canarias. Asimismo, Bankia surge de fusionar Caja Madrid, Bancaja, La Caja de Canarias, Caixa Laietana, Caja de Ávila, Caja Segovia y Caja Rioja.

mentales, los capitalistas y los trabajadores. Sus intereses son antagónicos: mientras los capitalistas buscan maximizar su ganancia privada, los trabajadores buscan maximizar sus salarios. Aun así, se trata de una relación de explotación en la que los capitalistas se apropian parte del producto creado por los trabajadores. Desde el punto de vista colectivo, los capitalistas mueven las ruedas del capitalismo mediante la acumulación del capital. Pero esas ruedas no tienen como objetivo ningún principio concreto, simplemente la maximización del valor *per se*. Eso significa que los capitalistas ganan para ganar más. Por el camino se producen fenómenos de destrucción de empresas, de incremento de la competencia entre actores económicos, de despidos y reestructuraciones industriales, y un sinfín de efectos traumáticos para la sociedad. Pero, según Marx, el saldo es positivo en tanto que se incrementan las capacidades productivas de la sociedad, ya que la acumulación de capital permite mejorar los medios de producción y la tecnología aplicada, lo que incrementa la productividad y, sintéticamente, hace posible producir más cosas en menos tiempo. Sin embargo, también según Marx, ese proceso encuentra obstáculos internos que le son inherentes: la tasa de ganancia se reduce a medida que aumenta la mecanización de las empresas y ello provoca que cada vez le resulte menos rentable a los capitalistas reinvertir sus ganancias. El capitalismo entra en crisis, lo que permite deshacerse de muchas empresas no rentables y proporciona nuevos mercados a las que sobreviven, con lo que se inicia otro ciclo de crecimiento.

En ninguna parte se encuentra en Marx tal cosa como una crisis definitiva del capitalismo. Es verdad que se presupone que, de acuerdo con la teoría del materialismo histórico, las fuerzas de producción alcanzarán un nivel a partir del cual no podrán desarrollarse más, pero no es Marx precisamente quien pretende ponerle fecha ni forma concreta a ese momento. Por el contrario, Marx subraya constantemente la capacidad de recuperación del propio capitalismo. Al mismo tiempo, no considera sus leyes como inmutables, sino que insiste en su carácter tendencial y recuerda que existen medidas que pueden contrarrestarlas.

No obstante, de la tradición marxista no se deriva una única teoría de la crisis, sino varias. Las resumiremos muy brevemente con el objetivo de aprender a diferenciarlas. Ahora bien, una teoría de la crisis es al mismo tiempo una teoría de la reproducción capitalista. Si tenemos presente que el capitalismo es un sistema caótico en el que millones de personas toman decisiones, bien como trabajadores, bien como capitalistas, sin coordinarse en ningún otro sitio que no sea el mercado, como dice el economista Anwar Shaikh (1945), «la pregunta verdaderamente difícil de contestar respecto a esta sociedad no es por qué llega a desintegrarse, sino por qué continúa operando».[41] Por eso conviene que distingamos entre las teorías de las crisis en general, incluyendo las de otras escuelas, y para ello nos basaremos en la clasificación del propio Shaikh.

En primer lugar, están las teorías que consideran que el capitalismo es un sistema que puede reproducirse a sí mismo de forma automática. Esta es la posición liberal, ciertamente popularizada. De acuerdo con esta visión, las crisis, cuando suceden, tienen causas exógenas al capitalismo. Por ejemplo, serían producto de catástrofes de la naturaleza, como una sequía o un terremoto, o de la intervención negativa de los gobernantes o del Estado en general. En cualquier caso, en ausencia de estos *shocks* externos, el capitalismo podría reproducirse incesantemente.

En segundo lugar, están las teorías que consideran que el capitalismo puede reproducirse a sí mismo, pero lo hace de

41. A. Shaikh, *Valor, acumulación y crisis*, Tercer Mundo, Bogotá, 1990.

forma errática y poco eficiente, por lo que queda justificada la intervención estatal para llevarlo por el buen camino. Esto sería así porque quienes toman las decisiones son personas que se dejan llevar por impulsos y expectativas que no son enteramente racionales, y porque en el capitalismo no existe ningún dispositivo que decida el nivel de inversión necesario para conseguir pleno empleo. Aquí, por ejemplo, podríamos situar el conjunto de la tradición keynesiana o socialdemócrata en su acepción actual, que considera que el libre mercado tiene fallos que deben corregirse a través de la política pública. Sin embargo, se asume que el capitalismo puede reproducirse a sí mismo, aunque de esta forma particular.

En tercer lugar, están las teorías que plantean que el capitalismo es incapaz de reproducirse por sí mismo y que necesita fuentes externas de demanda para poder hacerlo. Aquí se sitúan una parte importante de las teorías marxistas, y no marxistas, del subconsumo. Por ejemplo, se considera que el capitalismo reduce los niveles salariales hasta tal punto que restringe la capacidad de venta de los capitalistas. Entonces los capitalistas no pueden vender y por lo tanto no producen más, lo que lleva a la crisis. El capitalismo se estanca. Según estas teorías, para salir de ese estancamiento el capitalismo requiere de fuentes de demanda externa, es decir, mercados en el extranjero —como la actividad imperialista— o la especulación financiera. Autores heterodoxos como John A. Hobson (1858-1940), Rudolf Hilferding (1877-1941), Vladimir Lenin (1870-1924), Rosa Luxemburgo (1871-1919) o Paul Sweezy (1910-2004) han interpretado el capitalismo a partir de estas ideas.

En cuarto y último lugar, están las teorías marxistas ortodoxas según las cuales el capitalismo es capaz de autoexpandirse, pero en esa autoexpansión emergen las contradicciones internas que lo llevarán a la crisis. Por decirlo claramente: los límites del capitalismo son inherentes a él.

Como vemos, y aunque no nos hemos detenido en el detalle, las crisis del capitalismo han sido explicadas desde muy diferentes perspectivas. Ese mismo hecho pone de relieve, de nuevo, el carácter de la ciencia social y también el de la tradición marxista. Las diferentes corrientes del marxismo siempre han mantenido una pugna por ver qué interpretación es la más correcta, y según uno va profundizando encuentra que, en realidad, nunca hay dos teorías de la crisis iguales ni dentro de la misma corriente. La utilización de los datos, además, construidos a partir de indicadores que nunca pueden ser precisos en economía, agrava aún más el problema. En cualquier caso, y aunque la comparación entre teorías sea compleja, estas arrojan importante información sobre las posibilidades de futuro del capitalismo. En particular, sugieren que las crisis son cíclicas y que nadie debería pensar que un sistema histórico como el capitalismo ha venido para quedarse para siempre. Al contrario, el capitalismo está, por definición, condenado a muerte. La fecha y hora del entierro dependerán de factores que combinan la propia lógica del sistema y las actividades políticas de las clases sociales.

Aunque también puede ser que el planeta y la vida en él sean enterrados antes de que podamos clamar la victoria sobre el capitalismo.

El planeta que destruimos

Antes explicamos que Marx fue un hombre de su tiempo y que no pudo evitar asumir ciertas concepciones que, aunque estaban muy establecidas en su época, hoy son más que dudosas. Poníamos como ejemplo el determinismo que subyace a gran parte de su obra, así como la pretensión cientificista que compartía con los fundadores de la economía política. Ahora vamos a concentrarnos en un problema de enorme actualidad que Marx no pudo ver, ni siquiera imaginar, tanto porque su época fue la de las grandes ilusiones productivistas como porque el método de trabajo de la economía política ocultó esta problemática. Hablamos de la cuestión ecológica y de su vínculo con el proceso de acumulación capitalista que acabamos de describir. Como señala Naredo, «la ecología razona sobre el conjunto de la biosfera y los recursos que componen la Tierra, mientras que la economía suele razonar sobre el conjunto más restringido de objetos que son apropiables, valorables y productibles».[42]

Marx era consciente de que se había producido una fractura entre la naturaleza y la humanidad, un hecho que fundó la sociedad de clases. También sabía que la humanidad había adquirido formas para controlar y dominar la naturaleza. Y aprobó todo ello en virtud de su teoría de la historia, según la cual ese mayor control de la naturaleza sería la principal vía de emancipación del «reino de la necesidad». Y Marx le puso límites a ese afán productivista, pero fueron límites internos a la lógica del capitalismo. Él creía que las fuerzas productivas, al desarrollarse más allá de cierto punto, harían entrar en crisis al capitalismo como modo de producción y se iniciaría un proceso revolucionario que traería el socialismo. Sin embargo, hoy sabemos, gracias a la ciencia, que los principales límites que enfrentan el capitalismo y su proceso incesante de acumulación se encuentran en la esfera medioambiental.

Nuestro entorno biológico y social se inserta en el entorno físico, que marca los límites de lo que puede suceder tanto biológica como socialmente. Esto supone que no podemos analizar los aspectos sociales y económicos sin estudiar al mismo tiempo qué sucede con el planeta, o cómo evoluciona.

42. J. M. Naredo, *Raíces económicas del deterioro ecológico y social*, Siglo XXI, Madrid, 2010.

Sencillamente, sin nuestro planeta no hay vida. Ningún tipo de vida. Como dice el profesor Ángel Martínez González-Tablas, si a los ecosistemas «se les exige más allá de lo que pueden procesar, las condiciones generales para la vida pueden verse amenazadas».[43] Y esto es algo que ya está ocurriendo, como han puesto de relieve los principales indicadores científicos. Exploremos primero dos postulados científicos que nos permitirán comprender por qué la economía ha sido incapaz de entender la verdadera relación con la naturaleza.

A mediados del siglo XIX fue desgranándose la ley científica que más tarde se consideraría la primera ley de la termodinámica, que postula que la materia y la energía no desaparecen, sino que se transforman. Eso significa que la palabra «producción» es engañosa pues realmente, en términos de materia y energía, no se crea nada nuevo. Lo que tiene lugar es un proceso de transformación de unos materiales y energías en otros distintos, con la generación adicional de residuos. En consecuencia, los economistas que utilizan la palabra «producción» ignoran consciente o inconscientemente «la aparición de los residuos y la contaminación que necesariamente se generan en todo proceso de producción o consumo».[44] Y eso tiene implicaciones notables para la vida en el planeta.

Por otro lado, la segunda ley de la termodinámica afirma que la entropía, «entendida como un índice relativo de la energía no disponible en un sistema aislado», aumenta constantemente. Eso supone que en sistemas cerrados, cualquier transformación física implica un descenso de la energía disponible. Afortunadamente para nosotros, el planeta Tierra no es

43. A. Martínez González-Tablas, *Economía política mundial, I. Las fuerzas estructurantes*, Ariel, Barcelona, 2007.

44. O. Carpintero, «Introducción», en N. Georgescu-Roegen, *Ensayos bioeconómicos*, Catarata, Madrid, 2007.

un sistema cerrado y se alimenta de la energía procedente del Sol. Las fuentes de energía son, por lo tanto, múltiples. De un lado tenemos la energía solar, de otro las energías renovables (como la eólica) y finalmente las energías no renovables (como las fósiles).

Sin embargo, nuestra alegría termina aquí. Aunque el planeta no sea un sistema energético cerrado, sí lo es en lo que se refiere a materiales. El stock de recursos materiales es un límite para la actividad económica, y aunque podemos recuperar gran parte de los materiales usados a través del reciclaje, este proceso nunca será efectivo al cien por cien. Además, se plantean algunos riesgos añadidos pues, para que ese proceso de recuperación de materiales se pueda realizar, hace falta tanto que exista tecnología adecuada como que el proceso sea económicamente barato.[45] Y esto es algo que no está ni mucho menos garantizado. Así, además de los límites inherentes al capitalismo que subraya la tradición marxista, también hay límites naturales que ha revelado la ciencia y que son completamente ignorados por los economistas convencionales.

Ahora bien, es verdad que en los últimos cuatro mil millones de años en la Tierra los cambios más dramáticos se han producido por causas naturales. El cambio climático tiene precedentes, y el último en suceder marcó el inicio de nuestra especie. Sin embargo, en los últimos siglos, como dice Tablas, «la humanidad se ha convertido en la gran fuerza transformadora del entorno, extendiendo la escala espacial de su impacto y afectando a procesos de carácter cada vez más general y básico para el buen desarrollo de la vida en el planeta».[46] En particular, tras la aparición del modelo de producción y consumo

45. A. Martínez González-Tablas, *Economía política mundial, I. Las fuerzas estructurantes*, Ariel, Barcelona, 2007.

46. *Ibídem.*

capitalista, y más aún durante los últimos setenta años, junto con el espectacular incremento de la población, el impacto de la humanidad sobre el planeta se ha disparado.

Como consecuencia de estos cambios y transformaciones, los científicos han llegado a la conclusión de que hemos entrado en una nueva era geológica, llamada Antropoceno, que reemplazaría al Holoceno, la era que se inició con la agricultura y la expansión de las civilizaciones. Como dice Ramón Fernández Durán (1947-2011), la causa última de la entrada en el Antropoceno es «una tremenda fuerza de carácter antropogénico, activada y amplificada por un sistema que se basa en el crecimiento y acumulación (dineraria) "sin fin"», es decir, el capitalismo.[47]

La inmensa transformación que ha supuesto el capitalismo ha sido posible gracias no solo al despliegue de las fuerzas productivas, sino también y más básicamente a la energía abundante y barata (especialmente de origen fósil, como carbón, petróleo y gas natural), la abundante existencia de recursos clave como el agua, minerales y alimentos, el enorme crecimiento de la población y el mantenimiento de su reproducción a todos los niveles (particularmente doméstico no remunerado, que suele ser femenino).[48] Todos estos elementos, combinados con la lógica del capitalismo, han provocado y están provocando enormes transformaciones en nuestro planeta hasta el punto de que amenazan con destruirlo y, con ello, también a la especie humana. Baste decir que, por ejemplo, en el siglo XX se utilizó más energía que en toda la historia anterior de la humanidad.[49] Como explica muy bien Naredo, «la especie humana se alejó del modelo de funcionamiento de

47. R. Fernández Durán, *El Antropoceno*, Virus, Madrid, 2011.
48. *Ibídem*.
49. *Ibídem*.

la biosfera cuando empezó a usar masivamente los combustibles fósiles para acelerar las extracciones de la corteza terrestre y extender el transporte horizontal por todo el planeta»,[50] mientras que «esta espiral de crecimiento, al apoyarse en el manejo en gran escala de los stocks de determinados materiales contenidos en la corteza terrestre, sin devolverlos a su calidad originaria de recursos, estaba abocada a acentuar el deterioro del patrimonio natural, tanto por la extracción de recursos como por el vertido de residuos, resultando por lo tanto globalmente inviable».[51] Es decir, los propios procesos de producción que fundan la sociedad moderna, y que se encuentran en el corazón de la perspectiva desarrollista, están acabando con los recursos que han permitido el espectacular crecimiento del capitalismo. El pico del petróleo, por ejemplo, mide el momento en el que se alcanza la tasa máxima de extracción y a partir del cual esta comienza a declinar. Según la Agencia Internacional de la Energía (AIE), ese pico se alcanzó en el año 2010.

No obstante, no todos los efectos sobre el planeta provocados por el ser humano se dan en el mismo espacio. El impacto medioambiental del capitalismo afecta mucho más a lo que se ha llamado la periferia capitalista, es decir, aquellos lugares del mundo que, por una parte, disponen de abundantes recursos naturales que están siendo explotados —normalmente por empresas multinacionales— y que, por otra parte, han sido el destino de las políticas industriales de deslocalización, lo que también ha llevado a esos territorios la principal fuente de contaminación de la actividad productiva. Y, sin embargo, la conciencia ecológica ha subrayado in-

50. J. M. Naredo, *Raíces económicas del deterioro ecológico y social*, Siglo XXI, Madrid, 2010.

51. *Ibídem.*

cesantemente el carácter global de los efectos. Es sabido, por ejemplo, que el deterioro del medio ambiente que se puede producir en un país altamente contaminante como China también repercute en todas las partes del mundo. Así, el talado del Amazonas, o de otras grandes zonas forestales, tiene repercusiones mundiales, aunque sus causas sean locales la mayor parte de las veces.

En todo caso, es como si hubiéramos olvidado que «nuestros modelos de pensamiento, comportamiento, producción y consumo están adaptados a nuestras circunstancias actuales (estabilidad del clima, energía y agua dulce abundantes y baratas, crecimiento rápido de población y energía)»,[52] y que un cambio en las condiciones de nuestro entorno natural supondrá un drástico cambio de todo lo demás. Previsiblemente, una de las situaciones más complicadas será la escasez de agua dulce limpia, junto con el cambio climático y la reducción de la biodiversidad. En lo referido al agua dulce, hay que recordar que hay más de mil millones de personas que no pueden acceder a ella y, además, se incrementará la escasez en las próximas décadas. Algunos de los conflictos bélicos más prolongados, como la agresión de Israel sobre Palestina, están marcados también por el problema del agua. No cabe duda de que la sobreexplotación se encuentra entre las razones de esta dinámica del agua dulce. Debemos pensar que «el consumo de agua se multiplicó diez veces a escala mundial a lo largo del siglo, pero esta multiplicación exponencial del consumo, dos veces y media mayor que el incremento de la población global, se ha debido a la intensificación de los procesos industriales y especialmente a la agricultura industrializada, así como a consumos creciente-

52. A. Martínez González-Tablas, *Economía política mundial, I. Las fuerzas estructurantes*, Ariel, Barcelona, 2007.

mente suntuarios de parte de las poblaciones urbano-metropolitanas».[53]

Otro de los problemas asociados que conocemos bien en nuestras sociedades industriales es la contaminación atmosférica. La utilización de gases CFC (clorofluorocarbonados) en los años ochenta, especialmente en la industria de la refrigeración y de aerosoles, fue la causa de la herida producida en la capa de ozono que nos protege de altos niveles de radiación solar. Aunque fueron prohibidos, dada la larga vida de estos gases, de unos cien años, hasta finales del siglo XXI no se detendrá el deterioro de la capa de ozono como consecuencia de su emisión.

Y, cómo no, tenemos también el más conocido problema del calentamiento global o cambio climático. Probablemente el más grave de todos. Se trata de la emisión de gases de efecto invernadero, fundamentalmente procedentes de la industria y del consumo de energía fósil. La concentración de estos gases en la atmósfera provoca que el calor recibido del Sol no pueda volver al espacio, de modo que se produce un calentamiento global de origen artificial. La atmósfera tiene gases que se producen de forma natural, pero el capitalismo y particularmente la Revolución Industrial han disparado la emisión de gases de efecto invernadero. El principal emitido por la actividad humana es el dióxido de carbono, y la desaparición de bosques y la expansión de la agricultura industrializada contribuyeron a que se disparasen sus emisiones a la atmósfera. Los efectos son de sobra conocidos: «Sequías extremas, lluvias torrenciales, regresión de glaciares y casquetes polares, y subida paralela del nivel del mar, incremento de la desertización, afección de los ecosistemas y la biodiversidad, etc.».[54] Según los paleoecólogos Joel Guiot y Wolfgang Cramer, «en 2090 las comuni-

53. R. Fernández Durán, *El Antropoceno*, Virus, Madrid, 2011.
54. *Ibídem*.

dades más secas habrán avanzado desde la esquina suroriental y el desierto se habrá comido la mitad de la península Ibérica (de Alicante a Lisboa)».[55]

Sin ánimo de ser tremendistas, debemos ser conscientes de que, como especie, estamos provocando nuestra propia extinción. De hecho, esta sería la sexta extinción masiva. En la última, hace sesenta y cinco millones de años, desaparecieron millones de especies, entre ellas los dinosaurios, pero la causa fue exógena al planeta Tierra. Esta vez no van a ser los volcanes ni los meteoritos, sino el capitalismo y la sociedad industrial.

Eso sí, como dice Fernández Durán, «no es el conjunto del *Homo sapiens* como especie el que la provoca, sino un determinado sistema, eso sí, una construcción humana, que ha ido involucrando a una parte cada vez mayor de la especie en su dinámica infernal y que ya tiene una repercusión biosférica».[56] Es decir, son el capitalismo y su insostenible modelo de producción y consumo los que amenazan con acabar con nuestra vida. O con toda vida.

Pero esta conciencia ecológica también nos ha de servir para ir a la raíz del problema, que no es solo el capitalismo, sino su naturaleza productivista y desarrollista. Este es un pecado que también es obra de la tradición marxista y, en general, de todos los economistas convencionales. Algunos de estos economistas convencionales han desarrollado herramientas para medir el impacto económico del deterioro del medio ambiente, y otros incluso han diseñado políticas, por ejemplo basadas en un sistema de compra-venta de bonos de contaminación, destinadas a mitigarlo. Ninguna de estas fórmulas es suficientemente ra-

55. Citado en J. M. Robles, «2090: España será el nuevo Sahara», 2017, disponible en http://www.elmundo.es/papel/historias/2017/07/31/5979f9a0e2704efb638b468e.html

56. R. Fernández Durán, *El Antropoceno*, Virus, Madrid, 2011.

dical para solucionar el problema. En el mejor de los casos solo consiguen proporcionar algo más de tiempo. Eso, desde luego, no es negativo *per se*, pues el tiempo se agota, pero no termina de convertirse en el remedio que necesitamos.

La sociedad socialista del futuro no podrá, por lo tanto, cometer los mismos errores que, por ejemplo, la Unión Soviética. Pues, aunque fue el primer país en establecer territorios protegidos para determinadas especies, es conocido que la rápida industrialización que acometió implicó un fuerte deterioro del planeta. Complementariamente, la política del agua llevada a cabo por la URSS produjo el vaciado casi completo del mar de Aral, que, para colmo, tiene un alto nivel de contaminación como resultado de haberse convertido en una zona de pruebas de armamento y vertido de residuos. Aunque no podemos detenernos en la materia nuclear, el accidente de Chernóbil de 1986 también representa los peligros ecológicos. En este caso sucedió en la URSS, pero otros muchos, entre los que destacan el de Three Mile Island en Estados Unidos (1979) y el de Fukushima en Japón (2011), tuvieron lugar en otras partes del mundo.

Encontrar fórmulas para la organización económica de la vida humana que sean de justicia social y, al mismo tiempo, sostenibles desde el punto de vista medioambiental nos obliga a ser comunistas. Es imposible pensar en una solución que pase por la lógica del mercado, en cualquiera de sus formas. La enorme capacidad productiva que nos ha proporcionado el capitalismo permitiría acabar con el hambre en el mundo y distribuir mejor los recursos, pero eso solo es posible si somos capaces de sustituir la lógica de la ganancia por algún criterio social y democrático que determine otras prioridades. Esto también significa atender la diferente situación que se vive en países industrializados y desarrollados y en países que aún distan mucho de encontrarse en esa posición. Es una obligación, en consecuencia, atender a la dinámica global de las desigualdades, tal y como sucede en el ámbito ecológico, y no caer en el eurocentrismo que supondría pensar que nuestros huertos urbanos lo solucionarán todo o que los países más pobres han de hacer el mismo sacrificio que los más ricos.

Un ejemplo puede ilustrar esto último. En el año 2007, el Gobierno de Ecuador inició un programa llamado Yasuní-ITT por el que se comprometía «a mantener indefinidamente bajo tierra las reservas petroleras del campo ITT en el Parque Nacional Yasuní, el lugar más biodiverso del planeta». El Gobierno pedía «a cambio una contribución internacional equivalente al menos a la mitad de las utilidades que recibiría el Estado en caso de explotar el petróleo de este bloque en la Amazonia», según exponía en la web oficial. Concretamente, Ecuador pedía a la comunidad internacional un total de 3.600 millones de dólares (unos 2.700 millones de euros) a cambio de no explotar unos recursos naturales cuya comercialización le reportaría unos 7.200 millones de dólares. Es decir, un país situado en la posición 89 en el ranking de Desarrollo Humano de la ONU, y etiquetado como de desarrollo humano medio, estaba dispuesto a renunciar a importantes rentabilidades económicas con tal de mantener un espacio natural del que, por razones obvias, se benefician todos los países del mundo. Eso sí, a cambio pedía una compensación a la comunidad internacional que, según se anunciaba, pudiera fortalecer las políticas de erradicación de la pobreza y el combate contra la desigualdad en el seno del país latinoamericano. Pues bien, seis años más tarde, de los 2.700 millones de euros solo se habían recaudado 13,3 millones, es decir, apenas el 0,37 por ciento. No le faltó razón al entonces presidente Rafael Correa (1963) cuando denunció que «el factor fundamental del fracaso (del proyecto) es que el mundo es una gran hipocresía». Como consecuencia, el Gobierno canceló el proyecto y anunció que explotaría el 0,1 por ciento del Parque Nacional para la extracción de petróleo.

Al mismo tiempo, estamos en la obligación de transitar hacia otro modelo de producción y consumo que sustituya los canales largos de distribución, como el modelo de centro comercial, por otros canales cortos, como la agricultura local y ecológica. Baste decir que es insostenible un modelo en el que el consumo de frutas y verduras se produce tras un gasto energético brutal originado por el desplazamiento de miles de kilómetros a través de barcos o camiones que consumen combustibles fósiles. Como afirma el economista Elmar Altvater (1938), es imposible «que la vida humana (la vida sobre el planeta Tierra en general) se base energéticamente en los depósitos fósiles».[57] Todas estas transformaciones solo pueden llevarse a cabo si la conciencia de clase, de la que ahora hablaremos, incorpora una conciencia ecológica.

Esta no es una tarea sencilla pues la conciencia ecológica está aún estrechamente vinculada a la conciencia capitalista. Así, «cuando la gente pregunta cómo podemos parar el cambio climático en realidad está preguntando cómo podemos parar el calentamiento sin cambiar de forma significativa su estilo de vida que está causando el calentamiento global».[58] La respuesta es clara: no se puede. Queda todavía mucho que hacer, pero sin duda la cuestión ecológica es uno de los principales factores por los que no cabe sino ser comunista.

57. E. Altvater, *El fin del capitalismo tal y como lo conocemos*, El Viejo Topo, Madrid, 2011.

58. J. B. Foster, B. Clarck y R. York, *The ecological rift*, Monthly Review Press, Nueva York, 2010.

Parte II

LA POLÍTICA Y EL CAPITAL

El propósito de Marx no era solo comprender cómo funcionaban el mundo y el sistema económico capitalista. Su objetivo iba mucho más allá. Él, junto con Engels, trataba de dar una fundamentación científica al cambio histórico. Un cambio histórico que, según afirmaba, caminaba a favor de las clases desposeídas y a favor de un sistema sin clases sociales. Aunque en ningún intelectual es posible encontrar un análisis separado de la política, probablemente en Marx menos que en ningún otro. Su actividad y su trayectoria intelectual estaban casadas con el objetivo declarado de contribuir a la emancipación del ser humano. Quería que el ser humano pasase del «reino de la necesidad» al «reino de la libertad», de la carencia de recursos para sobrevivir a la posibilidad de desarrollar vidas dignas. Hoy esa tarea aún tiene vigencia.

Nuestras sociedades actuales son aparentemente sociedades de abundancia gracias a la inmensa capacidad productiva que ha desarrollado el capitalismo. Sin embargo, las privaciones siguen siendo una norma incluso en los países más ricos. Según las Naciones Unidas, 795 millones de personas pasan hambre en el mundo, 1.400 millones no tienen acceso a la electricidad y 2.400 millones de personas carecen de servicios básicos de saneamiento como retretes o letrinas. Cada día mueren cerca de mil niños como consecuencia de enfermedades relacionadas con la mala calidad del agua y del saneamiento. En el caso de algunas partes del planeta, como África, una de cada cuatro personas pasa hambre y las privaciones se multiplican por diez respecto a otras zonas del mundo. Pero incluso en las sociedades más desarrolladas, como la nuestra, los niveles de desempleo, precariedad y desigualdad provocan que las familias pierdan sus casas o que la pobreza energética, que mide la incapacidad para satisfacer las necesidades como la luz y el gas, alcance a cada vez más gente. En España, más de un millón y medio de familias se encuentran bajo el nivel de pobreza energética. Además, a pesar de las largas décadas de crecimiento económico, en países como el nuestro los salarios medios se han estancado y en muchos casos se han reducido, mientras los beneficios empresariales, especialmente los de los bancos, se han disparado. ¿Cómo podemos entender esta dinámica y, al mismo tiempo, combatirla?

Como hemos visto en los dos capítulos anteriores, Marx y Engels decían haber descubierto las leyes de la historia y del cambio histórico. Aunque hoy sabemos que eso no es ciertamente así, al menos no tal y como lo presentaron ellos hace más de siglo y medio, sí es cierto que desvelaron los mecanismos de explotación que se encuentran detrás del aparentemente voluntario y libre ejercicio de la producción capitalista. Pero no solo eso, Marx y Engels tuvieron también el acierto de centrar el foco en la clase social y en cómo estaban compuestas las sociedades modernas, y pusieron de relieve la gran cantidad de antagonismos que existían en la sociedad civil. Así, Marx y Engels no se comprometieron con la emancipación de la humanidad como un todo, sino, más bien, con la de su parte sufriente.

En los capítulos siguientes veremos que el concepto de clase social fue tan fundamental en su análisis como debería serlo en el nuestro. A pesar de los cantos de sirena de los pensadores liberales, y también de los intelectuales posmodernos, la clase social sigue siendo un elemento clave para entender los movimientos políticos y, consecuentemente, también cualquier proceso de cambio histórico. Comprender bien cómo está estructurada una sociedad en clases y cuáles son las transformaciones que padece nos pone en condiciones de construir una alternativa política al mundo en el que vivimos.

Esa alternativa, sin embargo, no depende únicamente del análisis de clases que se haga. Es algo más complicado. Es posible hacer la foto de una estructura de clases en un determinado momento, y comprobar cómo la riqueza está desigualmente distribuida. Pero, aun así, es necesario que aquellas clases que se encuentren en la base de la pirámide comprendan y quieran cambiar su situación. La historia de la humanidad está llena de episodios así, de rebeliones y de revoluciones. Saber cómo construir conciencia de clase, sin embargo, es mucho más difícil de lo que imaginaban Marx y Engels. Como veremos, esto también forma parte de nuestra tarea política, especialmente en un país como el nuestro en el que la mayor parte de la clase trabajadora aún opta por confiar en partidos políticos de derechas elección tras elección.

Veremos en estos capítulos que, si la clase social era lo importante para los autores clásicos, por encima incluso del partido político, no menos importante era saber definir bien qué papel jugaban las instituciones burguesas. Al fin y al cabo, los debates actuales sobre si la izquierda debe estar en las instituciones o en la calle tienen precedentes. Ya durante el siglo XIX se discutió ampliamente la cuestión y, como analizaremos con detalle, todo dependía de la definición previa que se hiciera de Estado. ¿Es el Estado una herramienta de la clase burguesa o es un espacio neutral que puede ser conquistado por la clase trabajadora? ¿Es posible una transición pacífica al socialismo a través de la lucha dentro de las instituciones o solo superaremos el capitalismo a través de una insurrección armada? Estas cuestiones enfrentaron por largo tiempo a las diferentes corrientes del movimiento obrero, y sus reflexiones nos inspiran para atender los dilemas actuales.

El comunismo que defiendo, del que me siento parte, es el que reclama que se respeten los derechos humanos. Pero esto no es casual ni azaroso. La actual Declaración de los Derechos Humanos procede de la Declaración de los Derechos del Hombre y del Ciudadano promulgada en 1789 durante la Revolución francesa, y fue defendida por la corriente más radical de los revolucionarios: los jacobinos. El socialismo heredó esa lucha revolucionaria y republicana y mantuvo viva la llama de los derechos humanos frente a un liberalismo que detestaba el sufragio universal y la extensión de derechos a los pobres y desposeídos. La revigorización de los componentes democráticos y radicales de la tradición comunista es parte de nuestro deber también hoy en día. Es asimismo la conexión que existe entre las luchas del movimiento obrero durante los siglos XIX y XX y las nuevas formas de lucha que diferentes sectores sociales han puesto en marcha en las últimas décadas para exigir una democracia real.

Con estas reflexiones creo que lograremos hacernos una idea más precisa del alcance real del comunismo, no solo a efectos de su valor histórico, sino también de su valor presente. No se trata de mantener el comunismo en un museo ni de agradecerle los servicios prestados a favor de la democracia y los derechos humanos. Es algo mucho más poderoso. Se trata de reconocer su vitalidad y su capacidad para la emancipación humana también en el presente. Especialmente en un presente que cada vez se parece más al del siglo XIX. Las enormes desigualdades y privaciones que padece la parte más sufriente de la humanidad no serán revertidas por medio de educadas peticiones a las clases dominantes, sino por medio de la organización y la lucha. Las conquistas que la clase obrera alcanzó tuvieron un altísimo coste para sus protagonistas y, sin embargo, en nuestros días están siendo arrebatadas con enorme facilidad, la mayor parte de las veces bajo la excusa de necesidades técnicas. Aprender del pasado es un paso necesario para actuar en el presente. Un paso necesario para defender las conquistas alcanzadas y conseguir otras nuevas.

3

La clase social importa

En 1992, el politólogo estadounidense Francis Fukuyama (1952) escribió su conocido ensayo *El fin de la historia y el último hombre*, en el que puso punto y final a las grandes ideologías. Según su interpretación, la caída del Muro de Berlín era la demostración de que el socialismo había sido derrotado por el liberalismo, el cual se presentaría a partir de entonces como único modelo de referencia para el mundo. Una década antes, la primera ministra británica Margaret Thatcher (1925-2013) y el presidente estadounidense Ronald Reagan (1911-2004) habían aplicado implacablemente durísimas políticas de ajuste neoliberal que transformaron radicalmente sus respectivos países. La contundencia con la que ambos reprimieron las protestas del movimiento obrero, unida a la firmeza con la que defendieron sus principios neoliberales y a su explícito y encendido discurso anticomunista, dieron gran fama a ambos gobernantes. No por casualidad a Thatcher se la conoció desde entonces con el sobrenombre de Dama de Hierro.[1] Esta ola

1. Sin embargo, aún podríamos retroceder más y remontarnos a 1973, al golpe de Estado de Augusto Pinochet (1915-2006) en Chile, que sirvió como laboratorio de pruebas de las políticas neoliberales que después se convertirían en hegemónicas en todo el mundo.

política dirigida por la derecha liberal más radical marcó una nueva etapa para el conjunto de la economía mundial. Sus políticas dieron impulso a la ahora conocida como globalización neoliberal, desregulando los mercados internacionales, bajando los impuestos a las grandes fortunas, favoreciendo las deslocalizaciones de las grandes empresas, aprobando reformas que destruían gran parte de los derechos laborales, criminalizando a los sindicatos, privatizando empresas y, en suma, reconfigurando las economías y las regulaciones de todos los países del mundo.

En ese contexto de cambio económico y social comenzó a popularizarse la idea de que la clase social había perdido su valor como categoría explicativa de los fenómenos económicos y sociales. El concepto de clase sufrió duras embestidas en todos los frentes. En primer lugar, las transformaciones económicas habían debilitado a los sindicatos y reducido su capacidad de afiliación en las grandes empresas industriales, con lo que la clase trabajadora quedó cada vez más fragmentada y dividida. En segundo lugar, los partidos comunistas que durante décadas habían construido sus discursos interpelando a la clase social aparecían ahora desmoralizados tras la caída del Muro de Berlín, y muchos se reconvirtieron en partidos socialdemócratas o dirigieron sus discursos hacia otros ámbitos como el ecologismo o el feminismo. En tercer lugar, mientras la derecha neoliberal legislaba contra las organizaciones de trabajadores, también promulgaba una actitud individualista de la vida política y social. Thatcher llegó a decir que «la sociedad no existe, solo el individuo». En cuarto lugar, desde la década de 1960 se había producido un giro en las disciplinas de las ciencias sociales, conocido como giro cultural, y el posestructuralismo había ocupado el lugar predominante que había tenido el marxismo. Este posestructuralismo proclamaba que las estructuras sociales no existían y que, en realidad, el sujeto quedaba abolido. Desde ese momento empezó a considerarse el concepto de clase no como algo objetivo, sino como una mera construcción lingüística. Nada hay fuera del texto, como diría el filósofo Jacques Derrida (1930-2004). En definitiva, la clase social parecía estar sentenciada de muerte como categoría académica, política y social.

Sin embargo, en los últimos años, y especialmente a raíz de la reciente crisis, es común volver a hablar de la clase social. De hecho, se ha vuelto habitual escuchar referencias a la clase social en relación con las cifras de desigualdad, que se han disparado en las últimas décadas, o con la evolución salarial, que por el contrario se ha desplomado. Así que, después de todo, puede que la clase social importe. Y decir que la clase importa significa afirmar que hay algún tipo de conexión entre pertenecer a un determinado estrato social y que se den ciertos fenómenos sociales.

Veamos, por ejemplo, el caso de la salud. La esperanza de vida en el distrito de Salamanca, uno de los más ricos de Madrid, es de 85,82 años, mientras que en el distrito de Vallecas, un barrio obrero de Madrid, es de 83,25 años. Es decir, hay más de dos años y medio de diferencia, lo que significa, *grosso modo*, que una persona rica en Madrid vive dos años y medio más que una persona pobre en la misma ciudad. En el caso de Barcelona la diferencia entre vivir en un distrito rico como Pedralbes y en un distrito pobre como La Barceloneta puede ser de casi 7 años.[2] Podría ser peor: en Glasgow, la ciudad más grande de Escocia, la diferencia entre vivir en el barrio pobre Calton y el barrio rico Lenzie es de 28 años.[3]

2. Datos: https://ajuntament.barcelona.cat/estadistica/castella/Estadistiques_per_territori/Barris/Salut/Indicadors_salut_publica/t39.htm

3. Organización Mundial de la Salud, «Determinantes sociales de la salud», 2017, disponible en http://www.who.int/social_determinants/thecommission/finalreport/key_concepts/es/

En estos ejemplos usamos los barrios como aproximaciones a la clase social, porque lo habitual es que los ricos vivan en los barrios ricos y los pobres, en los barrios pobres. Cuando usamos otras variables, como los estudios, que en muchos países solo son accesibles para los más ricos, las diferencias son aún más agudas. En Bolivia, por ejemplo, la tasa de mortalidad infantil de los bebés de madres sin estudios supera el 100 por mil de los nacidos vivos, mientras que en el caso de los de madres que han cursado al menos estudios secundarios es del 40 por mil.[4]

Por lo demás, es bastante evidente que nacer en el seno de una familia de clase adinerada proporciona una cantidad de oportunidades y privilegios de los que carecen la mayoría de las personas que nacen en familias convencionales, esto es, de clases populares. Y no solo en lo referido a cuestiones materiales, pues la capacidad de insertarse en lo alto de una estructura de poder depende asimismo de variables de clase. En el mundo empresarial, por ejemplo, es habitual trabajar con la heterodoxa variable «capital relacional», que describiría el valor de una agenda de contactos. En el fondo es una idea de alto arraigo que parte de la máxima de que hay que tener amigos hasta en el infierno, pero que mucho mejor si son ministros o grandes empresarios. Llevar a los hijos a un colegio privado donde sus compañeros de clase serán hijos de ricos y poderosos puede facilitar mucho las cosas en la vida de los jóvenes y de uno mismo.

La izquierda siempre ha tenido estas cuestiones muy presentes. El economista Vicenç Navarro (1937) cuenta a menudo cómo en los carteles de propaganda del Partido Socialdemócrata Alemán (SPD) aparecía un niño mellado, sin dientes,

4. Organización Mundial de la Salud, «Determinantes sociales de la salud», 2017, disponible en http://www.who.int/social_determinants/thecommission/finalreport/key_concepts/es/

junto con el mensaje «vota para que la clase social no se note». En España, por ejemplo, el Consejo General de Dentistas de España publicó en 2016 un informe en el que se afirma que los más pobres tienen más patologías dentales y también más dificultades para acudir al dentista.[5] Eso es especialmente verdad en un país donde la asistencia dental es privada y no pública. Además, en tiempos de crisis los recortes más básicos también se hacen a través de la calidad, de modo que, por ejemplo, los más pobres consumen peores alimentos que los más ricos. En definitiva, las desigualdades de renta, riqueza, estatus y poder dependen en gran medida de la posición de clase que uno adquiere al nacer.

No obstante, la tradición marxista generalmente ha concentrado su atención en un tipo de desigualdad muy particular: la que se da en el ámbito de la producción, es decir, entre capital y trabajo. Como se sabe, en términos macroeconómicos la renta anual de un país puede descomponerse entre la parte que reciben los salarios y la parte que reciben los beneficios empresariales (que puede incluir la depreciación de los medios de producción). Este tipo de desigualdad se denomina distribución funcional del ingreso, y aunque no utiliza variables marxistas, sí está basada en la forma de entender la economía que tenían los economistas clásicos, es decir, la economía política. Esta distribución revela, en el caso español, que el peso de los salarios en la renta ha ido disminuyendo progresivamente desde 1992. El crecimiento económico no ha beneficiado a todos por igual. Sin embargo, este fenómeno ha sido común a la mayoría de los países de la Organización para la Cooperación y el Desarrollo Económico (OCDE), es decir,

5. Consejo General de Dentistas de España, 2016, disponible en http://isanidad.com/69318/la-clase-social-y-el-lugar-de-nacimiento-influyen-directamente-en-la-salud-bucodental/

los países más ricos. Sin duda, las políticas neoliberales a las que hemos hecho referencia al inicio han contribuido a esta dinámica. Pero ¿hay algo más? ¿Cuál es la dinámica propia del capitalismo? Es decir, en ausencia de intervención estatal, ¿el capitalismo genera desigualdad o por el contrario la corrige?

Desde el punto de vista marxista, la respuesta es sencilla. El capitalismo genera desigualdad porque su existencia depende de la reproducción de relaciones de clase basadas en la explotación. Una explotación que se da desde los propietarios de los medios de producción hacia los trabajadores, y que provoca que la miseria y el empobrecimiento de los más se agrave con el tiempo en beneficio de los menos.[6] Pero la interpretación marxista va más allá y asegura que esa relación de explotación genera a su vez las condiciones para que el proletariado se organice y luche contra los explotadores. Ahora bien, sabemos que hoy la explotación se sigue dando, y que la desigualdad es su consecuencia más evidente, pero ¿dónde está el proletariado que tiene que hacer la revolución?

En España, por ejemplo, el 27 por ciento de las personas que tienen ingresos por debajo de 1.000 euros vota al PP o a Vox.[7] No parece que esas personas, víctimas de procesos económicos, estén a punto de sumarse a ninguna revolución socialista. Por el contrario, esto parece indicar un claro síntoma de falta de conciencia de clase, que es la expresión que el marxismo ha usado para aquellas situaciones en las que los

6. Esto puede cristalizar tanto a nivel absoluto como a nivel relativo. Es decir, los trabajadores pueden hacerse más pobres respecto a generaciones anteriores de trabajadores (empobrecimiento absoluto) o pueden hacerse más ricos respecto a generaciones anteriores y a la vez más pobres respecto a sus patronos (empobrecimiento relativo). Esto depende, en gran medida, del ciclo económico.

7. Datos: Barómetro CIS Diciembre 2023.

individuos perciben adecuadamente cuáles son sus intereses objetivos, que, para el caso de las personas sin ingresos, distan mucho de ser los intereses de la derecha política. Entonces, ¿cómo organizar a las personas que objetivamente son beneficiarias de una transformación social y que, sin embargo, hasta ahora no están convencidas de ello?

Todas estas cuestiones serán las que trataremos en el presente capítulo. Desde mi punto de vista, la clase social importa, y mucho. De hecho, es el gran concepto político, y desde luego mucho más que partido político. En gran medida, la clase social define quiénes somos y por qué hacemos lo que hacemos, si bien es evidente que no es la única variable que importa. Y si la revolución tiene algún futuro, y yo pienso que lo tiene, hemos de abordar la forma de sumar fuerzas a nuestro bando, a nuestra clase.

Una de las enseñanzas obvias de este capítulo es que conviene estudiar la estructura de clases y su situación real en nuestras sociedades. En 1845, Engels publicó un libro en el que plasmó todo lo que había averiguado sobre la situación de la clase obrera en Inglaterra. Para él era fundamental comprender bien cómo vivía la clase social que estaba predestinada a hacer historia, pues de otro modo sería imposible saber cuál era la mejor forma de organizarse. De hecho, Engels dedicó el libro a los trabajadores británicos a los que había estudiado, y dejó plasmado que su objetivo era «escribir a mis compatriotas alemanes un cuadro fiel de vuestras condiciones de vida, de vuestras penas y de vuestras luchas, de vuestras esperanzas y de vuestras perspectivas».[8] Hoy, sin embargo, son muy necesarios más estudios especializados sobre las formas de vida de la clase trabajadora.

8. F. Engels, *La situación de la clase obrera en Inglaterra*, 1844, disponible en https://www.marxists.org/espanol/m-e/1840s/situacion/

La clase social en Marx

Marx no fue quien descubrió las clases sociales. Antes que él, muchos pensadores habían dividido la sociedad por estratos o clases en función de diferentes criterios. También los primeros autores de la economía política, muy especialmente David Ricardo (1772-1823), habían descrito a la sociedad como organizada en clases, esta vez de acuerdo a un principio basado en el lugar ocupado en la producción. El propio Marx reconoció su falta de originalidad y escribió que «no me cabe el mérito de haber descubierto la existencia de las clases en la sociedad moderna ni la lucha entre ellas».[9] Lo que Marx hizo fue recoger algunas de esas enseñanzas e incorporarlas en su propia concepción de la historia, el materialismo histórico. Como resultado, las clases sociales ya no serían por más tiempo simple reflejo o fotografía particular de la sociedad, sino un elemento central para explicar la dinámica de esta.

No obstante, y a pesar de ser un concepto central en su obra, Marx tampoco llegó a desarrollar una teoría de las clases sociales y ni siquiera definió con precisión el propio concepto de clase. De modo que es posible encontrar diferentes interpretaciones según los textos a los que nos acerquemos. Aun así, un autor que ha trabajado durante toda su vida profesional en estas cuestiones, Erik Olin Wright (1947), ha destacado que el concepto de clase en la tradición marxista se distingue de otras tradiciones por su relación con la explotación. Este concepto de clase basado en la explotación se considera una herramienta poderosa para explicar diversos problemas de nuestra sociedad moderna.[10] Ba-

9. K. Marx, «Carta a Joseph Weydemeyer», 1852, disponible en https://www.marxists.org/espanol/m-e/cartas/m5-3-52.htm

10. E. Olin Wright, (ed.), *Modelos de análisis de clases*, Tirant Humanidades, Valencia, 2015.

sar el concepto de clase en la explotación significa asumir que entre las clases sociales existe una relación por la que unas se enriquecen a costa de otras. Es decir, se dice que el rico explota al pobre si los ingresos del rico se obtienen a costa de los del pobre. Bajo un sistema capitalista, como vimos, ese mecanismo de transferencia se encuentra en la producción y supone la existencia de un proceso en el que el capitalista obtiene ganancias generadas por los trabajadores y no pagadas a estos.

Pero esta concepción de la clase basada en la explotación también implica algo más: que los intereses de unas clases sociales son opuestos y antagónicos a los de otras. Los explotados están interesados en dejar de serlo, mientras que los explotadores están interesados en mantener la relación de explotación. Como dice Olin Wright, «esto no quiere decir que nunca sea posible un "compromiso" entre intereses antagónicos, sino simplemente que tales compromisos deben llevar consigo la realización de algunos intereses en contra de los intereses de otra clase. Lo que es imposible no es el compromiso, sino la armonía».[11]

Este es un principio básico de la tradición marxista y, además, una idea a tener muy en consideración en el marco de las alianzas políticas. Como es sabido, el llamado Estado de bienestar —o, más acertadamente, el Estado social— fue el resultado de un compromiso de clase entre capitalistas y trabajadores por el cual los incrementos de productividad derivados de las mejoras tecnológicas y de organización se repartían entre salarios y beneficios. Así, tanto los salarios como los beneficios empresariales crecían año tras año, mientras que el sistema fiscal y financiero posibilitaba financiar servicios públicos que permitían a las familias de clase trabajadora ir por primera vez a colegios, universidades, hospitales e incluso de vacaciones.

11. E. Olin Wright, *Clases*, Siglo XXI, Madrid, 2015.

Naturalmente, esos compromisos tenían una contrapartida. Por un lado, la clase capitalista no podía ganar tanto como quería y, de hecho, tenía que asumir unos niveles de impuestos de hasta el 90 por ciento.[12] Por su parte, la clase trabajadora institucionalizaba el conflicto social, que a partir de entonces tendría lugar de acuerdo a las normas y leyes vigentes, y renunciaba a la insurrección armada como mecanismo para conquistar el poder. Este sistema de compromiso entre capital y trabajo se vino abajo en torno a los años setenta, y le sucedió una ofensiva neoliberal aún vigente, que consiste esencialmente en retrotraernos al siglo XIX en derechos y libertades.

Ahora bien, estas transferencias que conlleva la explotación se dan en el seno del proceso de producción, lo que se llama distribución de la renta. No obstante, el Estado suele intervenir para corregir las desigualdades utilizando mecanismos como las ayudas públicas. En estos casos, el proceso se denomina «redistribución». Hay que recordar que el Estado puede conceder ese tipo de ayudas porque existe un sistema fiscal progresivo según el cual pagan más impuestos los que más tienen, lo que es similar a una transferencia de renta desde los ricos hacia los pobres. Hoy, por ejemplo, hay un 20 por ciento de personas en riesgo de pobreza, y ese porcentaje sería del 44 por ciento si no existieran las transferencias del Estado.

12. Durante los años cincuenta en Estados Unidos, Italia y Reino Unido, los tipos marginales (el tipo más alto que se paga dentro de la estructura de tramos típica de los impuestos progresivos) superaban el 80 por ciento, y en la mayor parte del mundo desarrollado, el 60 por ciento. Incluso en 1975 aún varios países, entre ellos Reino Unido, Japón o Estados Unidos, tenían tipos marginales superiores al 60 por ciento. En la década de 2000, sin embargo, el tipo marginal en Estados Unidos, Reino Unido o España ya se encontraba en el 40 por ciento. Véase K. Scheve y D. Stasavage, *Taxing the rich: A history of fiscal fairness in the United States and Europe*, Princeton University Press, Nueva Jersey, 2016.

En definitiva, al proceso natural del capitalismo para distribuir la renta (en beneficio de los explotadores) se le añade un proceso redistributivo para mitigar sus resultados (en beneficio de los explotados). Como es evidente, la existencia de mecanismos de redistribución, que además son permanentes, y no eventuales, implica a su vez la existencia de un proceso continuado de generación de desigualdad de ingresos.[13]

Según la tradición marxista, esta desigualdad tiene su origen en los títulos de propiedad que dan derecho a explotar a otras personas y, en consecuencia, a apropiarse del fruto de su trabajo. Por eso el llamado Estado social —o las políticas socialdemócratas en general— no sería sino una medida para paliar la incesante creación de desigualdad bajo el capitalismo. Ser radical, ir a la raíz de la desigualdad, implicaría acabar con la fuente del problema, que es la propiedad privada de los medios de producción.

Una vez visto esto, seguro que tenemos algunas dudas relevantes. En primer lugar, ¿cuántas clases sociales hay? Según vimos en el capítulo anterior, en el análisis del capitalismo Marx detecta la existencia de dos clases fundamentales que le permiten explicar el desarrollo de la propia historia: los capitalistas y los trabajadores. Desde este punto de vista, el capitalismo genera una estructura de huecos en las relaciones de clase que luego son ocupados por personas reales. Es como si pri-

13. La propia teoría liberal no niega que el capitalismo genere desigualdad. Sin embargo, los liberales la justifican por las remuneraciones que merecerían los empresarios que arriesgan su capital. Además, los liberales argumentan que las desigualdades también ayudan a los pobres a través del «efecto goteo» o *trickle down effect*. Este efecto consiste en que, al favorecer a los más ricos, los beneficios —en forma de nuevos puestos de trabajo o de mejores salarios— terminarán cayendo hasta los niveles más bajos como las gotas que caen al suelo desde las hojas de los árboles.

mero existiera la estructura, creada por el sistema económico, y luego las personas reales que «hacen su propia historia, pero no la hacen a su libre arbitrio, bajo circunstancias elegidas por ellos mismos, sino bajo aquellas circunstancias con que se encuentran directamente, que existen y les han sido legadas por el pasado».[14] Estamos ante un esquema de clases típicamente polarizado en el que solo parecen existir capitalistas y trabajadores. Así, en este enfoque la clase es una realidad objetiva que varía según el desarrollo de las fuerzas productivas.[15]

Sin embargo, en otros escritos Marx analiza la realidad social de una manera mucho más compleja, atendiendo a las particularidades de cada contexto. Son escritos de carácter más político y coyuntural, y en ellos Marx ya no trata solo con dos clases, sino que llega a diagnosticar clases, fracciones, facciones y una red mucho más compleja de grupos sociales. Un ejemplo paradigmático es *El 18 Brumario*, en el que Marx analiza el golpe de Estado de Luis Bonaparte (1808-1873) en 1851.

Estas dos diferentes formas de analizar la clase social carecen de algún tipo de vínculo en la teoría de Marx.[16] Aunque Marx utiliza el sistema de dos clases para estudiar la dinámica capitalista en el largo plazo y emplea un sistema más complejo para estudiar casos históricos concretos, en ninguna parte Marx explica cómo pasamos de un tipo de análisis a otro. Es

14. K. Marx, *El 18 Brumario de Luis Bonaparte*, 1851, disponible en https://www.marxists.org/espanol/m-e/1850s/brumaire/brum1.htm

15. Además de la explotación, bajo el capitalismo existe una dominación de carácter económico y jurídico, dado que durante la vigencia del contrato de trabajo el trabajador es *posesión* del capitalista y ha de obedecerle. Además, como veremos en el próximo capítulo, se considera que esa dominación económica acaba teniendo algún tipo de traslación a la esfera política de tal manera que los capitalistas también acaban mandando fuera del ámbito de la producción.

16. E. Olin Wright, *Clases*, Siglo XXI, Madrid, 2015.

más, hay suficiente material para creer que Marx «pensaba que la tendencia histórica del capitalismo apuntaba hacia una creciente polarización en lo concreto»,[17] es decir, que la dinámica capitalista apuntaría a la destrucción de todas las clases sociales que no fueran las de los capitalistas y los trabajadores. En su visión, la complejidad de la vida real se estaba simplificando por el propio desarrollo del capitalismo, puesto que este creaba cada vez más proletarios y al mismo tiempo reducía el número de capitalistas, aunque los restantes vieran su poder incrementado.

Pero otra duda nos asalta: ¿cómo se establece quién es capitalista y quién es trabajador? Para responder a esta pregunta tenemos que recordar que en la tradición marxista un sistema con relaciones de clase es aquel en el que los derechos y poderes que se tienen sobre los medios de producción están desigualmente repartidos entre la población, es decir, cuando una parte de la población dispone de esos medios de producción mientras que otra, normalmente más numerosa, no los tiene. Hay relaciones de clase esclavistas, feudales, capitalistas… y, bajo el sistema capitalista, la relación de clase principal se da entre capital y trabajo, que implica dos posiciones: capitalistas y obreros.

Así, lo fundamental para los marxistas es lo que sucede en el plano de la realidad objetiva, entendiendo por esta el ámbito de la producción capitalista. Esto quiere decir que un individuo es capitalista o trabajador no en función de su propia percepción, sino por el lugar que ocupa en el sistema económico capitalista. No establecemos quién es capitalista preguntándole a la gente cómo se siente, si capitalista o trabajadora, sino a partir de un análisis económico de las relaciones de clase. Esta definición es privilegiada por la tradición marxista frente

17. E. Olin Wright, *Clases*, Siglo XXI, Madrid, 2015.

a cualquier otra alternativa. Por ejemplo, en la actualidad es habitual clasificar a las clases sociales por los ingresos recibidos por los individuos o las familias. Desde el punto de vista marxista, esta clasificación es incorrecta porque no siempre los que tienen más ingresos son capitalistas y los que tienen menos son trabajadores; es verdad que esta es una tendencia que observamos en la realidad social, pero puede ser incumplida dado que hay múltiples formas de ingresos. Ningún marxista diría, por ejemplo, que un vecino al que le han tocado millones de euros en la lotería se ha hecho capitalista de pronto. Si ese vecino gasta toda su fortuna en comprar bienes de lujo, tales como mansiones y automóviles, volvería a ser evidente para todo el mundo que carece de una fuente de ingresos propia de capitalistas. Si, por el contrario, ese vecino decidiera invertir su fortuna en la adquisición de una gran empresa para garantizarse ganancias regulares a partir de la explotación de sus trabajadores, entonces sí sería un capitalista. De hecho, «en la teoría de Marx dos hombres [o mujeres] con igual nivel de ingresos pueden pertenecer a clases diferentes».[18]

A partir de estos conceptos emergen otros tantos de importancia, muchos de los cuales usaremos más adelante con una aplicación práctica. Ya hemos hablado de los intereses de clase, que son los intereses materiales de la gente que ocupa una posición de clase determinada. Como hemos dicho, estos intereses se basan en la creencia de que a los explotados les iría mejor sin ser explotados y a los explotadores les iría mejor si siguen siendo explotadores. La conciencia de clase es la percepción subjetiva que tiene la gente respecto de sus propios intereses. De un individuo que está explotado pero cree que no lo está se dice que carece de conciencia de clase porque no es capaz de ver cómo su situación podría mejorar si defendie-

18. C. J. Báez Evertsz, *Desigualdad y clases sociales*, Betania, Madrid, 2016.

ra sus propios intereses de clase. Las prácticas de clase son las actividades, individuales o colectivas, que se realizan para alcanzar los intereses de clase. Por ejemplo, una huelga de trabajadores es claramente una práctica que pretende mejorar los intereses materiales de vida de la clase explotada. La formación de clase son los grupos sociales que se han organizado para alcanzar sus intereses de clase. Por ejemplo, un partido político o un sindicato son formaciones de clase, pero también la patronal y las organizaciones de grandes empresas.

Finalmente, la lucha de clases son los conflictos entre las prácticas de individuos o colectivos que buscan alcanzar sus intereses de clase. La expresión «la historia de todas las sociedades que han existido hasta ahora es la historia de las luchas de clases»[19] no quiere decir que todo lo que pasa a nuestro alrededor tenga que ver con la lucha de clases —parece evidente que, por ejemplo, el hecho mismo de ducharse cada mañana no responde a la lucha de clases—, sino que se refiere a lo que forma parte del curso significativo de los acontecimientos. Así, la lucha de clases es fundamental porque «se trata de un factor que condiciona y moldea muchísimos acontecimientos, instituciones y formas de pensamiento que, a simple vista, parecerían inocentes de la participación en tal lucha» y porque «desempeña un papel decisivo en la turbulenta transición de una época de la historia a otra».[20]

Estos conceptos y sus interrelaciones nos sirven para aproximarnos a un enfoque marxista muy útil para comprender cómo nos relacionamos como seres sociales bajo el capitalismo, así como para explicar las posibles transformaciones de nuestra sociedad. Por un lado, tenemos la estructura de

19. K. Marx y F. Engels, *El manifiesto comunista*, Península, Barcelona, 2017.

20. T. Eagleton, *Por qué Marx tenía razón*, Península, Barcelona, 2011.

clases, que es la configuración concreta, en una sociedad y en un tiempo dados, de las clases sociales. Es lo que define cuántos capitalistas, trabajadores, campesinos, financieros, rentistas, etc., hay en una sociedad y también el modo en que están vinculados. Esa estructura de clases dota a los individuos de una determinada asignación de recursos y establece los límites de actuación de cada clase social. La conciencia de clase, la formación de clase y la lucha de clases dependen todas de esa estructura de clases, y los cambios en ellas también están limitados por dicha estructura.

Vamos a intentar comprenderlo con un ejemplo inventado. Imaginemos tres países con tres estructuras de clases diferentes. En primer lugar, tenemos un país A donde la estructura de clases está configurada de tal manera que hay muy pocos capitalistas pero son todos muy ricos, mientras que el resto de la sociedad está formada por unos pocos trabajadores industriales y, sobre todo, una gran masa de campesinos analfabetos. En segundo lugar, en el país B tenemos una estructura de clases en la que la mayor parte de su población son trabajadores industriales, mientras que los capitalistas son pocos y, además, al pertenecer a diferentes sectores económicos, están muy desconectados entre sí. En tercer y último lugar, en el país C tenemos pocos capitalistas muy ricos, bastantes capitalistas muy pobres y muchos trabajadores muy heterogéneamente distribuidos por sectores, hasta el punto de que las empresas son pequeñas y los trabajadores apenas se encuentran en el día a día. Ahora tratemos de imaginar cómo puede ser la conciencia de clase, la formación de clase y la lucha de clases en cada uno de estos tres países hipotéticos.

Respecto a la formación de clase de los trabajadores, por ejemplo, parece bastante más sencillo vivir en el país B que en el A o en el C, donde, o bien son minoría, o bien es muy difícil organizarse. Para los capitalistas, por el contrario, organizarse parece claramente más sencillo en el país A o en el C. Sin embargo, el país C implica que los capitalistas tendrán que gestionar la existencia de contradicciones entre los grandes capitalistas —muy ricos— y los pequeños capitalistas —muy pobres—. En el país A, por ejemplo, parece que tiene sentido intentar una formación de clase de campesinos, pero en el B o el C esto sería mucho más difícil. A efectos de conciencia de clase, los dilemas son parecidos, como también ocurre con la lucha de clases. Por ejemplo, es posible que el país B sea como es porque los trabajadores se han organizado y, a través de prácticas de clase, han conseguido recortar el poder y los privilegios de los capitalistas. En cualquier caso, el objetivo de este ejemplo inventado es poner de relieve que no hay nada parecido a un automatismo, sino que en cada contexto existe una estructura de oportunidades diferente en la que caben distintas tácticas políticas. En consecuencia, sería absurdo adaptar acríticamente los análisis y recomendaciones políticas del siglo XIX para Inglaterra o Rusia a la realidad actual, por ejemplo.

Ahora bien, en todos nuestros ejemplos tendríamos que incluir una hipótesis sobre el mecanismo para la toma de decisiones: ¿es la democracia o hay otro sistema? Lógicamente, bajo un sistema democrático de sufragio universal las reglas son distintas que bajo un sistema democrático de sufragio censitario o una dictadura. Parece obvio que, si los trabajadores son mayoría en el país B, preferirán una democracia. Exactamente lo contrario le pasará a los capitalistas, que, al saberse minoría, preferirán convencer a los trabajadores industriales y campesinos de las bondades del sistema —neutralizando de ese modo su conciencia de clase—, o bien recurrir a una dictadura. Al fin y al cabo, ¿qué pasaría si en democracia los trabajadores ganaran las elecciones y quitaran los medios de producción a los capitalistas? ¿No sería de esperar que estos capitalistas utilizaran todos los recursos a su disposición para evitarlo, incluso mediante un golpe de Estado? Este fue, precisamente, el temor que siempre sobrevoló a los partidos marxistas, y también a Marx y Engels, cuando reflexionaron sobre las jóvenes democracias occidentales. Pero también es algo que se vio en España en 1936, en Chile en 1973 o en Venezuela en 2002. Todo ello lo discutiremos en el próximo capítulo.

Hasta ahora nos ha bastado para comprender que conceptos tales como conciencia de clase, formación de clase y lucha de clases se relacionan de forma compleja entre sí, y que precisamente su complementación puede cambiar la estructura de clases. Si los trabajadores son conscientes de sus intereses de clase —conciencia de clase—, se organizan para defenderlos —formación de clase— y actúan consecuentemente —lucha de clases—, puede devenir la revolución y conseguir sustituir una estructura de clases capitalista por una estructura de clases socialista. Al fin y al cabo, las estructuras de clases no solo son limitantes, sino también el resultado de las acciones individuales y colectivas de los seres humanos que se organizan y actúan.[21]

Uno de los primeros autores que intentó sistematizar el trabajo de Marx fue Karl Kautsky (1854-1938). Sus primeras obras fueron la cristalización de un pensamiento marxista ortodoxo que se convirtió en el modelo de referencia de la Segunda Internacional. Dentro del esquema ortodoxo que planteó Kautsky, y que fue dominante en los partidos comunistas del período anterior a la Primera Guerra Mundial, las clases sociales se interpretan como «huecos» que deja el sistema capitalista para que los ocupen las personas reales. De nuevo, la estructura antes que la clase. Este nivel de realidad objetiva era conocido por Marx como «clase en sí». El otro nivel, el de la realidad subjetiva, era la «clase para sí», y sucedía cuando los individuos o la clase social habían adquirido conciencia de sus

21. E. Olin Wright, *Clases*, Siglo XXI, Madrid, 2015.

intereses comunes como clase. La pregunta clave era: ¿cómo se pasa de una clase en sí a una clase para sí, es decir, cómo se alcanza la conciencia de clase?

Según Kautsky y la ortodoxia de la época —pero también Marx—, el capitalismo sería, sin quererlo, el encargado de hacer emerger la conciencia de clase. De nuevo este salto está impregnado de fuerte determinismo. La teoría afirmaba que el capitalismo, en su desarrollo, agravaría las condiciones de explotación y aumentaría el número de proletarios de tal manera que estos tomarían conciencia de su situación y se organizarían para derrocar el sistema. Por lo tanto, los partidos socialdemócratas de inicios del siglo XX confiaban en que más tarde o más temprano las relaciones objetivas se convertirían en relaciones subjetivas y la conciencia de clase emergería de las propias entrañas del capitalismo. Como se sabe, esto no sucedió así.

Antes de terminar esta sección, debemos hacer un apunte relevante que nos permitirá seguir avanzando. Como recordamos, para Marx las fuerzas productivas se desarrollaban hasta que las relaciones de producción se convertían en un obstáculo y, por lo tanto, se iniciaba una crisis revolucionaria. De acuerdo con esta tesis, y dados los fundamentos filosóficos de Marx según los cuales lo importante es el creciente poder adquirido por la humanidad para controlar la naturaleza, la base de la nueva sociedad sería el sujeto productor. Este sujeto productor era el proletariado y tendría la misión histórica de acabar con el capitalismo y traer el socialismo. Este proletariado es definido, entonces, por su lugar en el proceso de producción en su condición de explotado. Marx pensaba que, como las fuerzas productivas se desarrollaban incesantemente, el número de proletarios aumentaría sin cesar, lo que crearía las condiciones de la organización proletaria y de la conquista del poder. Su planteamiento, como hemos dicho, incluía la polarización de la sociedad entre capitalistas y trabajadores. Pero ¿qué era realmente el proletariado? En la época de Marx, el significado de esta palabra era evidente, pues el capitalismo del siglo XIX parecía absorber hacia las grandes industrias tanto a los campesinos como a todo tipo de personas que quedaban desposeídas de sus propios medios de producción. Durante las revoluciones de 1848, la misión de Marx era organizar a la emergente clase proletaria, convenciéndola de su misión histórica. Durante las décadas siguientes, el proceso de proletarización se profundizó de tal manera que parecía que la predicción marxista se estaba cumpliendo. Las grandes fábricas industriales con miles de trabajadores eran la referencia obvia para saber qué eran los proletarios.[22] No hacía falta teoría, había que mirar la implacable realidad: coincidía con lo que había previsto Marx. Pero a finales del siglo XIX la cosa parecía estar cambiando y algunas novedades cuestionaban la tesis de la polarización de clase.

Por eso alguien como Kautsky nunca pudo definir con precisión el concepto de proletariado. Para él, en algunas ocasiones proletariado significaba trabajadores manuales, especialmente industriales. En otros casos, el concepto incluía a gente que, sin ser trabajadora manual, había sido despojada de sus medios de producción. Y a veces el concepto englobaba incluso a quienes todavía tenían medios de producción, pero eran pobres en términos de ingresos. Es como si en 1890 el término «proletariado» hubiera «perdido su sentido inmediato e intuitivo que tenía en los tiempos de *El manifiesto*».[23] Parecía mucho más difícil saber qué era exactamente el proletariado, y eso no era un problema menor porque el proletariado había sido bendecido con la misión histórica de traer la revolución.

22. A. Przeworski, *Capitalism and social democracy*, Cambridge University Press, Cambridge, 1985.

23. *Ibídem.*

Lo que había de nuevo en la sociedad era que la estructura de clases estaba cambiando sin corresponderse con la polarización entre capitalistas y trabajadores. Nuevas capas sociales aparecían y otras, más viejas, se resistían a proletarizarse. La solución de Kautsky fue pensar que todo eso eran efectos marginales y que «todas las clases distintas del proletariado y de la burguesía estaban en procesos ascendentes o descendentes de los dos polos básicos en el curso de la historia capitalista»,[24] es decir, lo mismo que Marx. Sin embargo, mientras tanto surgían nuevas voces que cuestionaban las predicciones marxistas y abogaban por adaptar la teoría a las nuevas condiciones objetivas. Algunas de esas voces conformaron la corriente revisionista, encabezada por Eduard Bernstein (1850-1932), que promovería una vía parlamentaria al socialismo tras constatar no solo que algunas de las predicciones de Marx no se cumplían, sino también que, según ellos, el capitalismo había encontrado sus propios mecanismos de resolución de las crisis.[25]

24. A. Przeworski, *Capitalism and social democracy*, Cambridge University Press, Cambridge, 1985.

25. Cabe recordar que en 1890 el Partido Socialdemócrata Alemán vuelve a la legalidad y entra en una fase de mayor actividad parlamentaria. Además, la crisis de la Gran Depresión de 1873 se prolongaría hasta mediados de 1890, y a partir de entonces el capitalismo viviría varias décadas de intenso crecimiento económico. Una de las principales obras de Bernstein, quien por otra parte había sido un estrecho colaborador de Engels, *Las premisas del socialismo y las tareas de la socialdemocracia*, se había publicado en 1899. Es decir, el revisionismo surge en un contexto de auge del capitalismo y eso repercute en su enorme optimismo sobre las posibilidades de una vía parlamentaria al socialismo.

El problema de la clase media

El llamado problema de la clase media, es decir, el surgimiento de profesiones laborales que no parecen pertenecer ni al proletariado ni a la burguesía no es precisamente nuevo. En realidad, Marx no negaba que esas posiciones existieran, sino que pudieran ser significativas desde el punto de vista del desarrollo del capitalismo. Es más, como acabamos de recordar, para Marx y Engels «las pequeñas capas medias existentes hasta ahora, los pequeños industriales, comerciantes y rentistas, los artesanos y los campesinos, todas estas clases caen en el proletariado [...] así es como el proletariado va reclutando miembros de entre todas las clases de la población».[26]

Sin embargo, en el curso del desarrollo del capitalismo quedó claro que no se tendía a una proletarización de toda la población, como presuponía Marx. La realidad parecía demostrar que el proletariado, entendido aquí como trabajadores industriales, de hecho incluso disminuía como efecto de las mecanizaciones acometidas por las empresas. Pero, en conjunto, el desarrollo capitalista provocó un incremento de la heterogeneidad de la clase trabajadora, entendida ahora como el total de los asalariados o trabajadores por cuenta ajena, ya que el fuerte crecimiento industrial pronto empezó a crear otros nuevos puestos de trabajo en sectores distintos que hoy llamaríamos servicios —es el caso de profesionales como los médicos o abogados—, y también dentro del mismo sector industrial pero con condiciones muy distintas —directivos, gerentes y supervisores—. Esos nuevos puestos de trabajo respondían a realidades muy diferentes de las que se conocían hasta entonces, y les correspondían salarios y condiciones la-

26. K. Marx y F. Engels, *El manifiesto comunista*, Península, Barcelona, 2017.

borales muy diversos entre sí. En suma, el desarrollo del capitalismo, especialmente en el siglo XX, parecía cuestionar la predicción marxista de la polarización entre el proletariado y los burgueses.[27]

Efectivamente, es cierto que en nuestras sociedades desarrolladas el trabajo industrial se ha reducido. En gran parte porque las políticas neoliberales en el marco de la globalización han alimentado los procesos de deslocalización, esto es, de traslado de las industrias hacia países menos desarrollados donde se pagan salarios más bajos, menos impuestos o hay regulaciones medioambientales más laxas. Podríamos, por lo tanto, sugerir que gran parte de la desaparecida clase obrera en realidad se ha trasladado en el espacio. Sin embargo, a nivel mundial el cálculo neto indica que, como consecuencia de la mecanización, el trabajo industrial se ha reducido, de modo que incluso a esta escala estamos obligados a aceptar que la polarización de clases no se ha producido.

Ahora bien, la cosa es distinta si dejamos de considerar al proletariado simplemente como trabajadores industriales. Si incluimos bajo el proletariado a todas las posiciones de clase sujetas a la explotación capitalista, llegamos a otros resultados. Según el sociólogo Immanuel Wallerstein (1930), «la realidad es que la polarización es una hipótesis históricamente correcta, no falsa, y podemos demostrarlo empíricamente, siempre que utilicemos como unidad de cálculo la única entidad que realmente importa para el capitalismo, la economía-mundo

27. Resulta entonces especialmente curioso que Marx supiera ver el surgimiento de muchas de estas posiciones y, sin embargo, no las incluyera en su modelo económico. Así, en *El capital* (libro tercero) dice: «El trabajador comercial propiamente dicho pertenece a la clase mejor pagada de los trabajadores asalariados, aquellos cuyo trabajo calificado los pone por encima de la media».

capitalista».[28] Es más, Wallerstein dice: «Podemos afirmar que a lo largo de los siglos ha ido aumentando el número de personas que se han situado inequívocamente en una u otra categoría [trabajadores o capitalistas], y que esto es consecuencia de un proceso estructural que dista mucho de haber terminado»,[29] lo que significa que el número de individuos que dependen totalmente de ingresos salariales ha aumentado. Lo que dice Wallerstein es que cada vez más gente depende del capitalismo y de sus relaciones de clases, y que las posiciones de clase heredadas del feudalismo, como las estructuras familiares en las que las que se dependía de la producción de bienes de primera necesidad, por ejemplo, han ido desapareciendo a lo largo de los siglos.

Esta fórmula, la de considerar que todas estas nuevas profesiones o puestos de trabajo son en esencia clase obrera, es la respuesta marxista más sencilla al dilema de la clase media. Como mucho, se argumenta, se trataría de estratos privilegiados pero que siempre están situados dentro de la clase trabajadora. El criterio es que ninguna de esas nuevas profesiones o puestos de trabajo posee sus propios medios de producción, de tal manera que tienen que vender su fuerza de trabajo como cualquier otro trabajador. Lo que ocurre con esta explicación es que, como dice Olin Wright, «resulta difícil ver cómo una definición de la clase obrera que incluye a todos los asalariados podría ofrecer una base estructural satisfactoria para explicar la formación de clase, la conciencia de clase y la lucha de clases».[30] ¿Es cierto, por ejemplo, que un alto directivo está más cerca de un trabajador manual que de la burguesía propietaria de la empresa? A la luz de la realidad,

28. E. Balibar e I. Wallerstein, *Raza, nación y clase*, Iepala, Madrid, 1988.
29. *Ibídem.*
30. E. Olin Wright, *Clases*, Siglo XXI, Madrid, 2015.

pero también incluso desde el punto de vista de alineación de intereses, parece que no es así.[31]

Otros autores marxistas han optado por considerar estas nuevas profesiones como pequeña burguesía, lo que normalmente se justifica por la existencia de una mayor cualificación —por ejemplo, en educación—, que se considera un tipo de propiedad. Así, eso supondría que estarían más cerca de la pequeña burguesía tradicional —pequeños propietarios, como los tenderos— que del proletariado. Otra opción es considerar esas nuevas situaciones simplemente como estratos intermedios. Es decir, gente que ocupa una posición ambigua, pero que, en el marco de la lucha de clases, tendrá que tomar partido, bien por la burguesía, bien por el proletariado. Finalmente, un recurso también común es considerar que esas nuevas posiciones suponen también una nueva clase. Normalmente, el criterio utilizado es de tipo cultural, y se considera que por su cualificación merecen pertenecer a una nueva clase social. Pero otras veces también hay un criterio económico, como según distintos autores ocurriría con el precariado.

Frente a todas estas opciones, el marxista Olin Wright ha tratado de resolver el problema creando un nuevo concepto llamado posiciones contradictorias dentro de las relaciones de clase.[32] Se basa en la idea de que «algunas posiciones posiblemente tengan un carácter múltiple de clase; podrían per-

31. Por ejemplo, en la actualidad la mayoría de los directivos de las grandes empresas reciben una remuneración fija a modo de salario y otra remuneración variable, que depende del nivel de beneficios de la empresa o de su cotización en bolsa. De esa forma, el alto directivo y el propietario tienen en común el interés en incrementar el beneficio o la cotización en bolsa, mientras que el resto de los trabajadores tienen otros intereses principales. Pero también pueden existir otras dimensiones, ideológicas o políticas, que recomienden no considerar bajo el mismo rótulo a los altos directivos y a los trabajadores.

32. E. Olin Wright, *Clases*, Siglo XXI, Madrid, 2015.

tenecer a más de una clase a la vez».[33] Este sería el caso, por ejemplo, de los directivos que tienen remuneración variable en función de los beneficios empresariales y al mismo tiempo son asalariados, y por lo tanto están sometidos a un tipo de explotación laboral. O el de algunos trabajadores que poseen un número significativo de acciones en alguna empresa, que no tiene por qué ser la que los explota.

Sea como fuere y cualquiera que sea la fórmula por la que optemos para el análisis de clase, no cabe ninguna duda de que ha aumentado la complejidad de la estructura de clases en nuestras sociedades desarrolladas.[34] Y si a finales del siglo XIX los autores marxistas ya debatían sobre la cuestión de la clase media, en las últimas décadas el debate ha sido y es aún más intenso. De hecho, tal y como introducíamos al inicio del capítulo, algunos autores incluso han llegado a proclamar el fin de la clase como categoría analítica y práctica. Así, mientras que el debate a final del siglo XIX giró en torno a las nuevas profesiones que se situaban entre proletarios y burgueses, y mientras que durante las décadas que siguieron a la Segunda Guerra Mundial a la mayoría de los analistas les parecía harto evidente que la clase media conformaba la mayoría de la población, en las últimas décadas la fragmentación de la clase en los países desarrollados se ha presentado mucho más intensa.

En efecto, el Estado social de posguerra fue la cristalización de las conquistas de la clase trabajadora en Occidente, que aseguraron un abanico de derechos que se traducían en una vida

33. E. Olin Wright, *Clases*, Siglo XXI, Madrid, 2015.

34. Aunque no es menos cierto que ninguno de estos cambios en la estructura de clases ha modificado la naturaleza de las relaciones de propiedad capitalistas. Dicho de otra forma, a pesar de las transformaciones recientes, el capitalismo sigue operando de la misma forma (es decir, tal y como vimos en el capítulo previo).

segura y predecible. Digamos que una persona podía acceder a un trabajo al inicio de su vida laboral y jubilarse en ese mismo puesto si quería. La figura del trabajo estable, con todos sus derechos asociados (pensiones, servicios públicos, etc.), era la norma en aquellos años de boyante crecimiento económico. Sin embargo, la conjunción de cambio tecnológico y políticas neoliberales proglobalización a partir de la década de 1980 ha convertido la vida de la clase trabajadora en una experiencia mucho más insegura y precaria. La flexibilidad se ha convertido en el concepto por excelencia en el ámbito de la producción, referida, claro está, a la flexibilidad laboral y vital. Es difícil que una persona que accede hoy a un trabajo pueda mantenerlo en el tiempo, y a veces incluso en las siguientes horas. En muchos casos, la flexibilidad interna de la empresa supone, además, que el trabajador tenga que estar completamente a merced de las demandas de desplazamiento espacial y temporal de sus jefes, las cuales dependen a su vez de los caprichos del mercado. Mañana trabajas a mil kilómetros de tu casa y pasado mañana te quedas dos horas más en el trabajo. Organizar un proyecto de vida digno en estas condiciones parece casi imposible. Y, como ha puesto de manifiesto el sociólogo estadounidense Richard Sennett (1943), esta transformación también tiene efectos en aspectos personales como el carácter.[35]

Es más, de acuerdo con la socióloga Eva Illouz (1961),[36] estas transformaciones económicas y tecnológicas han promovido una nueva división basada en el nivel educativo (y que de forma indirecta también es una división entre el mundo

35. R. Sennett, *La corrosión del carácter: Las consecuencias personales del trabajo en el nuevo capitalismo*, Anagrama, Barcelona, 2000.

36. E. Illouz, «What pushed working-class into Trump's arms», 2016, disponible en http://www.haaretz.com/world-news/u-s-election-2016/.premium-1.752487

rural y el mundo urbano), de tal manera que los sectores menos cualificados de la clase trabajadora están más expuestos a las penalidades del libre mercado y el desarrollo capitalista. Como la propia Illouz señala, y como veremos con más detalle en el capítulo 5, estas transformaciones explican en gran medida el crecimiento de los partidos de extrema derecha en todo el mundo.

En definitiva, las transformaciones económicas de las últimas décadas están desmontando el Estado social y, con él, las instituciones que aseguraban unas condiciones de vida dignas tanto en el ámbito laboral como en otros. En consecuencia, y como señala en su libro el periodista Esteban Hernández (1970), hoy «las capas sociales que surgieron del Estado de bienestar se han convertido en el problema número uno para el capitalismo, mucho más que sus aliadas, como habían sido hasta ahora».[37] A lo que asistimos es, aparentemente, al fin de la clase media. Pero ¿hacia dónde van los pertenecientes a la otrora clase media? ¿Están engrosando las filas de la clase trabajadora?

Desde mi punto de vista, clase media es un concepto que se refiere en gran medida a los aspectos subjetivos de una parte de la clase trabajadora. Así, lo que estaría pasando en los últimos años es el desvanecimiento de un sueño, de una apariencia, de un engaño. En realidad, la mayor parte de la clase media nunca habría dejado de ser clase trabajadora salvo en el aspecto subjetivo, esto es, salvo porque ellos mismos carecían de conciencia de clase trabajadora. La vuelta a la realidad se corresponde con la nueva percepción de que lo que hasta ahora parecía permanente y eterno, los derechos conquistados, puede desaparecer en el marco de una crisis

37. E. Hernández, *El fin de la clase media*, Clave Intelectual, Madrid, 2014.

o de determinadas políticas. Desde el punto de vista político, esto es tanto una oportunidad como un riesgo, como veremos en el capítulo 5.

Sin embargo, otros autores disienten de esta interpretación y consideran, por ejemplo, que en las últimas décadas se ha creado una nueva clase social: el precariado. Según Guy Standing (1948),[38] el precariado se diferencia de la clase proletaria, entre otras clases, en múltiples aspectos. Por un lado, mientras el proletariado tiene trabajo estable con un horario y rutinas establecidas, el precariado no. Por otra parte, mientras el proletariado y otras clases sociales disponen de ingresos complementarios al salario, como transferencias del Estado o ingresos financieros, el precariado no. Y mientras el proletario es considerado a todos los efectos como un ciudadano ante el Estado, el precariado ocupa una posición marginal y se mueve fuera de esa categoría y de los derechos que supone.

Es indudable que la precariedad es una condición cada vez más común entre la población. De hecho, tiene razón Standing al desvelar que la precariedad engloba, al menos, a tres tipos de colectivos. En primer lugar, trabajadores que anteriormente tenían derechos estables y aparentemente consolidados. En segundo lugar, inmigrantes y otras personas que en ningún caso dispusieron de derechos económicos o sociales. Y, en tercer lugar, jóvenes con expectativas insatisfechas, es decir, personas bien educadas que esperaban carreras profesionales de estabilidad y se han encontrado con precariedad. Sin embargo, nada de esto parece suficiente para que podamos hablar en términos analíticos de una nueva clase social. La respuesta que da Olin Wright al trabajo de Standing me parece acertada.[39] El autor

38. G. Standing, *El precariado: Una carta de derechos*, Capitán Swing, Madrid, 2014.

39. E. Olin Wright, *Understanding class*, Verso, Edimburgo, 2015.

marxista considera que no hay motivos para creer que los intereses materiales del precariado se diferencien de los intereses materiales del proletariado. Y mucho menos que haya algún tipo de antagonismo en sus demandas materiales. Parece evidente que la mejora en las condiciones de vida del precariado abunda en la mejora de las del proletariado. En consecuencia, unos y otros serían objetivamente beneficiados de construirse el socialismo, algo que en todo caso requiere conciencia de clase y voluntad política.

Pero aún más, como dice Terry Eagleton (1943), «en lo que se refiere a la paga, el nivel de control y las condiciones, la distinción entre trabajadores industriales y del sector servicios suele ser prácticamente invisible» y «quienes trabajan en centros de atención telefónica están tan explotados como quienes extraen carbón bajo tierra en la mina».[40] En efecto, si usamos la consideración de la explotación capitalista o incluso si usamos alguna categoría más difusa como la de ingresos, comprobaremos que las posiciones a las que hacemos referencia, sean mineros, teleoperadores, profesores o administrativos, tienen intereses cada vez más comunes. Y si subrayamos ese «cada vez» es porque, en la fase actual del capitalismo, la mayor parte de las profesiones que en otro tiempo se consideraron de clase media se encuentran en un proceso de homogeneización con el resto de las profesiones asalariadas. La crisis, de hecho, ha acelerado este proceso.

Así, podemos estar de acuerdo con la solución de Terry Eagleton (1943), que es considerar que «la clase obrera incluye más bien a todas aquellas personas que se ven obligadas a vender su fuerza de trabajo al capital, que malviven bajo las opresivas disciplinas de este y que tienen escaso o nulo control sobre sus condiciones de trabajo», lo que para él es

40. T. Eagleton, *Por qué Marx tenía razón*, Península, Barcelona, 2011.

tanto como decir que «los obreros y las obreras vendrían a ser aquellas personas que más saldrían ganando con la caída del capitalismo».[41] Esto excluye a una parte menor de la población, propietarios de medios de producción, directivos y gerentes de grandes empresas, rentistas, especuladores financieros, etc., que quizás no sean el 1 por ciento como sugirió el movimiento Occupy Wall Street, pero que desde luego tampoco van mucho más allá.

Pero la interpretación de Standing sobre el precariado desvela también dos cosas más. En primer lugar, pone de relieve que la destrucción de la clase media no tiene lugar de golpe ni en apenas unos años. Por el contrario, estamos asistiendo a una intensa pero progresiva transformación de puestos de trabajo estables en puestos de trabajo precarios, lo que tiene ritmos y grados muy distintos según los sectores productivos. Y en el marco de esa transición, los nuevos puestos de trabajo que se van creando son de carácter precario en su inmensa mayoría, y además son los que ocupan las personas más jóvenes, mientras que sobreviven otros puestos de trabajo aún protegidos por las instituciones heredadas del Estado social. Ello significa que, durante la transición, se vive tanto una dualidad en el mercado de trabajo como una ruptura generacional en la sociedad.

En segundo lugar, el propósito de Standing es estrictamente político. Su trabajo no pretende ser analítico ni representar el plano objetivo de la realidad. Es un trabajo político que quiere estimular la conciencia de clase del precariado, para lo que entiende que primero es necesario que se vea como clase. Esto pertenece, claramente, al ámbito de la formación de clase que veremos inmediatamente.

41. T. Eagleton, *Por qué Marx tenía razón*, Península, Barcelona, 2011.

Cómo se forma la clase social

Recordemos que para Marx la conciencia de clase se alcanza cuando una clase en sí transita hacia una clase para sí, es decir, cuando la clase se hace consciente de sus propios intereses como clase. Para Marx, por lo tanto, hay dos niveles en los que puede entenderse la clase. En un primer nivel, objetivo, la clase es algo que está ahí puesto por las relaciones de clase capitalistas y que no depende de lo que piensen o crean los individuos concretos. La clase, aquí, es un objeto. Por otro lado, sin embargo, la clase es algo que existe cuando los miembros de una clase adquieren conciencia de sus propios intereses como clase. En este segundo caso es evidente que depende de la subjetividad de los individuos y grupos concretos. Aquí, por el contrario, la clase se ha convertido ya en sujeto. Por eso Marx habla de formación de clase para especificar cuándo una clase (objetiva) se convierte en clase (subjetiva).

Este es el problema clásico que afrontaron los primeros autores marxistas: cómo había que actuar para formar la clase, es decir, para pasar de la clase en sí a la clase para sí. Por un lado, las respuestas deterministas planteaban que, como consecuencia del propio desarrollo del capitalismo, esa transición se daría necesariamente. Es la respuesta que, como vimos, dieron Marx y Kautsky. Según esta visión, la tendencia histórica del capitalismo apunta a que el incremento de la explotación y la miseria del proletariado provocará una mayor resistencia, unidad y organización entre la propia clase explotada. Aunque el proceso puede ser lento, inevitablemente conducirá a la toma de conciencia del proletariado de su misión histórica. Por otro lado, las respuestas no deterministas planteaban que, si las condiciones objetivas no llevaban automáticamente a la conciencia de clase, esta debería traerse desde fuera. Por ejemplo, a través de la acción de un partido.

Lo que ocurre es que, si no es verdad que el propio capitalismo va a generar por sí solo la conciencia de clase del proletariado, hipótesis bastante realista, entonces ha de asumirse que la conciencia de clase se forma o construye por mecanismos no únicamente económicos. Es decir, hay que aceptar que en la construcción de una clase influyen las dimensiones culturales, políticas y sociales. Dicho de otra forma: la clase para sí es también el resultado o el efecto de luchas políticas que incluyen dimensiones ideológicas y económicas por igual.

Esto que acabamos de decir es enormemente importante, puesto que además abre mucho el abanico de opciones. Como dice Przeworski, desde esta perspectiva «las clases no están dadas únicamente por alguna posición objetiva [sino que] constituyen efectos de las luchas, y esas luchas no están determinadas únicamente por las relaciones de producción».[42] Ello supone aceptar que personas que no participan en la producción directamente —por ejemplo, los estudiantes o jubilados— pueden formar parte de la clase para sí, organizándose en partidos y sindicatos y participando en la lucha de clases, si los dispositivos ideológicos y políticos son los adecuados. Incluso puede considerarse que, independientemente del lugar que cada individuo ocupe en el proceso de producción, es posible que cualquiera forme parte de la formación de clase de los trabajadores.

Esta otra visión de las clases sociales entiende que las clases no están ahí como estaban en el nivel objetivo de análisis, sino que se forman y construyen en la práctica. Esas luchas organizan y desorganizan a las clases continuamente, y en esas luchas influyen todas las dimensiones de la vida humana.

42. A. Przeworski, *Capitalism and social democracy*, Cambridge University Press, Cambridge, 1985.

Tras una revolución fracasada, por ejemplo, la clase trabajadora suele sufrir la represión por parte de la autoridad y también la desorganización. La clase se desvanece como resultado de esas luchas, que son siempre particulares y dependientes del contexto histórico, de la misma forma que podrá emerger en el futuro si las prácticas de clase son adecuadas para ese objetivo.

Esta interpretación subjetivista de las clases debe mucho a la obra del historiador marxista Edward Palmer Thompson (1924-1993), para quien la clase es un proceso histórico construido por sus protagonistas. Según Thompson, «las clases no existen como entidades separadas, que miran en derredor, encuentran a una clase enemiga y empiezan luego a luchar. Por el contrario, las gentes se encuentran en una sociedad estructurada en modos determinados (crucialmente, pero no exclusivamente, en relaciones de producción), experimentan la explotación (o la necesidad de mantener el poder sobre los explotados), identifican puntos de interés antagónico, comienzan a luchar por estas cuestiones y en el proceso de lucha se descubren como clase, y llegan a conocer este descubrimiento como conciencia de clase. La clase y la conciencia de clase son siempre las últimas, no las primeras, fases del proceso real histórico».[43]

Ahora bien, para Marx, como veremos a continuación, una de las formas en las que se contribuye a formar la clase es a través de las organizaciones políticas. Marx era consciente de que bajo el capitalismo los trabajadores compiten contra otros trabajadores a menos que se organicen como clase. Para organizarse como clase, como hemos visto, tienen que ser conscientes de sus intereses comunes, y esa forma de organización

43. E. P. Thompson, *Tradición, revuelta y conciencia de clase*, Crítica, Barcelona, 1984.

resultante es el sindicato y el partido. Ambas organizaciones, a su vez, sirven para llevar la conciencia de clase a más trabajadores, es decir, para formar clase. El objetivo, según Marx, es neutralizar la competencia entre los propios trabajadores y dirigir la competición contra los capitalistas.

Sin embargo, los socialistas se encontraron con un problema a la hora de organizar a la clase trabajadora en partido. Los trabajadores eran conscientes de la lucha que tenían que mantener en el ámbito de la producción, y no tenían problemas en organizarse en sindicatos para pelear por mejoras en sus condiciones de trabajo. Incluso puede decirse que había algo de espontaneidad en esa conciencia sindical, puesto que para los trabajadores era fácil percibir que el capitalista los estaba explotando en el ámbito del trabajo. Sin embargo, ir más allá, hacia demandas de nuevos sistemas económicos, resultaba ajeno a su experiencia diaria. Como dice Przeworski, «no era aparente para los trabajadores que las mejoras de sus condiciones de vida requirieran que el sistema de trabajo asalariado tuviera que ser abolido».[44]

Eso llevó a algunos al convencimiento de que la transformación de la clase en sí en clase para sí no podría darse de forma espontánea y que, por lo tanto, era necesario construir un partido político que trajera la conciencia desde afuera. Ese fue, por ejemplo, el planteamiento de Vladímir Ilich Uliánov *Lenin* (1870-1924). Lenin subrayó el carácter activo del partido en la tarea revolucionaria y, particularmente, en la creación de conciencia de clase. Pero se trataba ya de una conciencia socialista y no solo sindicalista. No era suficiente convencer a los trabajadores de que debían luchar por subidas salariales o por el derecho a la huelga, sino que había que ir

44. A. Przeworski, *Capitalism and social democracy*, Cambridge University Press, Cambridge, 1985.

más allá y convencerlos de que había que abolir el capitalismo y construir el socialismo.

Ahora bien, Lenin no se limitó a convencer solo a los trabajadores, es decir, a la clase en sí, sino que intentó que el partido, la cristalización de la clase para sí, llegara directa o indirectamente a todos los explotados por el capitalismo y el sistema político. Así, afirmó que «la conciencia de la clase obrera no puede ser una verdadera conciencia política si los obreros no están acostumbrados a hacerse eco de todos los casos de arbitrariedad y de opresión, de todos los abusos y violencias, cualesquiera que sean las clases afectadas; a hacerse eco, además, desde el punto de vista socialdemócrata, y no desde algún otro»,[45] e insistió en que «no es socialdemócrata quien olvida en la práctica que su deber consiste en ser el primero en plantear, acentuar y resolver todo problema democrático general».[46]

Lenin era consciente de que el paso de la clase en sí a la clase para sí no iba a ser ni automático ni sencillo. Elaboró toda una teoría del partido, en varios puntos contradictoria, que pretendía resolver ese salto hacia la conciencia de clase y la revolución. Pero, como acabamos de ver, Lenin pretendía llegar a todo el pueblo y no se dejó atrapar por las categorías economicistas o analíticas que limitaban los sujetos a los protagonistas de la producción. Es más, no dejó de subrayar que «podrá convertirse en vanguardia de las fuerzas revolucionarias solo el partido que organice campañas de denuncia de verdad ante todo el pueblo».[47]

Hasta aquí podemos sacar en claro que la clase tiene dos concepciones posibles, una de naturaleza objetiva y otra de

45. V. Lenin, *¿Qué hacer?*, Alianza, Madrid, 2016.
46. *Ibídem.*
47. *Ibídem.*

naturaleza subjetiva. Desde mi punto de vista, sería un error pensar en la clase exclusivamente en un sentido. Una concepción únicamente objetiva es útil como foto de la estructura de clases e incluso para entender mejor la evolución a largo plazo del sistema económico, pero es inútil para comprender la realidad política y social. La gente no actúa solo en función de los huecos que ocupa en la producción. Por el contrario, una concepción únicamente subjetiva es útil para entender los efectos que las luchas políticas tienen en la percepción de clase de cada individuo, pero es inútil para comprender cambios históricos de largo alcance o la singular fuerza de algunas de esas subjetividades —por qué un minero se siente más de clase trabajadora que un estudiante—. A mi juicio, en esto es fundamental mantener una posición leninista, es decir, comprender que la base o el punto de partida es la concepción objetiva y que, después, tiene que ser completada con la concepción subjetiva.

Si llevamos este análisis a nuestra situación actual comprobaremos que, como se desprende de cualquier encuesta, la clase trabajadora, en cualquiera de sus formulaciones posibles, no se ha constituido como clase para sí. Pero, afortunadamente, también somos conscientes de que durante los últimos años la capacidad de organización y movilización se ha multiplicado en nuestro país. ¿Cómo ha sucedido?

En primer lugar, no podemos dejar de mencionar las transformaciones económicas de las últimas décadas, las cuales se han agudizado a consecuencia de la crisis. En el capítulo 5 lo analizaremos con detalle para el caso español. Y, en segundo lugar, cabe decir que hemos visto movilizaciones tanto espontáneas como organizadas. De estas segundas, me gustaría destacar las que tuvieron como origen la Plataforma de Afectados por la Hipoteca (PAH), cuyo objetivo fue denunciar la situación de la vivienda en España.

Esta plataforma ha funcionado a la manera leninista, es decir, organizando a las víctimas de un conflicto del capitalismo —los desahucios— y actuando de forma que todo el pueblo fuera consciente de sus demandas —aprovechando más que eficientemente los medios de comunicación—. Gracias a eso, las víctimas se han ido politizando hasta adquirir grados importantes de compromiso. Desde mi punto de vista, con estas prácticas la PAH consiguió un efecto sobre la lucha de clases mucho más importante que una docena de programas electorales. Como exploraremos en el capítulo siguiente, no se trata de negar el papel transformador que puedan jugar las instituciones dentro de una estrategia más amplia, pero convendría entender que los resultados electorales —como una expresión institucional— son fundamentalmente el fruto de procesos que se dan más allá de las instituciones. Es en la vida cotidiana y, sobre todo, en el conflicto, donde se genera la subjetividad o conciencia de clase que permite sumar fuerzas para ganar elecciones y para transformar la sociedad. Y es verdad que la vida cotidiana se ve afectada también por las decisiones institucionales, de ahí que reconozcamos su papel transformador, pero sobre todo por vivencias que van más allá del sistema político en sí.

Es en el conflicto social (sea un desahucio, un ERE o los recortes en sanidad y pensiones) donde emergen las contradicciones más agudas entre el sistema económico y la vida misma, y es precisamente ahí donde pueden surgir nuevas subjetividades, es decir, nuevas concepciones del mundo y nuevos comportamientos electorales. El punto central aquí es entender qué significa politizar. Ya sabemos que la gente siente dolor como consecuencia del conflicto. Ahora bien, politizar puede entenderse como el desplazamiento de ese dolor al terreno institucional, como cuando el partido opera como simple denunciante o incluso como, permítaseme el comentario, abogado defensor. O podría interpretarse politizar como el proceso por el cual el dolor, que es primario, se convierte en compromiso político, es decir, que asciende hasta la conciencia completa del fenómeno que causa el dolor. A mi juicio, esta última interpretación es la correcta. Y cuando en el siguiente capítulo veamos cuáles fueron las prácticas del movimiento obrero en el siglo XIX, se comprenderá que se pretendía precisamente esto mismo.

4

Estado e instituciones

Si algo ha quedado claro durante la presente crisis es que el Estado ha actuado en beneficio de las grandes empresas y, particularmente, de los bancos. La doctrina de socialización de las pérdidas y privatización de las ganancias parece ser la que ha estado en la cabeza de los Gobiernos de toda Europa y Estados Unidos durante las últimas décadas, pero a raíz de la crisis, la situación ha empeorado. En España, sin ir más lejos, se han perdido ya más de 60.000 millones de euros en el rescate a los bancos y cajas de ahorro, y la cifra podría ser aún mayor porque la cantidad comprometida supera los 120.000 millones de euros. También en los últimos años se ha procedido al rescate de las autopistas que han entrado en quiebra, por cantidades superiores a los 5.000 millones de euros, y de proyectos de empresas constructoras que han sido un fracaso, como el conocido proyecto Castor de la empresa de Florentino Pérez (1947) que ha costado 1.350 millones a las arcas públicas. Estas cantidades contrastan con los recortes presupuestarios en partidas sociales como sanidad, educación, cultura, dependencia, servicios sociales, etc., pero también contrastan con el desprecio con el que se ha tratado a familias y pequeñas y medianas empresas que, también como consecuencia de la crisis, quebraban sin que nadie las ayudara.

Es conocido que en *El manifiesto comunista* aparece la definición del Estado como «la comisión que administra los negocios comunes de toda la clase burguesa»,[1] algo que parece encajar con la descripción que acabamos de hacer. No obstante, tampoco Marx desarrolló nunca una teoría del Estado y entre sus textos pueden encontrarse diferentes interpretaciones, algunas ciertamente elaboradas, de lo que realmente es el Estado. No podemos olvidar el carácter propagandístico que tenía *El manifiesto*, de modo que no es conveniente limitarnos a esa lectura. Así pues, la interpretación sobre qué es el Estado para la tradición marxista continúa abierta a día de hoy. Y eso no es una cuestión baladí porque, como también ocurre con otros debates que parecen solo teóricos, de ello depende nuestra práctica política.

En efecto, si el Estado es simplemente un instrumento al servicio del capital, ¿por qué hemos de aspirar a conquistar el poder dentro de sus instituciones? ¿No será más conveniente, por el contrario, destruir el Estado? Esta fue, de hecho, una de las importantes discusiones que separó definitivamente a las tradiciones comunista y anarquista. Pero sí, en cambio, el Estado es un terreno neutral cuya actuación depende de la clase que está en el poder, ¿no significa acaso que es perfectamente posible una transición pacífica y ordenada hacia el socialismo? ¿No estaríamos ante la demostración de que las insurrecciones armadas son vías innecesarias cuando existen alternativas? Como se verá, también esto supuso una ruptura muy importante entre las posturas reformistas, que creían en la conquista

1. K. Marx y F. Engels, *El manifiesto comunista*, Península, Barcelona, 2017.

progresiva del socialismo desde dentro del capitalismo, y las posturas rupturistas, que defendían lo contrario.

Los debates históricos a los que acabamos de hacer mención tienen también ecos en la actualidad. Por ejemplo, en la reciente discusión sobre si la izquierda ha de estar más en la calle o en las instituciones. En realidad, es fácil darse cuenta de que la respuesta depende de la concepción que tengamos del Estado. Si pensamos que la sociedad puede evolucionar hacia el socialismo mediante la conquista gradual a través de las instituciones, es probable que pensemos que estas deben tener el mayor peso en nuestra práctica política. Si, por el contrario, creemos que las instituciones siempre son sesgadas, es decir, que condicionan la política a favor de la clase dominante, tenderemos a creer que la práctica política en la sociedad civil es mucho más relevante. E incluso es posible creer en una cierta compaginación de ambos instrumentos. En definitiva, tenemos una importante casuística que depende de las concepciones teóricas de partida. ¡Qué importante es la teoría!

Finalmente, debemos añadir que hoy casi nadie defiende una insurrección armada. El terreno de juego que se ha aceptado es el de la democracia liberal, con sus elecciones competitivas y sus partidos políticos. Esos mismos mecanismos condicionan de múltiples formas la práctica política de las organizaciones comunistas. Por un lado, es evidente que suponen una retracción de recursos más que importante hacia la esfera meramente electoral. Eso puede ir en perjuicio de los recursos destinados a, por ejemplo, construir tejido social en la sociedad civil. Por otro lado, como las reglas democráticas no son las mismas en todas partes, y como las leyes electorales también cambian, las organizaciones comunistas tienen que saber tomar decisiones en la práctica que difieren de las de otras organizaciones vecinas. A veces las leyes electorales fuerzan alianzas no deseadas y otras veces permiten la autonomía plena de las organizaciones. Pero siempre, y esto es importante, implican la regla de la mayoría, es decir, que las organizaciones han de luchar por conseguir el apoyo de la mayoría de la población si quieren ganar. Eso supone, a su vez, tener en cuenta la estructura de clases del país y saber orientar bien todas las prácticas políticas. Al fin y al cabo, no es lo mismo pretender ganar las elecciones con un discurso dirigido a la clase obrera industrial que hacerlo dirigiendo el discurso a una heterogénea clase trabajadora que está, además, altamente fragmentada.

Todas estas cuestiones son las que trataremos en este capítulo, con el convencimiento de que tras su lectura tendremos una visión mucho más clara de lo que realmente son el Estado y la política. Si esto es correcto, entonces estaremos en mejores condiciones para tomar decisiones adecuadas como dirigentes de organizaciones comunistas.

El Estado, el Parlamento y las instituciones

Como hemos dicho, Marx no elaboró ningún análisis teórico del Estado capitalista. Tenía pensado escribir un volumen de *El capital* sobre esta cuestión, pero no pudo hacerlo. Lo que se puede interpretar de su visión sobre el Estado se obtiene de sus escritos filosóficos, sus textos periodísticos, algunos fragmentos dentro de obras mayores o de sus cartas. Curiosamente, muchos de sus discípulos, como Engels, Lenin, Trotski o Gramsci, tampoco trataron de forma específica el Estado. Lo normal es encontrarse con textos que definen con vaguedad, en el mejor de los casos, el propio Estado y sus instituciones. Por si fuera poco, en muchas ocasiones estas formas de definir y tratar al Estado son inconsistentes entre sí. En consecuencia, como dice Robert Jessop (1946), no es «posible obtener una teoría marxista única, coherente y unitaria de los varios estudios que Marx y Engels presentaron respecto al Estado y la acción política».[2] De hecho, este autor ha encontrado seis definiciones del Estado con las que trabajó Marx a lo largo de toda su trayectoria.[3] Vamos a ver las más relevantes, una a una, para tratar de analizar si alguna de ellas nos es útil para entender el mundo en el que vivimos.

En primer lugar, Marx ve al Estado como una mera institución parasitaria que no juega ningún rol en la producción ni en la reproducción económica. Esta visión corresponde a sus primeros escritos, cuando todavía está inmerso en la filosofía hegeliana y tiene los ojos puestos en el reino de Prusia. Marx está de acuerdo con Hegel en que el Estado y la sociedad civil son dos esferas distintas, pero no aprueba que el Estado pueda situarse por encima argumentando que representa el interés general. Cree, por el contrario, que la sociedad civil está formada por intereses antagónicos, resultado de un sistema de propiedad privada y competición, que hacen imposible la existencia de algo como el interés general. Así, los burócratas y oficiales que están en el Estado, explotando y oprimiendo a la sociedad civil, en realidad solo se representan a ellos mismos o a determinados grupos sociales cuyos intereses no pueden nunca ser los del conjunto de la población. En consecuencia, si la libertad quiere ser conquistada, dice Marx, hay que abolir la propiedad privada y el Estado. Solo así el ser humano podrá desplegar todas sus capacidades.

En esta concepción, Marx hace una crítica acertadísima del llamado interés general, que es un intento de reconstruir en el imaginario una unidad que ciertamente no existe en la socie-

2. B. Jessop, *The capitalist state*, Martin Robertson, Oxford, 1982.

3. B. Jessop, *State theory. Putting the capitalist state in its place*, Polity Press, Cambridge, 1996.

dad. Sin embargo, la crítica de Marx en este punto no va más allá, y no la conecta con el modo de producción capitalista. Curiosamente, en los últimos años ha tenido bastante éxito el concepto de élites extractivas, popularizado en los medios de comunicación, que tiene rasgos compartidos con esta definición de Marx.

En segundo lugar, Marx describe al Estado como un epifenómeno, o reflejo, del sistema de relaciones de propiedad y como resultado de las luchas económicas de clase. Según esta visión, el Estado es un mero reflejo de lo que ocurre en la base económica. Así, si quien domina la producción es la burguesía, entonces la ley y el Estado siempre responderán a los intereses de los burgueses. No se concede autonomía al Estado, es decir, no tiene condición de sujeto, sino que simplemente operaría como eco de lo que sucede en la economía. Desde este punto de vista, el Estado siempre actúa para preservar los intereses de la clase dominante, que bajo el capitalismo es la burguesía. Así, cuando el capitalismo tiene una necesidad, el Estado está ahí para satisfacerla.

Esta fue, además, la interpretación dominante en los tiempos de la Segunda Internacional, y como dice Jessop, «también implica que la acción política no puede alterar la base económica o la naturaleza de las relaciones de clase hasta que los factores económicos mismos permitan o requieran tal alteración».[4] Es claramente la descripción del Estado que corresponde a la visión más determinista del marxismo, aunque involucra una serie de contradicciones irresolubles. Si efectivamente el Estado es el reflejo de los intereses de la burguesía, ¿cómo podríamos explicar el desarrollo de las conquistas sociales, contrarias al interés de los capitalistas? Lo que parece evidente es que la historia ha demostrado que el Estado puede

4. B. Jessop, *The capitalist state*, Martin Robertson, Oxford, 1982.

actuar no solo en contra de la burguesía, sino incluso a favor de la clase trabajadora, con leyes y prácticas que han sido duramente atacadas por la clase dominante.

En tercer lugar, Marx y Engels también llegan a describir al Estado como un factor para la cohesión. Según esta visión, dado que la sociedad está llena de conflictos de clase y estos pueden amenazar la existencia del propio sistema, el Estado es útil para mitigar esos conflictos y garantizar así la reproducción del sistema.

Sin embargo, este enfoque falla en identificar los medios a través de los cuales el Estado realiza esta función. Por otra parte, desde esta visión es difícil explicar la emergencia de una crisis revolucionaria y la transición de una época a otra. ¿Suceden las crisis porque falla el Estado? Finalmente, con esta descripción se corre el riesgo de creer que los conflictos de clase se pueden resolver con la mediación de una tercera entidad aparentemente neutral, lo que es contrario al centro del pensamiento marxista.

En cuarto lugar, Marx y Engels ven al Estado como un instrumento de dominio de clase. Este es, de lejos, el enfoque más común dentro de la tradición marxista. Desde este punto de vista, el Estado es neutral, como una máquina, y puede ser usado por cualquier clase social.

Ahora bien, este enfoque encuentra dificultades para explicar situaciones en las que el Estado adquiere una considerable capacidad de independencia de la clase dominante debido a un más o menos temporal equilibrio en la lucha de clases, como sucedió con el ascenso de Luis Bonaparte estudiado por Marx en *El 18 Brumario*. Al mismo tiempo, también puede caer en una visión voluntarista, según la cual es posible que la clase trabajadora tome el control del Estado y haga lo que le parezca oportuno. Es común en muchas corrientes del marxismo, sobre todo en el reformismo, considerar que el Estado es neutral y que la clase trabajadora se encaminará hacia el socialismo una vez que tome el control del Estado. Sin embargo, esto es contrario a la tesis marxista sobre contradicciones de clase y también a la evidencia histórica. Cuando determinados partidos políticos de la clase trabajadora han alcanzado gobiernos, sean locales, regionales o incluso nacionales, ¿cómo se puede explicar la reproducción del capitalismo con la clase burguesa ausente de ese poder?

Y en quinto lugar, Marx y Engels ven al Estado como un sistema de dominación política de clase compuesto por un conjunto de instituciones diferentes, que tiene efectos específicos sobre la lucha de clases. Esta descripción es claramente la más completa y fructífera. Es el tipo de interpretación que hace Marx en sus obras de análisis de la coyuntura política para tratar de explicar qué fracción o clase social controla cada parte de la estructura institucional del Estado. Así, el Estado contendría diferentes niveles en los que participan personas especializadas en la administración o la represión, por ejemplo, y sin embargo su naturaleza depende de la lucha de clases y de cómo es la propia arquitectura institucional. No habría dos Estados iguales. No obstante, en este caso es como si el Estado tuviera autonomía completa y no dependiera en absoluto del imperativo de la acumulación capitalista, algo improbable.

Como se puede comprobar, el tratamiento del Estado por parte de Marx y Engels fue difuso y lúcido al mismo tiempo. Cada una de sus interpretaciones entremezcla elementos de otras interpretaciones y todas ellas tienen algo que se nos sugiere cierto, pero también fallas que parecen no ajustarse por completo a lo que vemos día a día. Sin duda, la definición de lo que es un Estado es una de las cosas más difíciles que existen en ciencias sociales, más aún cuando depende de tantísimas otras variables y contextos diferentes. Para empezar, porque no está claro si es una cosa (apropiable), un sujeto (con intenciones) o una relación (que articula). Aun así, como decíamos al principio, es fundamental para poder actuar políticamente. Al final de este epígrafe proporcionaré algunas ideas que considero correctas a la hora de tratar con el Estado, basadas en la interpretación del Estado como relación.

Antes, conviene aproximarnos a una de las principales concepciones del Estado que hay en la tradición marxista. Me refiero, claro está, a la de Lenin. Su concepción teórica más conocida sobre el Estado, basada parcialmente en Marx, es la que escribió en 1917 en *El Estado y la revolución*, antes de la Revolución de octubre. En ella Lenin apuesta por la destrucción del Estado, al presentarlo como un órgano de dominación de una clase por otra, al que por lo demás identifica con la democracia burguesa. De hecho, Lenin considera que «las formas de los Estados burgueses son extraordinariamente diversas, pero su esencia es la misma: todos esos Estados son, bajo una forma u otra, pero, en último resultado, necesariamente, una dictadura de la burguesía». Por lo tanto, el objetivo, dice Lenin, es acabar con el Estado, y advierte que «la sustitución del Estado burgués por el Estado proletario es imposible sin una revolución violenta», mientras que «la supresión del Estado proletario, es decir, la supresión de todo Estado, solo es posible por medio de un proceso de extinción».[5] Esta visión, muy condicionada por el contexto económico y político de Rusia, se convirtió en dominante para todos los partidos marxistas en los años de entreguerras en toda Europa. No obstante, Lenin se mantuvo fiel a la tradición marxista en su visión de las elecciones, a las que recomendó acudir a los partidos marxistas, si bien siempre como un instrumento de propaganda más.

Al analizar la situación rusa, Antonio Gramsci, fundador del Partido Comunista Italiano, desarrolló su propia visión.

5. V. Lenin, *El Estado y la revolución*, Público, Madrid, 2009.

No obstante, su obra es dispersa y está sujeta a múltiples y muy diferentes interpretaciones porque gran parte del material publicado de Gramsci fue escrito mientras estuvo preso en una cárcel fascista bajo el mandato de Benito Mussolini (1883-1945), quien además había sido compañero suyo en el pasado.

Como vimos en el capítulo 2, Gramsci escribió que la Revolución rusa de 1917 había sido una «revolución contra *El capital*», en tanto que tuvo lugar en un país atrasado desde el punto de vista económico y sin relaciones de clases puramente capitalistas. Como es sabido, Marx y Engels esperaban que la revolución tuviera lugar en los países más avanzados, de acuerdo con su visión de la historia y del desarrollo de las sociedades. A raíz de esta contradicción, Gramsci comenzó a interesarse por las condiciones para una revolución en las sociedades capitalistas más avanzadas y, naturalmente, su crítica fundamental se dirigió al economicismo en el que se basaban el materialismo histórico y gran parte de los trabajos marxistas de la época. Eso no quiere decir que rechazara el papel de la economía, aunque probablemente infravaloró su peso, sino que estaba más interesado en los factores socioculturales que explicaban por qué, en las sociedades más avanzadas, la clase trabajadora no había podido iniciar una revolución exitosa. Desde su punto de vista, estos factores socioculturales, especialmente los ideológicos, eran de enorme importancia para explicar las acciones de las clases en lucha. Y el Estado jugaba un papel fundamental en el marco de esas luchas.

Para Gramsci, el Estado es un instrumento de dominación de clase que tiene la capacidad de asegurar los intereses a largo plazo de la burguesía a través de su práctica política, la cual no es simplemente económica o reguladora ni tampoco siempre a favor de la burguesía. Por el contrario, el Estado puede facilitar concesiones a las clases subordinadas para asegurar el consenso de los dominados, esto es, para que las clases explotadas no tengan incentivos para hacer la revolución. El Estado incluso puede actuar para desmovilizar a la clase trabajadora, bien a través de la represión, bien a través de prácticas socioculturales que desanimen sus pretensiones revolucionarias. Así, el Estado dispone de un complejo y enorme abanico de prácticas que tienen como objetivo mantener la dominación de clase, ya sea a partir de la coerción, ya sea a partir del consenso. La coerción, o empleo de la fuerza, es la parte más visible del Estado y reconocible por todos los actores en lucha. Sin embargo, el consenso o hegemonía es el instrumento más inteligente porque consigue la aceptación de los dominados sin necesidad de recurrir a la fuerza; algo que se obtiene a través del ejercicio del liderazgo moral, intelectual y político.

Como consecuencia, la clase trabajadora debe organizarse como partido y este debe trabajar para desarticular los vínculos socioculturales que el Estado ha establecido en las masas trabajadoras. El partido debe luchar contra el consenso impuesto por el Estado, ofreciendo una visión alternativa favorable a los intereses de la clase trabajadora. En contraposición al Estado, el partido debe configurarse como líder intelectual y moral que constituya y reproduzca la voluntad de la clase trabajadora. Es decir, el partido ha de construir una visión del mundo alternativa a la de la burguesía.

Con estos razonamientos, Gramsci fue capaz de explicar por qué la revolución no había tenido lugar en los países occidentales más industrializados. Sin embargo, todavía faltaba explicar cómo se había producido en Rusia y cómo tendría que hacer la revolución un partido comunista en Occidente. La explicación que dio Gramsci tiene que ver, también, con el papel del Estado. Entendido este como un entramado institucional, Gramsci vio que en Rusia era suficientemente débil como para que un pequeño grupo de trabajadores tomara por asalto el Palacio de Invierno. Por el contrario, en las sociedades más desarrolladas el Estado tenía a su disposición un importantísimo número de instituciones adicionales, incluidas las culturales, que hacían inviable replicar la experiencia rusa. De acuerdo con esto, la estrategia tenía que ser diferente. Así, Gramsci llama «guerra de maniobra» a la estrategia de insurrección rusa, mientras que llama «guerra de posiciones» a la estrategia que habrían de seguir los partidos comunistas en las sociedades desarrolladas.

Es importante entender que Gramsci subraya la fragilidad del equilibrio en el que se sustenta la dominación de clase burguesa. Por una parte, porque la burguesía no domina en solitario, sino que lo hace a través de una alianza con otras fracciones de clase, cuyo resultado es el denominado bloque en el poder. Esa alianza podía tener sus momentos débiles porque su reproducción dependía de sacrificios mutuos que hacían las diferentes partes de la alianza. Pero, además, Gramsci sugería que las crisis económicas podían devenir en crisis orgánicas que hicieran perder a la clase dominante su hegemonía a través del Estado. Esa crisis suponía también una crisis de la representación política y de todas las variables socioculturales que sostenían la hegemonía. Así, ese tipo de eventos eran en realidad oportunidades para disputarle la hegemonía y, por ende, también el poder en las sociedades desarrolladas. Sin embargo, nada está escrito de antemano y la crisis podría resolverse tanto por un proceso de restauración del bloque en el poder como por la llegada de otro nuevo bloque compuesto por la clase trabajadora. Que sucediera una u otra cosa dependía de la capacidad y las prácticas de las clases en lucha.

Más tarde, uno de los autores que recogió la estela tanto de Lenin como de Gramsci y que más profundizó en el estudio del Estado fue Nicos Poulantzas (1936-1979).[6] Para este autor, lo que define al Estado es su rol para cohesionar una sociedad dividida en clases más que el hecho de ser un instrumento institucional específico. Su forma particular depende en cada momento del tipo de modo de producción y de la formación social (un concepto que significa la sociedad como un todo, más amplio que el modo de producción). Pero, sobre todo, el Estado refleja y condensa las contradicciones entre las clases sociales, de tal manera que «las prácticas políticas son siempre prácticas de clase y el poder estatal es siempre el poder de una clase definida cuyos intereses se corresponden con los del Estado».[7] Eso no significa que el Estado sea un simple instrumento de la clase dominante, sino que es un espacio, o relación social, en que se condensan las contradicciones de clase y que además tiene efectos sobre la lucha de clases. Finalmente, como dice Jessop, Poulantzas niega que «la ideología dominante sea una exclusiva creación de la clase dominante y que tenga un contenido dado y unitario determinado fuera de la lucha de clases ideológica. En vez de eso, incluye elementos de la ideología de la pequeña burguesía y de la clase trabajadora como condición para cementar exitosamente la cohesión social en una sociedad dividida en clases».[8]

Hasta aquí hemos visto bastantes interpretaciones diferentes del Estado y hemos dejado fuera otras muchas.[9] Es un

6. N. Poulantzas, *State, Power, Socialism*, Verso, Londres, 2014; N. Poulantzas, *Poder político y clases sociales en el Estado capitalista*, Siglo XXI, Madrid, 1973.

7. B. Jessop, *The capitalist state*, Martin Robertson, Oxford, 1982.

8. *Ibídem.*

9. En particular, he dejado fuera las interpretaciones posmodernas, surgidas de las nuevas transformaciones económicas de las últimas décadas. La razón tiene que ver con el espacio, pero también porque no las considero suficientemente útiles.

fenómeno casi imposible de definir y para el que reina la anarquía teórica. Al fin y al cabo, no parecen existir dos Estados iguales en todo el mundo capitalista. A mi juicio, el Estado es una relación social, es decir, una entidad que articula y condensa diferentes contradicciones de clase que están presentes en la sociedad. Esas contradicciones se manifiestan en forma de dominio de unas clases por otras, siempre organizadas en forma de bloques o alianzas, y en cualquier caso supeditadas a los imperativos de la acumulación del capital. Esta definición, un tanto críptica, no pretende describir con precisión al Estado en su condición teórica, sino que trata de representar lo que realmente ocurre en nuestra sociedad capitalista. Trataré de justificarlo.

Por un lado, el Estado no es una cosa porque rechazo que sea un instrumento neutral que pueda ser utilizado por la clase trabajadora sin ningún tipo de condicionamiento estructural. Hemos visto en los lugares donde ha gobernado alguna organización socialista que, efectivamente, no es tan fácil como usar una máquina neutral. Por otra parte, el Estado no es tampoco un sujeto con voz e intereses propios que se eleve por encima de las clases, puesto que sus acciones siempre están motivadas y tienen efecto sobre la lucha de clases. No hay entidad aparte de la lucha de clases. El Estado es, más bien, una relación social que condensa y articula todas las contradicciones de clase que hay en la sociedad.

Además, el Estado no es una entidad única, sino un conjunto de instituciones, cualquiera de las cuales representa una correlación de fuerzas distinta. En un ayuntamiento, una región o en el Gobierno de la nación pueden darse correlaciones muy diferentes. La cristalización final es más bien la condensación de todas esas contradicciones. Las clases maniobran con todos los instrumentos a su alcance —económicos, culturales, ideológicos— para alcanzar la hegemonía. Esa dominación nunca es neutra, sino que representa un dominio de clase, esto es, refleja la defensa de unos intereses por encima del resto.

Y, finalmente, algo muy relevante, el Estado nunca se eleva por encima de los imperativos económicos que impone la acumulación del capital. Cualquier Estado, para ser un Estado capitalista, necesita satisfacer los requerimientos de la acumulación de capital para no entrar en crisis. En suma, y de acuerdo a nuestros propósitos, llegar al Gobierno del Estado no implica ni que se controle el Estado ni que se neutralice la lógica capitalista. Las transformaciones recientes del Estado-nación, en las condiciones de la globalización neoliberal, llevan esa dependencia a niveles extraordinarios. Dicho de otra forma, si la clase trabajadora tiene previsto tomar el Estado para anular la lógica de la ganancia, ha de planificar la forma de sustituir esa lógica por otra distinta, lo que implica sustituir también las relaciones económicas establecidas con otras partes del mundo y que proporcionan el soporte material del Estado. No es tan fácil como decretar la salida del capitalismo y la entrada en el socialismo. Los imperativos económicos son… imperativos.

En efecto, hasta la sustitución del modo de producción capitalista, el propio Estado depende de los ingresos que proceden de la esfera productiva, la cual depende, a su vez, de las ganancias de las unidades económicas. Si además tenemos en cuenta que el Estado se inserta en una economía mundial, se ve que no puede, por decirlo de alguna forma, hacer lo que le dé la gana. Seguirá sometido a la lógica de la competencia y de la ganancia. Y eso sin contar con los arreglos institucionales que pueden existir y que, hasta cierto punto, también pueden considerarse parte del Estado. Pero algo más común es entender que las contradicciones de clase se agudizarán con la clase trabajadora en el poder y, por ejemplo, los técnicos o funcionarios del Estado pueden volverse en contra de la clase trabajadora y boicotear cualquier acción de gobierno. Esto es algo bastante más común de lo que parece, y fue también lo que le sucedió a la Unión Soviética en sus primeros años de vida. Al fin y al cabo, los funcionarios y técnicos que sabían hacer las cosas, que estaban cualificados para ello, eran en su mayoría partidarios del antiguo régimen y no estaban muy por la labor de colaborar, sin contrapartida, con la nueva clase en el poder.

Como veremos a continuación, se sigue de esta apuesta una lógica estratégica diferente a la de la insurrección armada y diferente también a la de la vía parlamentaria al socialismo. De ahí que esté en contra de la necesidad de irrumpir con las armas en el Estado, pero también en contra del cretinismo parlamentario que considera, como el revisionismo o la corriente eurocomunista, que dedicando toda nuestra energía a la vida parlamentaria será posible transformar nuestra realidad económica y social.

El dilema electoral

Como hemos visto, la tradición marxista ha debatido la cuestión del Estado de forma insistente. De esos debates han salido posicionamientos políticos, como los de participar en las elecciones. Algo que hoy parece muy evidente, pero que no siempre fue así.

Recordemos que el movimiento socialista de mediados del siglo XIX entendía que la revolución socialista tenía que hacerse de la misma manera que la revolución burguesa lo había hecho al enfrentarse a las estructuras feudales. El movimiento socialista se sentía heredero de revoluciones como la francesa, solo que denunciaba que aquella revolución no se había completado. Completarse era, nada más y nada menos, que la democracia llegara al ámbito económico y social y no solo al político. Pero las formas de la Revolución francesa, esto es, al modo de una insurrección armada, eran la referencia.

Sin embargo, a diferencia del régimen feudal, en los recientes instaurados sistemas burgueses se habían implantado mecanismos democráticos que permitían la representación de la clase trabajadora. En esas condiciones, la decisión que tenía que tomar el movimiento obrero era si participaba o no en dichas instituciones democráticas. ¿Había que construir un mundo al margen de las instituciones burguesas y que aspirase a sustituir su sistema o, por el contrario, había que luchar también a través de las instituciones políticas del sistema burgués? Por un lado, las corrientes anarquistas denunciaron la participación porque, según su visión, ello fortalecía al sistema burgués y detenía la revolución socialista. Por otro lado, las corrientes marxistas consideraron que había que aprovechar esas oportunidades por muy deficitarios que fueran los instrumentos de representación. El final de la Primera Internacional vino marcado por esos debates, en los que la posición marxista fue mayoritaria. La mayoría de los nuevos partidos socialistas fundados entre 1884 y 1892 adoptaron las posiciones marxistas en esta cuestión.[10]

Sin embargo, los partidos socialistas no entraron en la disputa electoral asumiendo las tesis de los liberales sobre las capacidades del sistema burgués. De hecho, los partidos socialistas participaban en los parlamentos con un objetivo de propaganda, pues consideraban las instituciones burguesas útiles como altavoz para hacer llegar sus demandas al conjunto de la población y, muy especialmente, a la clase trabajadora. Además, muchos de esos partidos juraron no entrar en ningún caso en alianzas con los partidos liberales o demócratas radicales. La concepción de los partidos socialistas de la época era que el objetivo real estribaba en construir una sociedad

10. A. Przeworski, *Capitalism and social democracy*, Cambridge University Press, Cambridge, 1985.

paralela a la burguesa, utilizando todos los instrumentos posibles a su alcance, sin comprometerse ni inmiscuirse en asuntos internos de la burguesía. Así, el compromiso electoral era puramente instrumentalista. Antes de 1914 solo se dieron unas pocas excepciones en lo que se refiere a la conformación de Gobiernos en alianza con partidos liberales, y siempre estuvieron sometidos a una gran polémica.[11]

Además, los partidos socialistas desconfiaban absolutamente de la disposición de la clase burguesa a aceptar los resultados electorales si estos reflejaban que la clase trabajadora era mayoría. Había una creencia generalizada, ya anticipada por Engels, sobre que la revolución sería de todos modos necesaria para defender el poder recibido en las urnas. Si la clase trabajadora se hacía mayoría, y los partidos socialistas así lo creían, tarde o temprano la reacción utilizaría la fuerza para acabar con ellos. En consecuencia, los partidos socialistas estuvieron siempre atentos a los posibles movimientos de la reacción y no dejaron de preparar la revolución en ningún momento.

Las huelgas de los trabajadores que tenían como objetivo la conquista de nuevos derechos de sufragio fueron exitosas en muchos países, como Suecia o Bélgica. Mientras, crecía la percepción de que el poder político era necesario para preservar muchas conquistas sociales y económicas y, sobre todo, para evitar la represión sobre la clase trabajadora. Además, se imponía la idea de que los trabajadores tenían que organizarse como clase porque, de lo contrario, votarían sobre la base de otras identificaciones, fueran religiosas o de cualquier otra naturaleza. Así, la participación electoral se convirtió poco a poco en un instrumento recurrente para la clase trabajadora. Es más, al final de su vida, Engels llegó a decir que «está abso-

11. A. Przeworski, *Capitalism and social democracy*, Cambridge University Press, Cambridge, 1985.

lutamente fuera de duda que nuestro partido y la clase obrera solo pueden llegar a la dominación bajo la forma de la república democrática. Esta última es incluso la forma específica de la dictadura del proletariado, como lo ha mostrado ya la gran Revolución francesa».[12] Su defensa de la democracia tenía que ver también con la dificultad que implicaba, a esas alturas del desarrollo tecnológico, la insurrección armada.

En cualquier caso, los socialistas entraron en las elecciones creyendo que terminarían ganándolas si conseguían el sufragio universal. La predicción marxista era, como vimos anteriormente, que la dinámica capitalista polarizaría la sociedad de tal manera que el número de proletarios crecería absorbiendo a otros estratos sociales. Así, si el proletariado era mayoría numérica en la sociedad, con un sistema electoral justo también conseguiría ser mayoría política en las instituciones. El sufragio universal parecía garantizar la victoria socialista. Incluso, como dice Przeworski, «para los socialdemócratas la necesidad de depender de una insurrección de una minoría significaba solo que las condiciones para el socialismo no estaban aún maduras».[13] Según su punto de vista, era cuestión de tiempo que las condiciones maduraran y permitieran a los partidos socialistas ser los representantes de las mayorías. Y durante las últimas décadas del siglo XIX en todas partes de Europa, los partidos socialdemócratas crecieron en apoyo de forma continuada.

Sin embargo, las transformaciones en la estructura de clases de la que hablamos en el anterior capítulo hicieron que, en nin-

12. F. Engels, *Contribución a la crítica del proyecto de programa socialdemócrata de 1891*, 1891, disponible en https://www.marxists.org/espanol/m-e/1890s/1891criti.htm

13. A. Przeworski, *Capitalism and social democracy*, Cambridge University Press, Cambridge, 1985.

guna parte del mundo, el proletariado, entendido como trabajador industrial, se convirtiera en mayoría cuantitativa. Y ello implicó un dilema también en términos electorales. Resultaba evidente que si eran minoría no podrían ganar las elecciones con un sistema que funciona por regla de mayoría, lo que significaba que habría que trabajar para llegar a otros grupos sociales distintos del proletariado. Como dice Przeworski, esto puso de relieve que «los socialistas deben elegir entre un partido homogéneo en su apariencia de clase, pero sentenciado a las derrotas electorales, y un partido que lucha por el éxito electoral al coste de diluir su carácter de clase».[14] Así comenzó un dilema que, en diferentes formas, llega hasta la actualidad.

La corriente revisionista de la que ya hemos hablado, con Bernstein a la cabeza, era también la más insistente en la necesidad de buscar apoyos en otras clases sociales. En concreto, sus esfuerzos se dirigían cada vez más a llegar al conjunto de la población que quedaba recogido en la vaga expresión de «clase media», y que era sustancialmente diferente de la clase trabajadora. Para ello, políticamente se utilizaron múltiples formas para definir esas alianzas deseadas. No obstante, cabe recordar que los autores revisionistas eran incluso más deterministas que los marxistas. Ellos pensaban que el socialismo llegaría inevitablemente cuando las condiciones estuvieran maduras, de modo que la lucha por las mejoras parciales y las alianzas con otras clases sociales no podrían detener la inexorable marcha hacia el socialismo. Al contrario, quizás esas prácticas pudieran acelerar la llegada del socialismo.

Lo que está claro, sin embargo, es que los revisionistas, una vez que ya dirigían los partidos socialdemócratas, pusieron en marcha una serie de prácticas políticas encaminadas a

14. A. Przeworski, *Capitalism and social democracy*, Cambridge University Press, Cambridge, 1985.

conseguir esas mayorías. Por un lado, modificaron sus programas políticos a fin de ofrecer medidas que pudieran ser del gusto de las diferentes partes de la alianza, renunciando a los programas maximalistas. Por otra parte, trataron de evitar parecer irresponsables ante el conjunto del país, en especial ante los estratos intermedios, para no perder sus necesarios votos. Y, finalmente, también cambiaron sus discursos. En vez de hablar de clase trabajadora, se optó por otros conceptos tales como pueblo o ciudadanos, que eran más generales. Sin embargo, eso también reducía la posibilidad de que los propios trabajadores pudieran alcanzar la conciencia de clase, es decir, pudieran verse a sí mismos como trabajadores y no como otra cosa. Pero incluso después de todo esto, los partidos socialdemócratas nunca consiguieron que esas alianzas fructificasen de forma que fueran mayoría. Es una paradoja que, como dice Przeworski, «los socialdemócratas parecen condenados a la minoría cuando son un partido de clase, y parecen igualmente relegados cuando buscan ser el partido de las masas, o de la entera nación».[15]

Con el tiempo, la socialdemocracia abandonó el marxismo, primero, y el reformismo, después. Tras la Segunda Guerra Mundial, la mayoría de los partidos socialdemócratas, con sus alas izquierdas ya escindidas en partidos comunistas, abrazaron las consignas del economista Keynes. Keynes era un liberal que se definía como burgués, pero su teoría servía para justificar la práctica política de los partidos socialdemócratas. Sin embargo, a partir de los años setenta y en plena ola neoliberal, el nuevo giro de la mayor parte de los partidos socialdemócratas hizo que dejasen de ser reformistas y comenzaran a ser partidos liberales con una impronta social.

15. A. Przeworski, *Capitalism and social democracy*, Cambridge University Press, Cambridge, 1985.

En nuestro caso, nos corresponde ahora repasar lo que hemos analizado sobre la clase y sobre el Estado para poder elaborar una estrategia política acorde con los tiempos actuales. Así, recordemos que en el capítulo anterior concluimos que la clase social se forma en el conflicto, que es el momento en el que se ponen de relieve las contradicciones del capitalismo y también el momento más adecuado para que la clase en sí pueda pasar a ser clase para sí. Lo que media es la intervención de una organización política, el partido. Así, el partido es una organización política cuyo objetivo, el socialismo, se ha de lograr a partir de una combinación de práctica política en la sociedad civil, estando en el conflicto, y de práctica política en las instituciones, participando en las elecciones. Evidentemente, el partido tiene que elegir bien cómo combina ambos espacios, atendiendo a los recursos disponibles y también al contexto político. En cualquier caso, y siguiendo aquí a Gramsci, un Estado no se conquista solo a través de las instituciones, sino que necesita la hegemonía en el conjunto de la sociedad civil. Las ideas de la clase trabajadora, y por ende del partido, han de convertirse en las ideas dominantes de la sociedad, en el sentido común de época. Y para ello la participación en las instituciones ha de considerarse como un instrumento, y no como un fin. Tal y como hemos visto, el movimiento obrero del siglo XIX tenía muy claro esto y ponía sus activos institucionales al servicio de la creación de una sociedad paralela en la que las ideas dominantes eran las socialistas. Es, desde mi punto de vista, la única forma de escapar de las trampas de las propias instituciones del Estado.

Sin embargo, la inercia de las instituciones del Estado no es el único obstáculo. Rosa Luxemburgo supo ver, por ejemplo, que, en el marco de un sistema electoral burgués, la clase trabajadora aparece en política como un sujeto indiferenciado, como simples ciudadanos o consumidores, y no como una categoría o clase propia. Así, aunque una clase social haya logrado constituirse como partido, una vez que entre en las instituciones no aparecerá como tal, sino como una institución más sometida a las reglas burguesas. Además, como la lucha por el socialismo requiere organización, los partidos crean sus aparatos, una burocracia propia y otras instituciones nuevas, con lo que determinados militantes se van aburguesando y asumen roles propios de la pequeña burguesía. Dado que un partido tiene sus propios representantes en las instituciones, que son los que representan teóricamente a su base social, esto puede desmovilizar a las masas y sin duda puede causar un efecto de aburguesamiento sobre los partidos socialistas y sus propios dirigentes.

Esto es algo sobre lo que el sociólogo alemán Robert Michels (1876-1936) teorizó a principios del siglo XX, cuando formuló la llamada «ley de hierro de la oligarquía». Según esta, toda organización social, a medida que crece, necesariamente degenera en una forma burocratizada y controlada por una oligarquía. La obra de Michels pretendía describir precisamente a los partidos políticos, aunque su formulación se hace extensible a cualquier tipo de organización social. Según él, y recogiendo lo anterior, toda organización acaba tendiendo a la creación de liderazgos fuertes que operan en detrimento de la democracia interna. Para hacerse más operativos, los partidos sacrifican parte de su democracia interna.

Si eso es lo que efectivamente ocurre con los partidos políticos en la práctica, como asegura Michels, entonces el poder ni siquiera reside en todos los representantes, sino solamente en unos pocos. Esos pocos conformarían la oligarquía interna de cada partido, y esta se reproduciría a través de las redes clientelares que diseña y alimenta con su presencia en las instituciones. Esa oligarquía es lo que en términos coloquiales suele llamarse «el aparato». A partir de este razonamiento podemos visualizar que el escalón intermedio de la pirámide no está ocupado por todos los representantes, sino solo por unas oligarquías que, de hecho, ni siquiera tienen por qué ser cargos públicos.

Las apreciaciones de Luxemburgo y Michels son coherentes con lo que vemos en nuestra experiencia diaria, pero también con el recorrido histórico del movimiento obrero organizado. Por eso es importante que repasemos la cuestión del partido antes de adentrarnos en la más amplia de la democracia.

El partido político

En los últimos años han surgido nuevos partidos en España, mientras que otros han desaparecido o, cuando menos, se han debilitado. Además, han proliferado fórmulas mixtas que no son ni partidos ni meras aglomeraciones de personas, que se han llamado confluencias. Estas confluencias, apoyadas muchas veces por partidos pero no limitadas a estos, han evolucionado de formas muy diferentes entre sí, multiplicando los tipos de organización existentes en nuestro país. Y precisamente al calor de estos acontecimientos, en el ámbito de la izquierda han surgido importantes debates respecto al papel que han de jugar los partidos y las organizaciones políticas en general. Sin embargo, aunque algunos rasgos de estas confluencias y partidos pueden ser novedosos, como es el caso del rol que juega la tecnología, los debates últimos no son en absoluto un hecho nuevo.

Hemos considerado necesario profundizar en la relación que algunos clásicos, sobre todo Marx y Engels, pero también Lenin o Rosa Luxemburgo, tuvieron con las organizaciones políticas a fin de revelar que, efectivamente, algunos de los debates de estos últimos años ya se habían producido, lógicamente con matices, en otras partes y en otros momentos. El eje que nos va a guiar por este recorrido será la afirmación de que para los clásicos lo importante, no solo a efectos analíticos, sino también políticos, era la clase y no el partido. O, dicho de otra forma, que los partidos son meros instrumentos al servicio de un objetivo más grande.

De nuevo, conviene recordar que tampoco Marx ni Engels elaboraron una teoría sobre el partido político. Es más, su posición concreta sobre el partido fue evolucionando y adaptándose a las cambiantes situaciones históricas.[16] Sin embargo, si hubo algo permanente en la visión de Marx y Engels, fue su concepción de la organización como subordinada a la clase, en coherencia con toda su filosofía del materialismo histórico. A diferencia de lo que vendría después, con Lenin y los partidos comunistas occidentales, el foco de Marx y Engels no estaba puesto en las cuestiones organizativas, como si se pudiera crear un modelo organizativo universal válido para cualquier contexto y tiempo político, sino en la clase social y las distintas formas que esta podía tomar en cada momento histórico. Como se verá, esta es la tradición que algunos reclamamos y que tiene su eco en los trabajos de Rosa Luxemburgo.

Hacia 1844, Marx y Engels ya habían identificado al proletariado como la clase social que emanciparía a la humanidad del capitalismo, pero ni fundaron un partido político ni proporcionaron directrices sobre cómo habría de ser. En realidad, tanto Marx como Engels tenían gran fe en la capacidad de autoorganización de la clase trabajadora, la cual se formaría como clase en el curso del propio desarrollo capitalista. Eso sí, en ningún caso fueron ajenos a las organizaciones de trabajadores de su tiempo. Al contrario, dedicaron mucho tiempo

16. M. Johnstone, «Marx and Engels and the concept of the party», *Socialist Register*, 1967, pp. 121-158.

a dar consejo sobre los programas políticos y a recomendar acciones y estrategias a esas organizaciones. Pero debemos tener presente que la noción de partido político era muy diferente a la actual y, además, fue cambiando con el tiempo. De ahí que Marx hablara de partido en múltiples acepciones. En aquella época «partido» a veces significaba un conjunto de ciudadanos que compartían determinadas visiones filosóficas o político-ideológicas, pero sin organización alguna. Otras veces el partido era el conjunto de seguidores de alguna personalidad de referencia. En un sentido más amplio, el partido era identificado con algún grupo social o clase social. Y otras veces «partido» era como se llamaba a una organización política estructurada con sus afiliados, estatutos, reglas y programas propios.[17]

Marx y Engels crearon en 1846 los Comités Comunistas de Correspondencia, que tuvieron presencia en Bélgica, Inglaterra, Francia y Alemania y que ese mismo año se unieron a la Liga de los Justos, un partido revolucionario francés fundado en 1836. De aquella unión nació la Liga de los Comunistas, que en 1847 celebró su primer Congreso en Londres. Allí la nueva liga adoptó el lema «¡Proletarios de todos los países, uníos!» para sustituir el de «Todos los hombres son hermanos»,[18] y aprobaron normas internas para la selección de dirigentes, la rendición de cuentas y los revocatorios.[19] Por entonces, Marx y Engels hablaban de «nuestro partido» o incluso de «partido comunista» en el sentido de una sociedad de pensamiento, es decir, de un grupo de gente que compartía visiones políticas comunistas. Fue precisamente la Liga de los Comunistas la que

17. F. Fernández Buey, *Marx (sin ismos)*, El Viejo Topo, Madrid, 2009.

18. *Ibídem.*

19. Como luego tendremos ocasión de ver, estos planteamientos de democracia radical fueron heredados de la tradición republicana y nunca serían abandonados por los fundadores del socialismo científico.

les encomendó escribir *El manifiesto comunista* en apoyo de las revoluciones que en 1848 tenían lugar por toda Europa.

En *El manifiesto*, Marx y Engels presentan a los comunistas como una vanguardia teórica de la clase, pero advierten que «los comunistas no son un partido especial en comparación con los demás partidos obreros» y que «no tienen intereses diferentes a los del conjunto del proletariado».[20] Para entonces, los miembros de la Liga de los Comunistas no formaban un partido separado, sino que participaban dentro de otros partidos como los liberales o los cartistas. De hecho, la táctica de la Liga de los Comunistas variaba según los contextos de cada país, aunque había elementos comunes tales como evitar el aislamiento sectario y buscar los mejores lugares donde los comunistas pudieran ser escuchados por la clase trabajadora.[21]

Para complementar *El manifiesto comunista*, Marx y Engels escribieron un documento titulado «Peticiones del Partido Comunista de Alemania», que incluía diecisiete medidas para la revolución democrática en Alemania y algunos puntos del partido cartista. Por entonces, y coherentemente con su visión de la historia, Marx y Engels aspiraban a desencadenar una revolución democrática en Alemania —entonces bajo un sistema prácticamente feudal— que facilitara el terreno para una futura revolución socialista. Sin embargo, la burguesía alemana no se posicionó con el proletariado, como esperaban Marx y Engels, sino que se alió con los terratenientes para frenar cualquier revolución.[22]

20. K. Marx y F. Engels, *El manifiesto comunista*, Península, Barcelona, 2017.

21. M. Johnstone, «Marx and Engels and the concept of the party», *Socialist Register*, 1967, pp. 121-158.

22. A. Nimtz, «Marx and Engels. The unsung heroes of the democratic breakthrough», *Science & Society*, vol. 63, n.º 2, 1999, pp. 203-231.

La lección que sacaron de los fracasos revolucionarios de 1848 tenía que ver con el papel jugado por los demócratas liberales, a los que se acusó de indecisos, débiles y cobardes y de haberse aliado finalmente con la reacción y no con la revolución. Al mismo tiempo, se consideró que los trabajadores comunistas ya habían adquirido suficiente experiencia tras trabajar en el seno de las organizaciones demócrata-liberales, por lo que a partir de ese momento la recomendación fue organizar partidos exclusivamente de trabajadores.[23] Fue entonces cuando Marx y Engels escribieron el «Mensaje del Comité Central a la Liga de los Comunistas»[24] y concluyeron que, en las siguientes elecciones, los candidatos de los trabajadores deberían ir desligados de los candidatos democrático-burgueses. Además, siempre se debería tratar de que fueran miembros de la Liga y garantizar su independencia de los partidos liberales.[25] Según esta visión, «incluso allí donde no había opciones de ganar, los trabajadores deberían poner sus propios candidatos para preservar su independencia, para contar sus fuerzas y presentar ante el público su actitud revolucionaria y el punto de vista del partido».[26] No obstante, ese nuevo rumbo estratégico no supuso un cambio en la percepción de cómo deberían hacerse las próximas revoluciones: en el propio «Mensaje del Comité Central», Marx y Engels seguían afirmando que la revolución necesaria sería burgue-

23. M. Johnstone, «Marx and Engels and the concept of the party», *Socialist Register*, 1967, pp. 121-158.

24. K. Marx y F. Engels, «Address to the Central Committee to the Communist League», 1850, disponible en https://www.marxists.org/archive/marx/works/1847/communist-league/1850-ad1.htm

25. A. Nimtz, «Marx and Engels. The unsung heroes of the democratic breakthrough», *Science & Society*, vol. 63, n.º 2, 1999, pp. 203-231.

26. *Ibídem.*

sa, y que el proletariado debía ayudar a la pequeña burguesía a hacer esa revolución.

Durante 1860, Marx y Engels volverían a hablar de partido para referirse al movimiento de la clase trabajadora en su conjunto. Así, «donde quiera que existiera un movimiento real de la clase trabajadora y esta luchara contra el orden existente, incluso cuando estaba dirigido por gente con la que tenían enormes diferencias, se identificaban con el movimiento y lo veían como una manifestación del partido en el gran sentido histórico».[27] De hecho, Marx llegaría a decir de la Comuna de París, en 1871, que era «la hazaña más gloriosa de nuestro partido desde la insurrección parisiense de junio de 1848».[28]

Antes, en 1864, se fundó la Primera Internacional. Y como había ocurrido con la Liga Comunista, la fuerte influencia de Marx y Engels vino marcada por su capacidad teórica e intelectual. Aun así, ninguno de los dos consideró a la Primera Internacional como un partido político. De hecho, la Primera Internacional se parecía más a lo que hoy llamaríamos un movimiento social. Admitía tanto a individuos concretos como a organizaciones, y tenía un programa de mínimos más que de máximos. Es más, «durante los primeros años, Marx se limitó a incluir los documentos a aquellos puntos que permitían un acuerdo inmediato y una acción concertada por los trabajadores y daban alimento e ímpetu suficiente a los requerimientos de la lucha de clases y a la organización de los trabajadores en una clase».[29]

En el marco de la Primera Internacional, Marx escribió el documento inaugural y las reglas. Allí se afirmó que el deber

27. M. Johnstone, «Marx and Engels and the concept of the party», *Socialist Register*, 1967, pp. 121-158.

28. K. Marx y F. Engels, *La Comuna de París*, Akal, Madrid, 2010.

29. M. Johnstone, «Marx and Engels and the concept of the party», *Socialist Register*, 1967, pp. 121-158.

de la clase trabajadora era conquistar el poder político y que la emancipación de la clase trabajadora debía ser conquistada por la clase misma. Sin embargo, había diferencias en lo referido a la conquista del poder político. Por un lado, los anarquistas propugnaban el abstencionismo electoral. Como veremos en el próximo capítulo, era la inauguración de un debate de enorme actualidad. En todo caso, aquellos debates fueron saldados con la imposición, por parte de Marx y Engels, de un sistema de organización centralizado y efectivo. Con ello, precipitaron el final de la Primera Internacional.

Para entonces, la sociedad había cambiado mucho desde 1848 y algunos partidos de trabajadores habían ido conquistando un espacio importante a pesar de las limitaciones de los sistemas políticos. Especialmente en Alemania, que siempre fue un lugar de referencia para Marx y Engels.

En 1869, un año antes de la unificación alemana y la fundación del Imperio alemán, la asociación del dirigente revolucionario August Bebel (1840-1913) se unió con un sindicato de trabajadores alemán para fundar el Partido Obrero Socialdemócrata de Alemania (SDAP, por sus siglas en alemán) sobre la base de un programa influenciado por el marxismo. Marx y Engels se refirieron a este partido, por primera vez desde los tiempos de la Liga de los Comunistas, como «nuestro partido». Y en 1875, en el Congreso de Gotha, este partido se fusionó con la Asociación General de Trabajadores de Alemania (ADAV), dirigida por Ferdinand Lassalle (1825-1864), lo que dio como resultado la creación del Partido Socialista Obrero de Alemania (SAPD). A su vez, este partido cambió de nombre en 1891 para llamarse Partido Socialdemócrata de Alemania (SPD) —que aún sigue existiendo, pero reconvertido en social-liberal—. Para el Congreso de Gotha, Marx y Engels escribieron su famosa *Crítica al programa de Gotha* en la que, a pesar del carácter incisivo de sus comentarios, revalidaron su apoyo al partido. Uno de los elementos más citados de ese texto se refiere a la afirmación de que «cada paso de movimiento real vale más que una docena de programas».[30]

Marx y Engels habían criticado muy duramente al movimiento alemán de finales del siglo XIX por confiar en la aristocracia feudal alemana representada por el canciller Otto von Bismarck (1815-1898). La corriente dirigida por Lassalle, que había sido un viejo colaborador de Marx y Engels, defendía la alianza con las fuerzas aristocráticas a cambio de concesiones para la clase trabajadora. Engels creía, no obstante, que la tolerancia de Bismarck para con el movimiento obrero tenía que ver con el efecto de neutralización que provocaba en las corrientes democráticas liberales, las cuales, al menos teóricamente, defendían una revolución burguesa en Alemania. Marx y Engels consideraban la alianza con Bismarck un paso retrógrado, y optaron en su lugar por defender una alianza del pueblo en la que los trabajadores y campesinos estuvieran en el centro. Ambos apoyaban la existencia de un partido de trabajadores separado de cualquier partido reaccionario o liberal, aunque defendían la colaboración con los segundos en tanto en cuanto sus intereses comunes eran las libertades civiles y los derechos democráticos —que serían de mucha utilidad para la clase trabajadora—. No obstante, la predicción de Engels fue acertada: en 1878, el Imperio alemán aprobó una ley antisocialista que declaró ilegales todas las actividades del SPD a excepción de la de participar en las elecciones.

La razón por la que Bismarck cambió de opinión también tenía que ver con el enorme crecimiento que estaba

30. K. Marx, *Crítica del programa de Gotha*, 1875, disponible en https://www.marxists.org/espanol/m-e/1870s/gotha/c5-v-75.htm

registrando el SPD en todas partes, no solo electoralmente. Tal y como lo veía la reacción, y como también se veía en las filas comunistas, la función principal del SPD era formar a la clase más allá de las instituciones, esto es, en la práctica cotidiana. La enorme red de sociedad civil que estaba creando el SPD era un verdadero riesgo para el Imperio alemán. En ella se incluían «grandes sindicatos; cooperativas agrícolas; mutualidades; bolsas del trabajo; ligas campesinas; secciones y círculos socialistas y anarquistas; asociaciones deportivas y recreativas; círculos culturales; muchedumbre de periódico e imprentas; casas del pueblo; ateneos obreros; bibliotecas y teatros culturales; universidades populares; escuelas de formación de cuadros sindicales y políticos; cajas de seguro de enfermedad; cooperativas de consumo...».[31] Como dice Antoni Domènech (1952), el SPD «consiguió apoyarse [...] en el poder político local o municipal conseguido en las urnas» con lo que «buena parte de la autoridad parlamentaria de la socialdemocracia no venía del número de sus escaños, sino de las hondas y ramificadas raíces de ese modo echadas en la vida social».[32] Y es que incluso con la ley antisocialista aprobada, el SPD siguió creciendo incesantemente en todos los aspectos. Gracias a ese desarrollo, el SPD tenía en 1914 «más de un millón de afiliados, publicaba más de noventa periódicos diarios nacionales, regionales y locales, gestionaba una miríada de cooperativas de todo tipo, clubes deportivos y corales, y disponía del control de grandes organizaciones juveniles y específicamente femeninas».[33] Sin embargo, la historia del SPD cambió radicalmente cuando, en 1914, devinieron la Primera Guerra Mundial y la trai-

31. A. Domènech, *El eclipse de la fraternidad*, Crítica, Madrid, 2004.
32. *Ibídem.*
33. *Ibídem.*

ción a la clase trabajadora internacional al apoyar los créditos de guerra.[34]

Como hemos visto hasta ahora, Marx y Engels mantuvieron diferentes tácticas según el contexto y el lugar histórico. Hasta 1849 habían apoyado la participación de los comunistas en los partidos demócratas o liberales, mientras que a partir de entonces se concentraron en la defensa de un partido autónomo de los trabajadores. Sin embargo, tanto Marx como Engels hicieron una excepción con los países anglosajones, Estados Unidos y Reino Unido. Allí propusieron lo contrario que recomendaban para Alemania y Francia. En 1886 Engels dijo que en las elecciones de Estados Unidos «un millón o dos de votos de la clase trabajadora para un partido que trabajaba de buena fe es infinitamente más valioso en el presente que cientos de miles de votos para un programa doctrinalmente perfecto»,[35] y en 1893 llamó a todos los socialistas ingleses a unirse al recién constituido Partido Independiente del Trabajo.[36] En realidad, Engels

34. Los partidos de la Segunda Internacional habían hecho de la paz entre pueblos un principio fundador. Sin embargo, con el estallido de la Primera Guerra Mundial en 1914 los partidos socialdemócratas se entregaron al nacionalismo más belicista, y prefirieron apoyar a las clases dominantes de su país frente a las naciones enemigas. El SPD alemán apoyó por unanimidad los créditos de guerra —aunque una minoría de los dirigentes discrepaban—. Solo el Partido Socialista Italiano y los socialistas norteamericanos se opusieron a apoyar a sus burguesías respectivas. Las consecuencias no fueron menores. Del Partido Socialista Italiano se escindió un dirigente partidario de la guerra y luego tristemente famoso: Benito Mussolini (1883-1945). Por otra parte, los dirigentes del Partido Socialista de Estados Unidos fueron encarcelados, y su partido, debilitado hasta desaparecer.

35. M. Johnstone, «Marx and Engels and the concept of the party», *Socialist Register*, 1967, pp. 121-158.

36. *Ibídem.*

estaba valorando a los partidos no en función de su propia autodenominación, sino como reflejo del movimiento real de los trabajadores. En opinión de Engels, tanto en Inglaterra como en Estados Unidos existía una gran clase trabajadora industrial, que además estaba organizada, pero que carecía de cualquier tipo de educación o conciencia de clase socialista. Así, Engels recomendaba a los socialistas estadounidenses e ingleses lo mismo que había recomendado a los socialistas europeos cuando estos eran una minoría: la entrada en los partidos de masas.[37]

Además, había otra diferencia. Para Marx y para Engels los partidos jugaban un rol distinto según si se manejaban en contextos democráticos o no, lo que a efectos prácticos significaba si era posible una transformación pacífica o no. Los comentarios de Marx, por ejemplo, abundan en que esta posibilidad pacífica estaba abierta en democracias consolidadas como las de Inglaterra y Estados Unidos. En efecto, «Engels y Marx nunca metieron a todos los Estados burgueses en el mismo saco, sino que distinguieron claramente entre monarquías absolutas o semiabsolutas (constitucionales) y regímenes plenamente parlamentarizados».[38]

Esta flexibilidad táctica tenía su correlato también en las formas de organización que defendían Marx y Engels. Por ejemplo, «el partido de cuadros era un modelo aceptable para Marx solo por un breve tiempo y por razones tácticas», mientras que «en el resto de sus afirmaciones un partido es solo comprendido como una expresión de la clase».[39] Al fin y al cabo, la estructura también estaba, como el propio partido, subordi-

37. M. Johnstone, «Marx and Engels and the concept of the party», *Socialist Register*, 1967, pp. 121-158.

38. A. Domènech, *El eclipse de la fraternidad*, Crítica, Madrid, 2004.

39. K. von Beyme, «Karl Marx and Party Theory», *Government and opposition*, vol. 20, n.º 1, 1985, pp. 70-87.

nada al objetivo básico de organizar la clase trabajadora. Así, el partido jugaba un papel pero en cuanto instrumento y no como fin.

A esta flexibilidad táctica de Marx y Engels se suele contraponer la férrea figura del partido propuesta por Lenin, quien sí elaboró en 1902 una teoría sobre el partido. En efecto, Lenin afirmó entonces que era necesario un partido no muy amplio y lo más clandestino posible. Como se recordará del capítulo anterior, Lenin pensaba que la clase trabajadora no alcanzaría la conciencia de clase a través de la simple experiencia, y optaba por construir un partido que trajera esa conciencia desde fuera. A diferencia de Marx, no creía de ninguna manera que la clase trabajadora pudiera desarrollar por sí sola una conciencia de sus propios intereses como clase. Por eso, según él, «la organización de los revolucionarios debe agrupar, ante todo y sobre todo, a personas cuya profesión sea la actividad revolucionaria [...] debe desaparecer en absoluto toda diferencia entre obreros e intelectuales, sin hablar ya de la diferencia entre las diversas profesiones de unos y otros».[40] Sin embargo, suele olvidarse que Lenin nunca fue un fetichista del modelo organizativo y que consideró hacer cambios en función del contexto. Las recomendaciones presentes en 1902 no tenían nada fuera de lo común, en el contexto de represión que se vivía entonces en Rusia. Lenin entendió que esa era la forma organizativa más adecuada para el propósito concreto de extender la conciencia de clase bajo la Rusia zarista.

A diferencia de Lenin, Rosa Luxemburgo sí creía en la capacidad del proletariado para desarrollar una conciencia de clase propia a través de la lucha cotidiana. Por eso, Luxemburgo rechazó el modelo propuesto por Lenin en 1902. En primer lugar, ella pensaba que el partido tenía que ser centralista, pero

40. V. Lenin, *¿Qué hacer?*, Alianza, Madrid, 2016.

sin «permitir que se levante un muro hermético entre el núcleo consciente del proletariado que ya está en el partido y su entorno popular, los sectores sin partido del proletariado».[41] En segundo lugar, rechazó el modelo universal de táctica política propuesto por Lenin, así como el del partido, pues consideraba que la realidad política era diversa y que no era posible predefinir una táctica válida para cualquier contexto. En tercer lugar, denunció que un modelo centralista podía ser el mejor ecosistema para el desarrollo de burócratas, ya que «nada contribuirá tanto al sometimiento de un joven movimiento obrero a una élite intelectual ávida de poder como este chaleco de fuerza burocrático, que inmovilizará al partido y lo convertirá en un autómata manipulado por un comité central».[42]

Sin embargo, el propio Lenin vivió en 1905 las consecuencias de su modelo. Y aunque algunos autores[43] ven en esta experiencia un caso aislado, pienso que refleja mucho mejor la orientación de clase —y no de partido— que estaba en coherencia con Marx y Engels. Incluso a pesar de sus escritos anteriores y, también, de su práctica posterior. En efecto, las condiciones específicas que demandaba Lenin en 1902 dejaron huella vital y política especialmente en los revolucionarios profesionales. Sus sacrificios fueron enormes, pero también quedaron acostumbrados a una forma de funcionar que en el marco de la revolución de 1905 se desveló demasiado conservadora. Incluso, podríamos decir, burocrática. Por eso, en plena primavera revolucionaria, Lenin quiso abrir el partido a los

41. R. Luxemburgo, *Problemas organizativos de la socialdemocracia*, 1903, disponible en https://www.marxists.org/espanol/luxem/04Problemasorganizativosdelasocialdemocracia_0.pdf

42. *Ibídem.*

43. J. Sánchez Rodríguez, *Teoría y práctica democrática en el PCE (1956-1982)*, Fundación de Investigaciones Marxistas, Madrid, 2004.

obreros y a los jóvenes. Denunciaba: «Muchas veces creo que las nueve décimas partes de los bolcheviques son en realidad unos formalistas», y pidió «echar por la borda todos esos viejos hábitos de la inmovilidad, del respeto religioso por los títulos, etc.», para advertir que «o crean por doquier organizaciones de combate nuevas, jóvenes, despiertas y enérgicas para el trabajo socialdemócrata revolucionario de todo tipo, de todas las formas y entre todas las capas, o bien se hundirán con la aureola de burócratas de comité».[44] Lenin demandaba esa apertura porque entendía que el partido se estaba fosilizando y necesitaba sangre nueva, especialmente de obreros. El cambio de actitud era notable, pues ahora consideraba necesario impregnar al partido de espontaneísmo y conexión con la gente corriente, prácticamente lo contrario de lo que había propuesto en 1902. Por eso sus adversarios en el debate, que le acusaban de querer diluir el partido, le replicaban con citas de su propio libro, *Qué hacer*, que se había convertido ya en el modelo de referencia sobre cómo debía ser el partido. La resolución para abrir el partido presentada en 1905 por Lenin fue derrotada.

En particular, lo que la revolución de 1905 había traído eran los primeros sóviets. Una huelga general de los obreros de San Petersburgo se transformó en un comité de obreros, llamado sóviet, que para facilitar el éxito de la huelga se quiso ocupar también «de los asuntos de la vida diaria, dando instrucciones a las oficinas de correos, ferrocarriles e incluso a la policía».[45] Gracias a eso ganaron la confianza de las masas, y siguieron invadiendo competencias del Estado. Hasta que la difusa fron-

44. V. Lenin, «Carta a A. Bogdanov y S. I. Gúsev», 1905, citado en T. Cliff, *Lenin. La construcción del Partido*, El Viejo Topo, Madrid, 2011.

45. A. Shandro, «Lenin y la hegemonía. Los sóviets, la clase obrera y el partido en la revolución de 1905», en S. Budgen *et al.* (ed.), *Lenin reactivado*, Akal, Madrid, 2010.

tera con la revolución fue traspasada. Por entonces, Lenin estaba en el exilio. Cuando volvió, el partido ya había decidido tomar una actitud defensiva ante el sóviet. Los dirigentes del partido temían que una organización no marxista y abierta a todos los obreros, pensaran lo que pensaran, pudiera retrasar la llegada de la revolución socialista. Así, el partido exigió al sóviet que aceptara su liderazgo a cambio de no marcharse del mismo. El sóviet no aceptó y los miembros del partido tampoco se fueron, sino que se quedaron para «corregir las tendencias espontáneas contrarias a los socialdemócratas y explicar las ideas del partido».[46] Cuando llegó Lenin, se enfrentó a las posiciones de su propio partido, y «al situar el sóviet dentro del contexto de la lógica estratégica de la lucha por la hegemonía del proletariado, Lenin fue capaz de concebirlo como un aparato para el ejercicio de la hegemonía del proletariado y con ello cambiar los términos del debate».[47]

La nueva posición de Lenin tenía que ver con las nuevas condiciones en Rusia, ya en período revolucionario, y con la sensación de que el marxismo siempre saldría ganando en contacto con cualquier otra ideología —por ejemplo, la cristiana—. Lo último que quería Lenin era que la sociedad fuera por delante del partido, y el período revolucionario expresaba esa posibilidad si el partido seguía anclado en sus posiciones burócratas. Por eso ahora Lenin apostaba por incluir en el partido y «ganarnos, educar y organizar a todos los trabajadores y explotados, como dice nuestro programa, a todos sin excepción, a los artesanos, los indigentes, las sirvientas, los vagabundos y las prostitutas, con la condición indispensable

46. A. Shandro, «Lenin y la hegemonía. Los sóviets, la clase obrera y el partido en la revolución de 1905», en S. Budgen *et al.* (ed.), *Lenin reactivado*, Akal, Madrid, 2010.

47. *Ibídem.*

y obligatoria, por supuesto, de que sean ellos quienes se adhieran a la socialdemocracia y no a la inversa».[48] Un tiempo más tarde, gracias a la entrada en el partido de personas más jóvenes y, sobre todo, obreros, Lenin consiguió ganar muchas resoluciones frente a la facción más conservadora.

No obstante, en el curso de la Revolución de 1917 volvería a producirse un episodio similar. En septiembre Lenin ya estaba convencido de que había que actuar para tomar el poder, pero la dirección del partido seguía buscando soluciones intermedias y le acusaba de blanquismo.[49] Para justificar su posición, Lenin llegó a plantear con claridad que «para poder triunfar, la insurrección debe apoyarse no en una conjuración, no en un partido, sino en la clase más avanzada»,[50] con lo que reveló de nuevo su preocupación por el hecho de que el partido se situara por detrás de la clase trabajadora. Como sus comentarios no convencieron al Comité Central del partido, Lenin llegó a presentar su dimisión, si bien esta no fue aceptada y no llegó a tener efecto.

Desgraciadamente, la visión dogmática y burocrática del partido fue la que se impuso como modelo universal en el ámbito de los partidos comunistas de todo el mundo. Pero esto también tuvo causas específicas. Allí donde había dictaduras, el partido comunista necesariamente tenía que tomar formas clandestinas similares al modelo de 1902. Sin embargo, la mayoría de los partidos socialdemócratas de principios del siglo XX, comprometidos aún con el marxismo, eran partidos

48. Citado en T. Cliff, *Lenin. La construcción del Partido*, El Viejo Topo, Madrid, 2011.

49. Un movimiento revolucionario francés del siglo XIX que propugnaba la insurrección y la conspiración, inspirado por la figura de Louis Auguste Blanqui (1805-1881).

50. V. Lenin, «El marxismo y la insurrección», 1917, disponible en https://www.marxists.org/espanol/lenin/obras/1910s/13-ix-17.htm

abiertos y en los que el nivel de democracia interna era muy elevado. El cambio tuvo que ver con los tiempos políticos de la Revolución rusa. En efecto, la Revolución rusa de 1917 tuvo que combatir al mismo tiempo contra las potencias extranjeras, el ejército blanco que intentaba recomponer el zarismo y la oposición interna, todo ello en condiciones de enorme pobreza y guerra civil. La esperanza de Lenin, entonces dirigente de la Revolución, era que también se diera un estallido revolucionario en Alemania. Para ello, los dirigentes soviéticos promovieron la construcción de partidos de tipo bolchevique en toda Europa, e impusieron condiciones en ese sentido a todos los partidos socialdemócratas que quisieran unirse a la Tercera Internacional. Así, muchos partidos de la Segunda Internacional no se unieron a la Tercera, y el resto quedó constituido a imagen y semejanza del partido bolchevique, a pesar de los muy diferentes contextos en que operaban. Rusia necesitaba una revolución en Europa que ayudara, y había que acelerar el proceso. En 1921 Lenin ya desechó la idea, tras las revoluciones fracasadas en Alemania y en el resto de Europa, pero los partidos comunistas quedaron organizados como satélites de la Tercera Internacional, o directamente de Moscú, hasta muchas décadas más tarde. Desde entonces, los cambios de estrategia de la Tercera Internacional y de la Unión Soviética tendrían sus ecos correspondientes en los partidos comunistas nacionales.[51]

El tiempo ha demostrado que los modelos cerrados y ultracentralistas de partido cosecharon tanto éxitos como

51. Uno de los cambios estratégicos más conocidos en nuestro país tuvo que ver con la política del Frente Popular, inaugurada formalmente en 1934, pero que en España tuvo un primer episodio en las elecciones en 1933, las cuales permitieron que llegara al Parlamento el primer diputado comunista, el médico Cayetano Bolívar (1897-1939).

fracasos. Los fracasos más evidentes, tienen que ver con la preservación de dinámicas burocráticas y oligárquicas dentro de las organizaciones de trabajadores, lo que a medio y largo plazo supuso una profunda desconexión con la base social a la que debían representar. Aquí, sin duda, Rosa Luxemburgo tenía razón. Pero tampoco podemos negar que esos partidos se han ajustado a condiciones históricas verdaderamente excepcionales, como el caso de la Rusia revolucionaria o la España antifranquista. Desde la actualidad sería oportunista declarar qué posición era la más adecuada, amén de que sería simplemente un pensamiento especulativo. Al fin y al cabo, el partido bolchevique consiguió no solo hacer la revolución, sino también ganar una guerra a la potencia militar nazi.

En todo caso, lo que nos interesa a nosotros es aprender de esas experiencias para poder desarrollar una práctica propia y adaptada al contexto actual. En consecuencia, sugiero recoger el planteamiento original de Marx y Engels, al que se mantiene más fiel Rosa Luxemburgo y el Lenin de 1905, que es el de priorizar la clase sobre la fórmula jurídica y organizacional que toma la clase en cada momento. Creo que eso es lo más relevante, pues al fin y al cabo no debemos confundir el medio con el fin. Además, considero que la necesidad de un partido de estas características para el siglo XXI implica recuperar toda la base filosófica republicana y de democracia radical presente en el movimiento obrero.

Un partido de clase debe combinar la estrategia política (la visión revolucionaria de largo plazo y de construcción de clase) con la democracia radical, que no solo tiene un carácter procedimental, sino que se refiere a la necesidad de que el partido esté en permanente contacto con su base social, la clase trabajadora. Para eso, los dispositivos internos no pueden ser oligárquicos, sino democráticos, y la dirección tiene que trabajar incesantemente para incluir en su partido a miembros de la clase obrera. El partido ha de ser también una escuela de formación permanente, en lo teórico y lo práctico. Además, los representantes del partido han de estar sometidos siempre a las decisiones colectivas en la mejor tradición republicana. Pero, desde luego, la tarea más importante del partido es la de estar en el conflicto para elevar la conciencia de clase. En este sentido, como ya expliqué, creo que la conciencia de clase no se alcanza ni por mero espontaneísmo ni traída por una fuerza externa. Una combinación de ambas cosas es necesaria, y al mismo tiempo el partido ha de ser organismo capaz de detectar dónde se dan o darán los conflictos del capitalismo, canal de las demandas que en ellos surjan e institución que explique las causas y alternativas a ese conflicto.

Democracia y republicanismo

Una de las cuestiones más polémicas que siempre han rodeado a la tradición marxista es su posición sobre la democracia. Por un lado, *El manifiesto comunista* llama al proletariado a «conquistar la democracia». Por otro lado, es conocido que la fórmula planteada por Marx y Engels para la sociedad venidera era la «dictadura del proletariado». Además, la experiencia de los países del llamado socialismo real se ha caracterizado por la ausencia de libertades civiles tales como las de expresión, prensa o formación de partidos. Al mismo tiempo, los comunistas en España, por ejemplo, fueron el mayor movimiento democrático en lucha contra la dictadura franquista y también uno de los más activos en la defensa de la Segunda República frente al golpe de Estado del general Franco y sus allegados.

Para entender mejor estas contradicciones, y para sentar nuestra propia posición al respecto, debemos partir del hecho de que tanto Marx como Engels procedían de la tradición republicana, es decir, de una corriente de pensamiento radicalmente democratizadora que se contraponía a las visiones más aristocráticas del pensamiento moderno.

Esa tradición republicana tiene sus orígenes en la antigua Grecia, como el propio concepto de democracia. Para los pensadores griegos, el conflicto fundamental se daba entre los intereses de una minoría rica, la aristocracia u oligarquía, y una mayoría pobre, el *dêmos*. El *dêmos* no era el pueblo en su concepción actual, sino que hacía referencia a los estratos sociales más pobres. Así pues, el concepto de democracia era entendido no tanto como el poder del pueblo, sino como el poder de los pobres. De hecho, «*demokratia*» fue originariamente un término violento y polémico contra el que se rebelaron muchos pensadores y líderes, como el propio Aristóteles. La desconfianza hacia los pobres, a los que se entendía como incultos e incapaces de cultivar cualquier virtud precisamente por tener que dedicar la mayor parte del tiempo a tareas de subsistencia material, era común entre los aristócratas y entre la mayor parte de los filósofos de la época —que, lógicamente, no procedían de las clases inferiores.

Este planteamiento se extendió durante toda la Edad Media y hasta bien entrada la Edad Moderna, con una fuerte desconfianza por los elementos democratizadores de la sociedad. Se trata de un pensamiento originario de los aristócratas griegos, que se trasladó a los liberales decimonónicos y de ahí a los liberales modernos. De hecho, mientras los republicanos radicales consideraban «república» y «democracia» como sinónimos, los pensadores elitistas tendían a contraponer la democracia a la república, y concebían la segunda como un sistema mixto, con sufragio censitario y fórmulas para la corrección del impulso irracional de las masas pobres.[52] Asimismo, la forma más evidente del elitismo antidemócrata de los pensadores modernos fue el miedo a la extensión del sufragio universal. Montesquieu (1689-1755) afirmó que era preciso excluir del derecho a voto a quienes «se encuentren en tan bajo estado que se les considere carentes de toda voluntad». Kant también se mostró contrario a proporcionar derechos políticos a todos aquellos que no fueran dueños de sí mismos, con lo que aludía a quienes no tuvieran una propiedad que los hiciera independientes de terceros. E incluso John Locke (1632-1704) protestó ante la posibilidad de que los pobres pudieran tomar decisiones sobre el patrimonio de los ricos.

Los partidos liberales modernos, empezando por la corriente girondina de la Revolución francesa, siempre mostraron su oposición a extender el sufragio universal más allá de lo que pudieran controlar. Pero incluso entre la izquierda, también la socialista, algunas de las reflexiones antisufragio estaban instaladas con fuerza. Por ejemplo, la referida a la extensión del sufragio femenino, como puso en evidencia el debate en las Cortes españolas en 1931. Las experiencias históricas habían puesto de manifiesto que el sufragio universal no significaba necesariamente avances desde el punto de vista proletario. Por el contrario, en ocasiones el pueblo «parecía votar

52. El Senado, por ejemplo, es una institución cuyo objetivo original era, según sus propulsores, controlar las decisiones tomadas por la cámara más democrática, el Congreso o Parlamento principal. En España, durante las elecciones de 1977, el jefe de Estado, Juan Carlos de Borbón, pudo elegir a dedo a 41 senadores. Incluso actualmente en muchos sistemas políticos, como el de Italia, para ser senador hay que cumplir determinados requisitos, como un mínimo de edad.

como un borracho», en expresión del revolucionario anarquista Pierre-Joseph Proudhon (1809-1865).[53]

Así, hasta hace muy poco tiempo, «democracia» significó el Gobierno de los pobres.[54] Marx utilizaría el concepto de «dictadura del proletariado» como sinónimo del gobierno de la mayoría, los proletarios y las clases populares. Pero Marx nunca definió cómo tendría que ser esa dictadura del proletariado, y solo en una ocasión se refirió a un caso práctico: la Comuna de París. Marx parecía hablar, entonces, de una democracia sin Estado.

En todo caso, Marx había heredado los principios y valores del republicanismo, y los introdujo en su visión de la historia y de la política. Ya en 1841 muchos de los jóvenes de la izquierda hegeliana se convirtieron en férreos defensores de la democracia y del republicanismo, se consideraban a sí mismos demócratas radicales y empezaron a hablar de socialismo, de comunismo y de anarquismo.[55] La clave teórica hay que encontrarla en la concepción de la libertad. En la tradición liberal, la libertad podía entenderse como libertad negativa,

53. Proudhon se refería a la votación que tuvo lugar en 1849, cuando Luis Bonaparte ascendió al poder tras las primeras elecciones con sufragio universal masculino en Francia. Un año más tarde, la Asamblea Nacional recién elegida aboliría el sufragio universal y, en 1851, Bonaparte dio un golpe de Estado para librarse de todas las limitaciones constitucionales.

54. Por el contrario, «dictadura» no tenía en la época antigua connotaciones negativas. Se trataba de una capacidad temporal que se concedía legalmente a un magistrado para realizar tareas extraordinarias como en «una situación de guerra *(dictator rei publicae gerundae causa)* o el apaciguamiento de una rebelión *(dictator seditionis sedandae causa)*». Véase N. Bobbio, *La teoría de las formas de gobierno en la historia del pensamiento político*, Fondo de Cultura Económica, Ciudad de México, 2002.

55. F. Fernández Buey, *Marx (sin ismos)*, El Viejo Topo, Madrid, 2009.

esto es, como ausencia de interferencias con la voluntad de una persona. Por ejemplo, una persona es libre, a la manera liberal, si quiere hacer algo y nadie se lo impide. En cambio, la tradición republicana había puesto el acento en las capacidades positivas para que la voluntad pudiera llevarse a efecto. Por ejemplo, una persona es libre, a la manera republicana, si quiere hacer algo y puede hacerlo porque dispone de los recursos suficientes para ello. Obsérvese que ambas tradiciones hablan de libertad en sentidos muy distintos. Marx pronto encontró que la primera manera, típica del formalismo liberal, era en realidad un engaño si no estaba acompañada de la segunda acepción.

Esto que acabamos de decir tenía su traducción política. En particular, Marx había observado que las democracias burguesas más avanzadas de su época, la inglesa y la estadounidense, no conllevaban la mejora de las condiciones de vida de los trabajadores. En coherencia, Marx fue un implacable crítico de las libertades formales, al considerarlas insuficientes y engañosas. Él insistía en que detrás del derecho burgués que reconocía esas libertades se encontraba algo mucho más importante: una sociedad civil dividida en clases y con fuertes antagonismos que solo podían superarse con el fin de todo orden burgués. Esta crítica del derecho burgués como ocultador de antagonismos de clase será una constante en la tradición marxista, y ya tuvimos oportunidad de verlo al hablar de la explotación en el capítulo 2.

Esta crítica, desde el punto de vista histórico, se engarzaba directamente con la tradición republicana. Especialmente con su parte más radical, el jacobinismo de la Revolución francesa. La Revolución francesa de 1789 había incorporado al conjunto de la población en la vida civil, en la formalidad de los derechos. Al menos teóricamente, pues la Declaración de los Derechos del Hombre y del Ciudadano promulgada en 1789, y que fue la matriz de la actual Declaración de los Derechos Humanos, establecía derechos fundamentales de carácter universal y aplicables, en consecuencia, a todos los hombres de todas las épocas.[56] Sin embargo, determinados sectores sociales, como los burgueses, trabajaron obstinadamente por limitar el alcance de dicha Declaración.

Cabe recordar que el llamado Tercer Estado era la forma con la que se denominaba al pueblo en sentido amplio, incluidas esa incipiente burguesía y la población que trabajaba con sus propias manos, frente a las instituciones del Antiguo Régimen. Mientras la Revolución francesa acabó con ese viejo mundo feudal, y consiguió dar nuevos derechos formales a la burguesía, una parte considerable del Tercer Estado quedó sin percibir que su situación material hubiera cambiado. Para esta parte, el problema seguía siendo un problema de subsistencia, de disponer de lo suficiente para sobrevivir. Mientras la libertad «para el pueblo llano era la promesa de la plena incorporación de todos a una nueva sociedad de libres e iguales (recíprocamente libres) y de una vida social sin dominación ni interferencias patriarcales»,[57] «para los burgueses era la esperanza de *su* incorporación a una nueva sociedad civil de libres e iguales que disolviera las rigideces, las segmentaciones, los privilegios y las barreras arancelarias del viejo régimen».[58] Es decir, en realidad existía una notable heterogeneidad en los intereses de los diferentes sectores que integraban el Tercer Estado. Mientras los burgueses se contentaban con alcanzar su propia libertad, a expensas de la caída del Antiguo Régi-

56. A pesar de todo, dicha Declaración excluía a las mujeres, razón por la cual, en 1791, la escritora Olympe de Gouges (1748-1793) escribió la *Declaración de los derechos de la mujer y de la ciudadana.*

57. A. Domènech, *El eclipse de la fraternidad*, Crítica, Madrid, 2004.

58. *Ibídem.*

men, los desposeídos y el pueblo llano buscaban ir más allá e integrarse también ellos.

Así, algunos revolucionarios como Maximilien Robespierre (1758-1794) quisieron ir más allá de la Revolución francesa y demandaron que esta garantizase el «derecho a la existencia». Eso era lo que él entendía por fraternidad: la incorporación a la vida civil, a los derechos efectivos, de toda la población y no solo de unos pocos. Robespierre fue, ante todo, un firme defensor de la Declaración de los Derechos del Hombre y del Ciudadano. Y con la Declaración en la mano, Robespierre denunció que la Revolución francesa, bajo la dirección de la corriente girondina, no estaba cumpliendo con las esperanzas del pueblo llano. Atacó duramente la Constitución girondina de 1791, que había frenado el impulso democrático y que, además de mantener la monarquía, había otorgado derechos políticos diferentes a la ciudadanía en función de si pertenecían a la categoría de activos o a la de pasivos, es decir, en función de su capacidad de pagar impuestos.

En 1792, el rey Luis XVI fue detenido cuando huía hacia el extranjero, donde pretendía poner en marcha una conspiración con las monarquías del exterior para restaurar el régimen absolutista, y estalló la revolución jacobina y la guerra contra las potencias extranjeras partidarias de la vuelta al absolutismo en Francia. Esta revolución produjo la Constitución de 1793, ya puramente jacobina, que trajo el sufragio universal y los derechos de insurrección, trabajo y alimento. También se abolieron la esclavitud en las colonias y todos los derechos feudales sin indemnización. En este proceso, la inspiración republicana fue determinante. Robespierre defendió que «todos los ciudadanos, sean quienes sean, tienen derecho a aspirar a todos los grados de representación», al tiempo que denunció que la Constitución girondina imponía «la más insoportable de todas las aristocracias: la de los ricos». El revolucionario francés también dirigió sus invectivas contra el liberalismo naciente, pues afirmó que «la libertad del comercio es necesaria hasta el límite en que la codicia homicida empieza a abusar de ella» y consideró que «ningún hombre tiene el derecho a amontonar el trigo al lado de su semejante que muere de hambre».[59]

Gracias a esta lucha robesperriana, *democracia* «llegó a significar a partir de 1792 la pretensión de universalizar la libertad republicana».[60] El temor de la nueva clase dominante a que esta forma de entender la democracia pudiera imponerse supuso el golpe de Estado antijacobino de 1794. Y para asegurarse de que el poder de los pobres no se extendía demasiado, la Constitución de 1795 abolió el sufragio universal.

Como se puede observar, todos estos rasgos que definen el pensamiento democrático-jacobino se trasladaron al socialismo político. La lucha por el sufragio universal, por ejemplo, fue una de las características más evidentes del movimiento obrero de los siglos XIX y XX. Y es que, como dice Domènech, «el socialismo político que entró inopinadamente en escena como un auténtico vendaval en 1848 lo hizo sin solución de continuidad con la tradición democrático-revolucionaria de 1792».[61] Las revoluciones de 1848, para las que Marx y Engels escribieron *El manifiesto comunista*, supusieron la demostración definitiva de la escisión del Tercer Estado, la división del pueblo entre burgueses y proletarios. Estos últimos reclamaban la extensión de las conquistas revolucionarias francesas al resto de la población, es decir, la conquista de la democracia real. Y fue entonces cuando Marx y Engels comenzaron a hablar de dictadura del proletariado para referirse al Gobierno de la cla-

59. M. Robespierre, *Por la felicidad y por la libertad*, El Viejo Topo, Madrid, 2005.

60. A. Domènech, *El eclipse de la fraternidad*, Crítica, Madrid, 2004.

61. *Ibídem.*

se sufriente de la humanidad: el proletariado. A la democracia burguesa de formalismos de igualdad, esto es, a la dictadura de la burguesía, se le oponía la dictadura del proletariado, esto es, la democracia de la mayoría. A la Tercera República Francesa se le oponía la Comuna de París.

No obstante, no solo la filosofía política del republicanismo penetró con fuerza en la tradición socialista, sino que también lo hicieron muchas de las medidas que ese republicanismo radical exigía para la democracia. La tradición republicana se había caracterizado, en oposición a la aristocracia antigua y al liberalismo moderno, por confiar en las capacidades del pueblo para autogobernarse. En consecuencia, medidas como el mandato imperativo (que obliga a los representantes públicos a obedecer fielmente a sus representados), los revocatorios (que permiten a los representados retirarle su confianza al representante), los referéndums, la rendición de cuentas o la austeridad en los salarios públicos proceden enteramente de la tradición republicana. Y de ahí pasaron al bagaje político del socialismo.

Por ejemplo, en 1849, para defender las organizaciones obreras, Marx y Engels propusieron en el «Mensaje del Comité Central» una serie de medidas que reflejaban claramente la tradición republicana. Los autores defendían el derecho a voto para los mayores de veintiún años, el ejército popular, la remuneración de los representantes populares para que los obreros pudieran incorporarse a la política, la justicia gratuita, la igualación de los salarios de los funcionarios y la total separación de Iglesia y Estado.[62] Aún más, tras las revoluciones de 1848, la más importante y notable fue la de 1871. Hablamos de la conocida como Comuna de París, que fue una experiencia corta pero intensa de socialismo autogestionado. Y sin duda ha pro-

62. F. Fernández Buey, *Marx (sin ismos)*, El Viejo Topo, Madrid, 2009.

porcionado muchas enseñanzas políticas al respecto. El propio Marx escribió sobre ella en *La guerra civil en Francia*, donde elogió las medidas tomadas por los revolucionarios anarquistas y comunistas. Y precisamente de ahí podemos obtener algunas de las ideas que la tradición socialista ha entendido como adecuadas a las formas de gobierno de la sociedad emancipada.

Concretamente, entre los comentarios de Marx sobre la Comuna destacan las siguientes medidas. En primer lugar, la supresión del ejército permanente, sustituido por el pueblo armado. Esto había sido una vieja aspiración republicana, que ya compartieron desde Maquiavelo hasta Robespierre. Sin duda se trataba de una medida destinada a desactivar las fuerzas profesionales, habitualmente de una escala social mayor y obedientes a las clases dominantes. En esta misma línea, Marx aprobó la retirada de las funciones políticas a la policía. En segundo lugar, la elección por sufragio universal de los cargos, que serían además revocables en cualquier momento. Asimismo, la Comuna se convirtió en el único espacio político que englobaba tanto al poder ejecutivo como al poder legislativo. En tercer lugar, la desposesión a los funcionarios de sus funciones políticas y la reducción drástica de los salarios públicos hasta el nivel de los salarios de obreros. Además, la anulación de la prohibición del mandato imperativo y la obligación de que todo representante se sometiese a tal mandato. Y en cuarto lugar, la expropiación de las Iglesias, la creación y apertura de escuelas de enseñanza para todo el pueblo y un poder judicial que fuese elegido, responsable —que rindiera cuentas— y también revocable.

Así, toda la tradición socialista proviene de la matriz republicana y, por añadidura, de la defensa de los derechos humanos. Sin la existencia y la acción del movimiento obrero socialista, hoy no tendríamos la democracia tal y como la conocemos, pues el liberalismo siempre fue contrario a esos derechos. No obstante, ese hilo que conecta democracia y socialismo se debilitó como consecuencia de los acontecimientos que se desencadenaron a partir de la Revolución rusa de octubre de 1917. El propio Lenin escribió en noviembre 1917 que «cualquier organismo o asamblea de delegados puede considerarse auténticamente democrático y verdaderamente representativo de la voluntad del pueblo solo en el caso de que se reconozca y ejerza el derecho de revocación de los elegidos por los electores».[63] Pero entonces aún existía la Asamblea Constituyente, una herramienta que Lenin y los dirigentes bolcheviques habían defendido como necesaria para superar las limitaciones del Gobierno provisional de carácter liberal proclamado en febrero de 1917.

Sin embargo, en diciembre de 1918, la situación ya era diferente. Los bolcheviques habían quedado en minoría en la Asamblea Constituyente y Lenin defendió que el poder legítimo residía en los sóviets y no en la Asamblea. Para justificar su posición, Lenin insistió en que el concepto de democracia enmascaraba su carácter burgués. Según él, la democracia ocultaba que «la propiedad de los medios de producción y el poder político siguen en manos de los explotadores y que, por eso, no se puede hablar siquiera de libertad efectiva, de igualdad efectiva para los explotados, es decir, para la inmensa mayoría de la población».[64] Las palabras de Lenin no dejaban lugar a dudas sobre lo que quería decir. Afirmaba que «hablar de democracia pura, de democracia en general, de igualdad, de libertad, de universalidad, cuando los obreros y todos los trabajadores están hambrientos, desnudos, arruinados y torturados, no solo por la esclavitud asalariada capitalista, sino también

63. V. Lenin, *Antología. Lenin, el revolucionario que no sabía demasiado*, Catarata, Madrid, 2012.

64. *Ibídem.*

por una guerra de rapiña que dura cuatro años, mientras los capitalistas y los especuladores continúan poseyendo la "propiedad" robada y la máquina "existente" del Estado, es burlarse de los trabajadores y los explotados».[65] Aún más, Lenin decía que «la actual "libertad de reunión e imprenta" en la república "democrática" (democrática burguesa) alemana es una mentira y una hipocresía, porque, de hecho, es la libertad de los ricos para comprar y sobornar a la prensa, la libertad de los ricos para embriagar al pueblo con el apestoso aguardiente de las mentiras de la prensa burguesa, la libertad de los ricos para tener "en propiedad" las mansiones señoriales, los mejores edificios, etc.».[66] En consecuencia, lo que Lenin proponía era la sustitución del Estado burgués por el Estado proletario.

No obstante, Lenin había pensado, como Marx, que el Estado proletario se asemejaría a la Comuna de París. Y creyó ingenuamente que el poder de los sóviets sería el embrión del Estado proletario. Sin embargo, la realidad, con las duras condiciones internas y externas que se imponían sobre la revolución, terminó demostrando que lo que quedó fue una inmensa maquinaria burocrática que ahogó a los propios sóviets y que convirtió al presunto Estado proletario en un instrumento al servicio de una minoría del partido.

Tal y como había sucedido con la concepción de partido, Rosa Luxemburgo tuvo tiempo para disentir de la posición de Lenin y el resto de los dirigentes. Mientras estaba en la cárcel en 1918, la dirigente alemana escribió un texto de apoyo a la Revolución rusa que, no obstante, no dejó de incluir comentarios que, con la ventaja de la perspectiva, hoy sabemos que fueron los más acertados. Rosa Luxemburgo criticó muy

65. V. Lenin, *Antología. Lenin, el revolucionario que no sabía demasiado*, Catarata, Madrid, 2012.
66. *Ibídem.*

duramente la concepción que los bolcheviques tenían de la democracia. Reconoció, como cualquier marxista, las limitaciones de la democracia burguesa e insistió en que «el fluido vivo del ánimo popular se vuelca continuamente en los organismos representativos, los penetra, los guía» y «la eliminación de la democracia como tal es peor que la enfermedad que se supone que va a curar, pues detiene la única fuente viva de la cual puede surgir el correctivo a todos los males innatos de las instituciones sociales».[67]

En coherencia, Rosa Luxemburgo criticó la disolución de la Asamblea Constituyente y su sustitución por una dictadura. Sobre esta afirmó que «sin elecciones generales, sin una irrestricta libertad de prensa y reunión, sin una libre lucha de opiniones, la vida muere en toda institución pública, se torna una mera apariencia de vida, en la que solo queda la burocracia como elemento activo». Proseguía diciendo que «gradualmente se adormece la vida pública, dirigen y gobiernan unas pocas docenas de dirigentes de energía inagotable y experiencia ilimitada», aunque «en realidad dirigen solo una docena de cabezas pensantes, y de vez en cuando se invita a una élite de la clase obrera a reuniones donde deben aplaudir los discursos de los dirigentes, y aprobar por unanimidad las mociones propuestas —en el fondo, entonces, una camarilla, una dictadura; por cierto, no la dictadura del proletariado, sino la de un grupo de políticos, es decir, una dictadura en el sentido burgués—».[68] Rosa Luxemburgo sería asesinada un año más tarde por la represión impuesta por un Gobierno socialdemócrata, en el marco de la fracasada revolución espartaquista de enero de 1919.

67. R. Luxemburgo, *La Revolución rusa*, 1918, disponible en https://www.marxists.org/espanol/luxem/11Larevolucionrusa_0.pdf

68. *Ibídem.*

Las críticas de Rosa Luxemburgo demuestran que había otra alternativa para la defensa de la revolución y la dictadura del proletariado, entendida esta como democracia de la mayoría. Sin embargo, poco más puede decirse, pues no es posible saber si la historia hubiera tomado un curso distinto de haber hecho caso Lenin a las recomendaciones de Luxemburgo. Además, ¿habría podido ser diferente en caso de que Alemania hubiera hecho la revolución y Luxemburgo hubiera sido su dirigente? ¿Era posible enfrentarse a catorce naciones, una guerra civil y la pobreza con un sistema político diferente al que se puso en marcha? Son preguntas para las que no tenemos una respuesta que no sea especulativa.

En cualquier caso, lo que hemos visto en este epígrafe revela que el arraigo democrático y democratizador en la tradición socialista es muy sólido. El hilo que mejor lo refleja es, sin duda, el de la tradición republicana. Lejos de ser una tradición burguesa, y sin negar que hay también un republicanismo de derechas, el republicanismo se presenta como la base filosófica más cercana al socialismo y la que lo nutre de un componente indispensable: la confianza en las masas de los desposeídos. Cierto es, desde luego, que las masas siempre pueden equivocarse, y ahí está el asesinato de Sócrates para recordarlo. Pero la solución a ese riesgo o temor nunca puede ser la supresión de la libertad.

Precisamente el constitucionalismo moderno surge[69] como intento de proteger una serie de políticas y medidas, las cuales pertenecerían al ámbito de lo indecidible, en terminología del jurista Luigi Ferrajoli (1940). Eso quiere decir que la Constitución, como norma suprema, limita lo que se puede

69. Ese moderno constitucionalismo nace con la República de Weimar y las Constituciones de entreguerras, incluida por supuesto la nuestra de la Segunda República de 1931.

decidir y lo que no. La idea es poder garantizar una serie de derechos que son irrenunciables incluso aunque la mayoría de la población quiera prescindir de ellos. Así, las Constituciones salvaguardan unas determinadas garantías. Estas garantías son «las prohibiciones o las obligaciones correspondientes a las expectativas positivas o negativas normativamente establecidas».[70] Es decir, hay garantías que significan prohibiciones para el Estado y garantías que significan obligaciones para el Estado. Esta distinción está relacionada con la concepción de la libertad en su sentido positivo y en su sentido negativo. No obstante, con garantías negativas nos referimos a las prohibiciones o «derechos a no ser lesionados por otros, del derecho real de propiedad a los derechos de libertad y el derecho a la vida»,[71] mientras que con garantías positivas nos referimos a las obligaciones o «derechos a prestaciones de otros, de los derechos de crédito a los derechos sociales».[72] La fuerza del argumento de Ferrajoli estriba en que todas las garantías están situadas al mismo nivel y que, por lo tanto, no hay derechos más importantes que otros. El derecho al trabajo —obligación para el Gobierno— estaría al mismo nivel que el derecho a la libertad de expresión.

Por ejemplo, dado que el derecho a la vida es una garantía constitucional, eso implica que ningún Gobierno puede aprobar ley alguna para empezar a aplicar la pena de muerte. Aunque dicho Gobierno tuviera mayoría absoluta e incluso el 99 por ciento de los votos, no podría aprobar dicha ley sin previamente modificar la Constitución y eliminar el derecho a la vida como garantía constitucional. Y si aun así aprobara la ley, teóricamente el Tribunal Constitucional, que vela

70. L. Ferrajoli, *Poderes salvajes*, Trotta, Madrid, 2011.
71. *Ibídem.*
72. *Ibídem.*

por el respeto de las leyes a la norma suprema, tendría que anularla.

Esta idea de mantener espacios que no estén al alcance de las decisiones democráticas es una herencia de la tradición liberal, que tiende a considerar al ciudadano como incapaz de tomar decisiones acertadas. Pero es también herencia de la tradición republicana por cuanto busca proteger derechos positivos, es decir, inspirados en la libertad positiva. No obstante, tras la Segunda Guerra Mundial y, más concretamente, tras el auge del fascismo en Alemania e Italia, el constitucionalismo se extendió como medida de protección preventiva. Dado que estos dramáticos fenómenos fueron posibles incluso a partir de sistemas democráticos, la rigidez característica de los sistemas constitucionales de posguerra se debía al intento de impedir la repetición de la experiencia fascista. Como indica Ferrajoli, «se redescubre [...] el valor de la Constitución como norma dirigida a garantizar la división de poderes y los derechos fundamentales de todos, es decir, exactamente los dos principios negados por el fascismo».[73]

Las diferencias entre Constituciones se deben a que estas son el resultado de la correlación de fuerzas en un determinado momento histórico. Así, la Constitución de Portugal de 1976 establecía en su artículo 1 que la República de Portugal «tiene por objetivo asegurar la transición hacia el socialismo mediante la creación de condiciones para el ejercicio democrático del poder por las clases trabajadoras».[74] Se trata de algo bastante ambicioso y atípico en las Constituciones liberales. Solo puede explicarse por el hecho de que «el 25 de abril de 1974, el Movimiento de las Fuerzas Armadas [o Movimento das Forças Armadas] derribó el régimen fascista, coronando la

73. L. Ferrajoli, *Democracia y garantismo*, Trotta, Madrid, 2010.
74. Constitución de Portugal de 1976, artículo 1.

larga resistencia del pueblo portugués e interpretando sus sentimientos profundos»,[75] es decir, que Portugal salía en 1975 de la dictadura a través de una revolución social de marcado carácter progresista. Como bien es sabido, España no puede decir lo mismo.[76] Aquí la dictadura franquista no fue derrocada, sino sustituida a través de un proceso de negociación muy dirigido por las élites franquistas. Es lo que llamamos la Transición española, que analizaremos en el siguiente capítulo.

En cualquier caso, el constitucionalismo moderno es en parte la respuesta liberal al miedo a las masas y en parte la respuesta al fascismo como experiencia histórica. Y, a mi juicio, no puede ser inmutable o sagrado. Mientras determinadas corrientes de juristas se obcecan en considerar la ley y la Constitución como materia sagrada a la que rendir pleitesía, con una posición marxista me parece más razonable estar siempre dispuesto a modificar las Constituciones y las leyes a partir de procedimientos democráticos. Pero, para que esos procedimientos beneficien a la clase trabajadora, a la mayoría, hace falta formación, estudio, instrucción, educación…

Con esto queremos expresar que, con todas sus insuficiencias, puestas de relieve por el marxismo, las libertades formales no son burguesas, sino, por el contrario, conquistas de las clases populares. Si no se aplican o no son efectivas no es por su carácter burgués, sino precisamente porque las burguesías no pueden aplicarlas sin negarse a ellas mismas como tales. Al fin y al cabo, lo que es ciertamente incompatible es la democracia con el capitalismo, esto es, el cumplimiento de los derechos humanos que exigen la satisfacción de las necesidades

75. Constitución de Portugal de 1976, preámbulo.

76. Para comparar la Constitución de 1931, republicana, con la de 1978, monárquica, es muy recomendable el libro de R. Escudero, *Modelos de democracia en España*, Península, Barcelona, 2013.

más básicas —libertad republicana, de hecho— con la lógica de la ganancia del capital.

En tiempos de capitalismo salvaje, que pretende devolvernos a los derechos y condiciones de vida del siglo XIX, la democracia se ha convertido en un obstáculo cada vez más evidente para la reproducción del capital. La pérdida de soberanía de los Estados-nación, la ausencia de relevancia de los Parlamentos, la cesión de competencias a las grandes multinacionales y la construcción de espacios institucionales antidemocráticos —como la Unión Europea— son ejemplos de cómo el capitalismo no puede tolerar por más tiempo los caprichos democráticos y redistributivos de las clases populares. Por eso, este es el momento de demandar más y más democracia. Puesto que en la actualidad, como en el siglo XIX, ser comunista es ser demócrata y ser demócrata es ser anticapitalista.

Parte III

ACTUALIDAD POLÍTICA

Si miramos a nuestro alrededor, veremos un mundo complejo en el que se producen un sinfín de fenómenos que están, además, interrelacionados. Paseamos por nuestros barrios y vemos un mundo de contrastes en el que se dan al mismo tiempo opulencia y pobreza, actividades políticas y ocio despolitizado, frustración y alegría. Si no tuviéramos una determinada ideología, y todo el mundo tiene una, no sabríamos qué destacar de esa realidad tan compleja. ¿En qué podríamos centrar nuestra atención para intentar comprender por qué pasa lo que pasa? Es evidente que podríamos intentar abordar la realidad de nuestras sociedades desde innumerables puntos de vista.

Precisamente todo lo que hemos visto hasta ahora en este libro nos proporciona una caja de herramientas marxista con la que analizar la realidad política actual. Es decir, vamos a adentrarnos en el estudio de nuestra sociedad atendiendo a un enfoque histórico, de clase y que considera a las instituciones como herramientas sesgadas. Con estos elementos, entre otros, creo que estamos en condiciones de analizar fenómenos tales como la globalización, los efectos que esta provoca sobre las clases populares, el crecimiento de la extrema derecha, la crisis política que atraviesan la Unión Europea y España, y los retos que afronta la izquierda ante todo este panorama nacional e internacional.

5

La crisis en España y Europa

En los últimos años hemos asistido a lo que algunos autores han llamado la Gran Recesión, esto es, la crisis económica más grave desde la Gran Depresión de los años treinta del siglo pasado. Esta crisis ha sido de carácter internacional, pues ha afectado a todos los países del mundo, pero ha golpeado de forma muy especial a Europa. Y así, la crisis se ha sumado a procesos y transformaciones que venían gestándose desde décadas atrás. La combinación de los efectos provocados por la globalización y por la crisis ha sido un catalizador de las crisis políticas en toda Europa. Y España no es una excepción.

En este capítulo analizaremos esos efectos, así como la especificidad de la crisis política en España, para tratar de avanzar algunas propuestas de reacción desde la izquierda marxista. Se trata de poner en acción todos los conceptos y planteamientos que hemos visto en el resto del libro. Se trata, en definitiva, de hacer un análisis concreto de la realidad concreta.

Populismo y extrema derecha en Europa

La ola neoliberal de los años ochenta liberó al capitalismo de las restricciones y limitaciones que le había impuesto la política keynesiana desde la Segunda Guerra Mundial y desencadenó nuevos fenómenos económicos. Estos fenómenos han sido descritos como una vuelta a la naturaleza real del capitalismo, a su versión más salvaje. En general, ha habido un acuerdo generalizado en calificar este complejo proceso de alcance mundial como globalización. No obstante, como no es el propósito de este libro analizar con precisión qué es la globalización, nos conformaremos con asumir esta vaga e intuitiva definición que pretende describir las transformaciones recientes. Y nos centraremos en ver cuáles han sido sus efectos sobre la desigualdad, como una forma de aproximarnos a los efectos que ha tenido sobre la estructura de clases tanto a nivel mundial como a nivel nacional.

Para ello, es conveniente que pensemos la globalización como si fuera un juego. En este juego, cada jugador comienza con una determinada dotación de recursos y termina con otra distinta, y por lo tanto durante la partida puede haber ganadores y perdedores. Nos vamos a concentrar en tres jugadores. Por un lado está el jugador llamado «trabajador urbano chino», que comienza con 5 euros. A otro jugador le llamaremos «superrico mundial» y comenzará el juego con 100 euros. Y al tercer jugador le llamaremos «clases populares occidentales», y comenzará con 10 euros. Al cabo de veinte años finaliza el juego y se hace recuento. Ahora el trabajador urbano chino tiene 9 euros, lo que no está nada mal porque es un 80 por ciento más de lo que tenía de partida. Sin embargo, el superrico ha ganado mucho más y ahora tiene 165 euros, pero eso significa *solo* un crecimiento del 65 por ciento sobre sus recursos iniciales. Finalmente, el jugador clase media occidental ahora tiene 10 euros, esto es, lo mismo que al comienzo.

Los datos de este juego no son inventados, sino que forman parte del último trabajo de Branko Milanović (1953), especialista en desigualdad económica e investigador principal de esa área en las Naciones Unidas y el Banco Mundial. En efecto, lo que este trabajo proporciona es información empírica a favor de la hipótesis de que la globalización ha producido ganadores y perdedores que se distribuyen a lo largo del mundo del modo que explicaremos a continuación.

Por un lado, aunque los superricos son una minoría (el 5 por ciento más rico), son también los que más se han beneficiado en términos absolutos del proceso (de cada 100 dólares de nuevos ingresos entre 1988 y 2008, se han llevado 44). Los superricos están fundamentalmente en Estados Unidos, pero también en Europa occidental, Japón y Oceanía. Milanović los llama «plutócratas globales». En el gráfico 1 ocupan el punto C.

Por otro lado, lo que podríamos llamar «clases medias asiáticas» son las principales ganadoras del juego en términos relativos. Como partían con recursos muy pequeños, las ganancias que han tenido —en torno al 12 por ciento del total de los nuevos ingresos absolutos— han supuesto un crecimiento relativo del 80 por ciento. Estas personas se sitúan en el centro de la distribución de ingresos de sus países —sobre todo China pero también India, Tailandia, Vietnam e Indonesia—. Naturalmente «clase media» significa allí una cosa distinta a lo que significa en Occidente, pero gráficamente podríamos identificarla con las capas urbanas de China. En el gráfico son el punto A.

Finalmente, lo que llamamos «clases populares occidentales» son aquellos sectores más ricos que los asiáticos que acabamos de describir, pero que se encuentran en los estratos más pobres de sus propios países, fundamentalmente los de Europa occidental, Norteamérica, Oceanía y Japón. Son los que no han ganado nada con la globalización y, de hecho, son sus víctimas porque han sido golpeados por procesos de desindustrialización, el incremento de la competencia económica internacional y un mercado de trabajo global que hace aún menos competitivos a los trabajadores no cualificados. En el gráfico son el punto B.[1]

Gráfico 1.

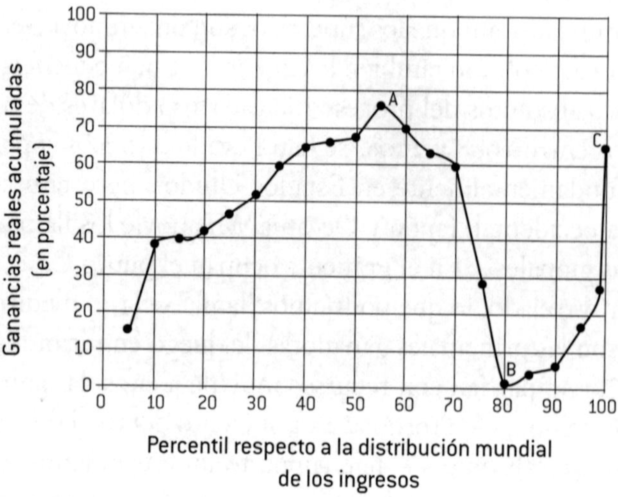

El gráfico anterior muestra la distribución de ingresos a nivel mundial, y como tal tiene sus limitaciones. Lo que nos interesa resaltar es que lo apuntado aquí conforma el terreno material en el que se mueve la batalla política, por decirlo así. Esto es, sería imposible entender fenómenos como la victoria de Donald Trump (1946) en Estados Unidos o la creciente po-

1. Sin embargo, si excluimos el enorme efecto que genera la población china sobre la muestra, encontraremos que las clases populares occidentales en realidad han perdido ingresos. En términos de nuestro juego, al finalizarlo tendrían 6 o 7 euros.

pularidad de Marine Le Pen (1968) en Francia, el crecimiento de la extrema derecha en el norte de Europa, el 15-M en España o las movilizaciones sociales en el sur de Europa sin atender a estas transformaciones. Igualmente, sin comprender estos cambios no se pueden plantear estrategias políticas correctas o adecuadas para la izquierda.

Lo que estamos diciendo es que las clases populares de Europa son parte de las grandes perdedoras de la globalización y que, por eso mismo, buscan, a veces de forma consciente y otras de forma intuitiva, proyectos políticos de protección ante la expansión de la pobreza, inseguridad, precariedad e incertidumbre.[2]

A finales del año 2014, un estudio del Pew Research Center mostró lo debilitada que estaba la confianza en el libre mercado en el sur de Europa. A la pregunta de si el libre mercado era mejor para la gente, en el mundo occidental respondió afirmativamente el 63 por ciento (frente al 30 por ciento que respondió negativamente). Pero en España solo el 45 por ciento estuvo de acuerdo con la afirmación (el 51 por ciento en contra), veintidós puntos menos que en 2007. En Grecia, el porcentaje fue del 47 por ciento (50 por ciento en contra); en Italia, del 57 por ciento (31 por ciento en contra); en Francia, del 60 por ciento (39 por ciento en contra), y en Japón, del 47 por ciento

2. Esta es una formulación basada en la tesis del *doble movimiento* de Karl Polanyi (1886-1964). Según este autor, el fascismo es parte de los contramovimientos naturales que provoca la propia utopía liberal, la cual aspira a construir un sistema de relaciones mercantilizadas que nunca podría instaurarse sin poner en peligro a la sociedad misma. Esto es así porque los intentos de construir una sociedad de mercado (en la que el mercado regula cada vez más aspectos de nuestra vida: relaciones laborales, servicios esenciales, recursos naturales, relaciones vitales, etc.) llevan a contramovimientos de defensa o autoprotección de los sectores o clases sociales más perjudicadas por esa dinámica.

(51 por ciento en contra). Estos datos contrastan con los de los países ganadores de la globalización, como los llamados países emergentes. Por ejemplo, en Vietnam, el 95 por ciento estaba de acuerdo con que el libre mercado era mejor (frente al 3 por ciento que contestaba negativamente), y en China ese porcentaje era del 76 por ciento (frente a un 18 por ciento). En suma, estos datos abundan en la percepción subjetiva que tienen las poblaciones de diferentes países sobre la globalización. Y es normal, por lo visto más arriba, que los ganadores materiales de la globalización apuesten por más libre mercado, mientras que sus perdedores materiales dejan de confiar en la mano invisible a nivel mundial.

En efecto, parece probado que la globalización ha producido ganadores y perdedores que se han distribuido de forma desigual entre clases sociales y a lo largo del mundo. Para explicar cómo eso ha afectado, en particular, a las sociedades más desarrolladas y a sus clases populares tenemos que atender al desplazamiento del régimen de acumulación desde el fordismo hasta el posfordismo.[3] Ya vimos, en el capítulo 3, que las transformaciones económicas habían afectado a la estructura de clases. Ahora veremos, muy brevemente, qué fue lo que cambió en la esfera de la producción.

El régimen de acumulación fordista, que sentó los fundamentos del Estado social en la mayoría de los países occidentales tras la Segunda Guerra Mundial, estaba caracterizado esencialmente por el círculo virtuoso entre la producción y el

3. El concepto de régimen de acumulación es original de la *teoría de la regulación*, una escuela francesa de inspiración marxista. La idea central es que para que el capitalismo pueda sobrevivir necesita una estructura coherente de instituciones (normas, hábitos, educación, cultura, leyes, regulaciones varias, relación capital-trabajo, etc.) que faciliten la acumulación de capital, esto es, el crecimiento económico sin el que el capitalismo colapsaría.

consumo masivo. Sus rasgos principales eran: la producción masiva en cadenas de montaje con mano de obra semicualificada; un sistema macroeconómico estable y fuertemente regulado a nivel nacional e internacional; empresas en las que se daba la separación entre control y dirección pero muy centralizadas y que buscaban crecer en tamaño para aprovechar las economías de escala; una relación salarial basada en un compromiso capital-trabajo según el cual los incrementos de productividad se repartían tras acuerdos entre patronal y sindicatos; crecimiento masivo del consumo; una sociedad urbano-industrial, y la existencia de un salario social en forma de pensiones, sanidad y educación pública y prestaciones sociales adicionales.

La propia dinámica y evolución del capitalismo fue tensionando el sistema hasta que entró en crisis. Entre los años setenta y ochenta se fue abriendo paso un nuevo régimen de acumulación caracterizado por la desregulación y un mayor protagonismo del libre mercado como institución rectora de lo económico. David Harvey lo llamó régimen de acumulación flexible pues esa era su característica esencial: la flexibilidad. Las dudas sobre su estabilidad a medio plazo son notables. En todo caso, se ha convenido en llamar régimen de acumulación posfordista al conjunto socioeconómico caracterizado por nuevas formas de producción flexible, basadas en redes y sistemas de externalización y en la utilización de nuevas tecnologías de la información y la comunicación; relaciones laborales flexibles que combinan trabajadores muy cualificados con trabajadores no cualificados; desindustrialización general de las economías occidentales, con deslocalizaciones hacia países con mano de obra más barata; dura competición salarial a la baja; entorno macroeconómico volátil y caracterizado por la desregulación; cambio de las formas burocráticas en la empresa por formas horizontales y más planas y delgadas; desmantelamiento del Estado social e incremento de las desigualdades.

Esta transición ha modificado enormemente la realidad socioeconómica de nuestros países occidentales. Aunque cada país haya contado con sus propias especificidades, la transición es común a todos. Y, más importante a efectos de lo que nos interesa aquí, el cambio en la estructura productiva y las relaciones laborales ha modificado también sobremanera la estructura de clases.

Si analizamos los proyectos que ofrece la extrema derecha, por ejemplo los de Le Pen o Trump, encontraremos un patrón común ciertamente general: la promesa de protección material a las víctimas de la globalización y la crisis. Lo singular es que se dirige únicamente a los sectores nacionales, pues el discurso va acompañado de valores y principios profundamente racistas y nacionalistas, que enfrentan a los pobres en función de su identidad étnica. Por desgracia, esos discursos han conseguido calar sobre todo en los sectores más empobrecidos y menos cualificados de sus sociedades.

Hasta la década de los noventa los resultados electorales de los partidos de extrema derecha europea eran por lo general muy modestos. En muy extraña ocasión alguno de los partidos asociados a esta familia ideológica superaba el 10 por ciento en elecciones nacionales o europeas. Sin embargo, desde entonces su dinámica de crecimiento ha sido constante, y hoy en día algunos de esos partidos superan ampliamente el 20 por ciento, e incluso han alcanzado el control de sus gobiernos nacionales.

No se trata sólo de un problema cuantitativo. La creciente presencia e influencia de la extrema derecha es tal que presiona a los partidos conservadores tradicionales hacia posiciones radicalizadas. Esto ocurre especialmente en materias donde la extrema derecha es electoralmente más competitiva, como sucede en cuestiones de inmigración, identidad nacional o seguridad militar. Fruto de esta dinámica, y de las alianzas institucionales que suelen fraguarse entre ambas familias, la frontera entre los partidos conservadores tradicionales y los de extrema derecha se ha ido difuminando. El caso paradigmático es el de Fidesz, el partido del primer ministro húngaro Viktor Orbán, que tras su radicalización terminó abandonando el grupo conservador del Parlamento Europeo —donde está el PP—. Además, la nueva posición pro-OTAN de la mayoría de la extrema derecha está permitiendo un reordenamiento estratégico de las derechas europeas, facilitando así esa mayor porosidad entre las familias conservadoras. El principal problema para el análisis es que un fenómeno tan grave como el de la extrema derecha se tiende a difuminar bajo la etiqueta mucho más amplia de populismo.

Gráfico 2. Resultados electorales de partidos de extrema-derecha (1970-2023)

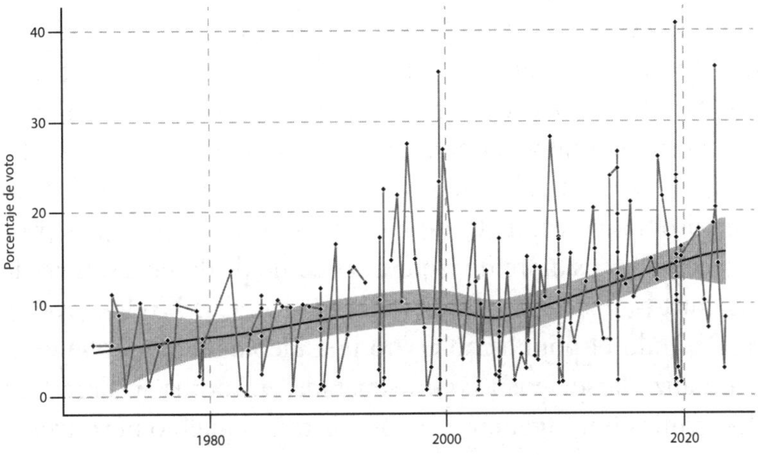

Fuente: Elaboración propia con datos oficiales.

En el lenguaje coloquial es habitual confundir los conceptos de extrema derecha, derecha radical, populista y *antiestablishment*, entre otros. Ni siquiera la literatura académica termina de llegar a un consenso para la definición de populismo. Los esfuerzos para alcanzar una definición común no han dado resultado; según el enfoque, el populismo ha llegado a caracterizarse como ideología (un sistema de creencias acerca de cuestiones políticas), como estrategia (unas prácticas políticas para alcanzar el poder) o como práctica discursiva (un estilo de comunicación específico). Los intentos de conceptualización fracasan sistemáticamente porque la heterogeneidad de los partidos que de forma intuitiva serían calificados de populistas es demasiado grande, y porque el conjunto de los partidos que en algún momento asumen posiciones populistas en cualquiera de esos ámbitos alcanza a la totalidad de los existentes. Incluso aquellos considerados *mainstream* pueden ser calificados de populistas en virtud de algunos —o muchos— de sus discursos o prácticas políticas.

De hecho, el mayor punto de consenso es que el término «*populismo* ha sido siempre usado en un sentido negativo por las élites gobernantes para caracterizar cualquier forma de oposición que reclame representar la voz del pueblo».[4] Es más, el uso particular de «populismo» suele estar vinculado con el objetivo explícito de incorporar bajo su paraguas proyectos políticos tanto de izquierdas como de derechas. Uno de los autores más citados sobre la temática, Cas Mudde (1967), ha definido el populismo como una ideología débil que conceptualiza la sociedad como separada en última instancia en dos grupos homogéneos y antagonistas, el pueblo puro frente

4. A. Benveniste, L. Gabriella y C. Giovanna, «Populism: the concept and its definitions», en A. Benveniste, L. Gabriella y C. Giovanna (eds.), *The rise of the far right in Europe*, Palgrave MacMillan, Londres, 2016.

a la élite corrupta, y que hace hincapié en que la política debería ser una expresión de la voluntad general del pueblo.[5] Lo que sucede es que esta definición, ampliamente utilizada por los partidos *mainstream* y sus correligionarios en las tertulias, podría ajustarse a la totalidad de los partidos actualmente existentes. O, al menos, a los que interesen al interlocutor de turno. Carece de rigor.

En cualquier caso, es razonable pensar que es peligroso reducir el fenómeno de la extrema derecha a una combinación de estilos comunicativos de ideología débil y sin sustancia política. Las caricaturas, que por defecto subrayan y exageran aspectos ciertos, tienden a considerar, por ejemplo, a Le Pen y a su competidor de izquierdas Jean-Luc Mélenchon (1951) como equivalentes por coincidir en determinadas estrategias discursivas que incluyen la construcción de antagonismos tales como pueblo frente a corrupción o por echar mano ambos de las nuevas formas de comunicación que permiten evitar a los grandes medios empresariales. El diagnóstico limitado que eso supone nos lleva a banalizar a la extrema derecha. Y es que el problema reside, sencillamente, en que, en términos de contenido político, la extrema derecha no solo es antagónica a la izquierda y sus diferentes formas, sino que lo es también a la democracia y los derechos humanos.

En realidad, Mudde entiende que el populismo es solo una de las características de los partidos de la familia de la derecha radical europea; el nativismo y el autoritarismo son otras dos. El nativismo es «una ideología que considera que el Estado debería ser poblado exclusivamente por miembros del grupo nativo (la nación) y que los elementos no nativos (personas e ideas) son fundamentalmente una amenaza a la homogeneidad

5. C. Mudde, *Populist radical right parties in Europe*, Cambridge University Press, Cambridge, 2007.

del Estado-nación», lo que puede incluir una combinación de nacionalismo y xenofobia.[6] Por su parte, el autoritarismo se entiende como la disposición general a glorificar —y a subordinarse acríticamente— a una figura autoritaria del grupo y a tomar una actitud de castigo hacia el resto en el nombre de alguna autoridad moral. Probablemente estas características sean las adecuadas para clasificar a los diferentes partidos de extrema derecha, pero lo que está claro es que son suficientes para comprobar que estos proyectos políticos son opuestos a los derechos humanos, tal y como han sido defendidos desde 1948 precisamente al calor del antifascismo.

Ahora bien, en toda gran mentira siempre hay algo de verdad. Sí hay algo que tienen en común las nuevas formas de fascismo y de socialismo, o las llamadas nueva derecha y nueva izquierda. Concretamente es su procedencia o causa: son ambas expresión de la necesidad del pueblo de protegerse ante cambios y circunstancias económicas frente a los que se siente vulnerable. La diferencia, esencial desde el punto de vista propositivo, es que la derecha tiende a concebir el pueblo culturalmente, como nación, y la izquierda lo hace económica o políticamente, como clase o sujeto soberano. ¿Pueden entonces los cambios económicos explicar el auge de las nuevas formas de extrema derecha y de fascismo en Europa?

A juicio de autores como Hanspeter Kriesi (1949), las precondiciones para el auge de la extrema derecha o de posturas populistas son de naturaleza fundamentalmente económica. Por una parte, el populismo habría aprovechado la estructura de oportunidad que le brinda la actual crisis de la democracia política liberal, caracterizada por la creciente desconfianza en el sistema de partidos y, en particular, en los

6. C. Mudde, *Populist radical right parties in Europe*, Cambridge University Press, Cambridge, 2007.

partidos políticos gobernantes. En efecto, los partidos políticos habrían dejado de ser el enlace efectivo entre la sociedad civil y las instituciones en las que se toman las decisiones. Además, la mediatización de la política habría reducido el papel de los propios partidos, que han quedado como meros reflejos de los candidatos y líderes políticos. Por otra parte, detrás de esta crisis institucional estarían las recientes transformaciones económicas globales. De un lado, la nueva arquitectura institucional supranacional —como la Unión Europea— habría disminuido el margen de actuación económica de los parlamentos. De otro, la globalización habría provocado una división global y nacional entre ganadores y perdedores que conforma el potencial social y electoral de todos los partidos.[7]

Esta interpretación deriva la crisis política de una trayectoria económica de más largo alcance. No se trata de determinismo, sino de la constatación de que las instituciones que regulan el capitalismo a nivel nacional —como los parlamentos— han sido relegadas a segundo plano en las últimas décadas a favor de intereses supranacionales que quedan lejos del control ciudadano directo. No obstante, como hemos dicho, la globalización no solo ha alterado las relaciones entre instituciones, sino que ha provocado efectos materiales y culturales percibidos unitariamente por los diferentes sectores sociales.

En concreto, la globalización ha creado una nueva división en la sociedad: entre perdedores y ganadores. En los países occidentales, la desindustrialización, la precarización de las relaciones laborales y la pérdida de calidad de los ser-

7. H. Kriesi *et al.*, *West European politics in the age of globalization*, Cambridge University Press, Cambridge, 2008, y H. Kriesi, «The populist challenge», *Western European Politics*, 2014, pp. 361-378.

vicios públicos han provocado no solo un incremento de la desigualdad muy notable, sino también una percepción subjetiva de derrota en gran parte de las clases populares. Como hemos visto, el estudio de Milanović ha puesto cifras a los cambios relativos y absolutos en los ingresos reales de los diversos sectores sociales, y ha expresado muy bien el carácter perdedor de las clases populares y de la clase trabajadora de Europa occidental.

Antes de que se iniciase la revolución neoliberal, el marco institucional de tipo keynesiano-fordista estaba caracterizado por un intenso control sobre la economía. Las políticas neoliberales rompieron con ese marco y dieron rienda suelta al libre mercado en múltiples aspectos de la vida económica y social en los que anteriormente no estaba permitido. Las reformas neoliberales en todas partes del mundo se caracterizaron por privatizaciones, liberalizaciones de sectores protegidos, desregulación de prácticas antes prohibidas y, en suma, la mercantilización de múltiples espacios vitales. La agudización de la competición económica provocó un rápido reajuste de las estructuras productivas y de los mercados de trabajo, y conllevó la desaparición de las unidades no competitivas. En ese contexto, el nuevo marco de competición económica globalizado favorece a los sectores con más cualificación formal, mejor preparados para un mercado de trabajo global, y perjudica a los de menor cualificación y a los otrora protegidos por las políticas del Estado-nación. De otro lado, la globalización es percibida como una amenaza al estándar de vida de los nativos y es sentida como competición económica y cultural al mismo tiempo. Finalmente, la competición política implica la pérdida de soberanía y de autonomía del Estado en un nuevo contexto internacional de omnipresencia de las empresas transnacionales y de las entidades supranacionales. En este enfoque, hay que insistir, los ciudadanos no perciben las amenazas materiales y culturales como fenómenos distintos.[8]

Cabe entonces preguntarse si los perdedores de la globalización son o no la posible base social de las organizaciones políticas de extrema derecha. O, dicho de otra forma, ¿pueden las actuales condiciones económicas fundamentar el retorno del fascismo en cualquiera de sus formas?

Analicemos, por ejemplo, el caso francés. Las raíces de la extrema derecha francesa se encuentran en la tríada que conforman la experiencia de Gobierno colaboracionista de Philippe Pétain (1856-1951) durante la ocupación nazi, la guerra de Argelia y la contrarrevolución a mayo del 68.[9] Ahora bien, el Frente Nacional (FN) se creó en 1972 como una coalición electoral de organizaciones que compartían rasgos esenciales procedentes de aquellos tres hitos, con Jean-Marie Le Pen (1928) como líder fundador, antiguo diputado de la extrema derecha que había entrado en la Asamblea Nacional al calor de la independencia de Argelia. Tras diez años de insignificantes resultados, el crecimiento del FN tuvo lugar en los años ochenta en el marco de la oposición al Gobierno de coalición de izquierdas y con un marcado discurso antiinmigración y promercado.[10] En ese momento, los franceses que creían que había demasiados inmigrantes ya eran mayoría —y su número no ha crecido significativamente desde entonces—. Ya en 1977

8. H. Kriesi *et al.*, *West European politics in the age of globalization*, Cambridge University Press, Cambridge, 2008.

9. E. Pingaud y A. Benveniste, «Far-right movements in France: The principal role of Front National and the rise of islamophobia», en A. Benveniste, G. Campani y G. Lazaridis (eds.), *The rise of far right in Europe*, Palgrave MacMillan, Londres, 2016, pp. 55-79.

10. S. Bornschier, «France: the model case of party system transformation», en H. Kriesi *et al.*, *West European politics in the age of globalization*, Cambridge University Press, Cambridge, 2008.

el Gobierno anunció un plan de repatriación de inmigrantes que fue abandonado por la presión de la izquierda, lo que puso de relieve que el discurso antiinmigración no procedía solo de los márgenes del espectro político. Desde entonces hasta 2011 el FN fue modulando su discurso de forma progresiva para vincularlo más expresamente a los sectores sociales nativos más vulnerables, fue abandonando las posiciones promercado y se declaró del todo antieuropeísta.

En 2011 un conflicto interno llevó al poder a Marine Le Pen, hija del anterior líder pero enfrentada a la vieja guardia. Con ella al timón, el FN inició un proceso de reforma interna que implicó la depuración de los sectores más vinculados al discurso antiinmigración, un control más estricto de la imagen del partido y un cambio de estrategia discursiva. En el nuevo discurso se han acentuado los rasgos antiglobalización, anticapitalistas y anti-UE, mientras que ahora el eje no son los inmigrantes, a quienes se considera víctimas del interés de las grandes corporaciones en la búsqueda de mano de obra barata, sino el discurso antiislam. Eso entronca con la enorme cantidad de organizaciones de extrema derecha que, desde mucho antes que el FN, han ido señalando al islam como la amenaza más grande para el pueblo francés. Entre esas organizaciones se encuentran instituciones privadas ultracatólicas, organizaciones directamente fascistas y todo tipo de grupúsculos de activistas de extrema derecha. Todo ello se interpreta a partir del concepto más nativista, articulado por la idea de nación francesa. De hecho, los votantes del FN muestran altos niveles de intolerancia hacia inmigrantes y extranjeros.[11]

11. N. Mayer, «The electoral impact of the crisis on the French working class», en L. Bartels y N. Bermeo (eds.), *Mass politics in tough times*, Oxford University Press, Nueva York, 2014.

La economía francesa también se ha visto afectada por la globalización ya desde los años setenta, lo que ha ido cristalizando en una fuerte desindustrialización y un retroceso en los derechos laborales. El Gobierno de coalición de Mitterrand en 1981 trajo esperanza a muchas de las víctimas de esas transformaciones, pero en 1984, el giro neoliberal del Partido Socialista supuso un duro impacto en la economía y en la estructura social francesa. Especialmente golpeados fueron los sectores menos cualificados, a pesar del programa de anestesia de los Gobiernos estatales —principalmente basado en ayudas para prejubilaciones—.[12] Desde entonces, el acceso al empleo es cada vez más difícil para los jóvenes y para los menos cualificados. Todo un potencial enorme para el crecimiento de las nuevas formas de fascismo, aunque también para vías alternativas como el comunismo. Sin embargo, la batalla de momento la gana por goleada la extrema derecha.

En los años setenta, el grado de relación de una persona con otras de la clase trabajadora predecía electoralmente el voto para la izquierda y especialmente para los comunistas. Hoy, sin embargo, predice mejor la probabilidad de votar a la extrema derecha.[13] Las causas de la desafección de la clase trabajadora pueden encontrarse en las políticas del Partido Socialista; en el declinar del sueño comunista y por tanto del apoyo al Partido Comunista Francés, y en las transformaciones industriales que han fragmentado y dispersado a la

12. S. Bornschier, «France: the model case of party system transformation», en H. Kriesi *et al.*, *West European politics in the age of globalization*, Cambridge University Press, Cambridge, 2008.

13. N. Mayer, «The electoral impact of the crisis on the French working class», en L. Bartels y N. Bermeo (eds.), *Mass politics in tough times*, Oxford University Press, Nueva York, 2014.

clase trabajadora. Efectivamente, al paso de estas transformaciones la conciencia de clase se ha ido evaporando también. En 1966, casi un cuarto de la población francesa decía reconocerse en la clase trabajadora, mientras que en 2010 ese porcentaje se redujo al 6 por ciento.[14]

No obstante, la sensación de vulnerabilidad no se limita solo a la clase trabajadora. Alcanza a otros sectores sociales y cristaliza también en aspectos culturales. La sensación dominante es, en cualquier caso, de empeoramiento de las condiciones de vida. Durante los llamados Treinta Gloriosos solo el 28 por ciento de los franceses creían vivir peor que cinco años antes. En 1981, cuando la izquierda ganó las elecciones presidenciales, el porcentaje alcanzó el 50 por ciento. En 1993 ya estaba en el 60 por ciento. En 2010 el porcentaje era del 71 por ciento y alcanzaba el 74 en el caso de la clase trabajadora.[15]

El reciente crecimiento del FN no es consecuencia de la presente crisis, sino el resultado de factores estructurales de más largo recorrido. Pero también se ha visto facilitado por factores coyunturales, como la crisis de la izquierda en general. El Partido Socialista francés ha decepcionado a gran parte de su electorado hasta el punto de que ha sufrido rupturas por derecha e izquierda en muy pocos años y ha descendido hasta la quinta posición en las últimas elecciones presidenciales. Por su parte, el Partido Comunista Francés y la izquierda no socialdemócrata se han organizado en coaliciones de desigual impacto, hasta que en 2017 han conseguido quedar en cuarto lugar con un resultado histórico del 19,6 por ciento en una candidatura encabezada por Jean-Luc Mélenchon.

14. *Ibídem.*

15. N. Mayer, «The electoral impact of the crisis on the french working class», en L. Bartels y N. Bermeo (eds.), *Mass politics in tough times*, Oxford University Press, Nueva York, 2014.

En definitiva, el crecimiento de la extrema derecha debería preocuparnos y mucho. El fascismo en sus múltiples formas es una categoría mayor, como bien supieron detectar —aunque quizás tarde— los comunistas de los años treinta del siglo XX. El crecimiento de estas formas de pensamiento político, enraizadas en la intolerancia y el odio al diferente, encuentra su caldo de cultivo en la dinámica de mercantilización propia del capitalismo. Con cada paso que avanza el libre mercado, ahogando los espacios vitales y condenando al desempleo y la precariedad a las clases populares, el fascismo encuentra más posibilidades de arraigar.

El fascismo mantiene una conexión vital con el liberalismo. Por un lado, es consecuencia del utópico proyecto liberal. Por otro lado, es también el último recurso que tienen los capitalistas para mantener a salvo la propiedad privada de los medios de producción. Como bien señalaba Olmo en *Novecento*, la inmejorable película de Bernardo Bertolucci (1941), «los fascistas no son como los hongos que nacen así en una noche. Han sido los patronos los que han plantado a los fascistas. Los han querido, les han pagado y con los fascistas los patronos han ganado cada vez más hasta no saber dónde meter el dinero».

El discurso oficial o *mainstream* sobre el populismo no solo banaliza la importancia y la gravedad del auge de la extrema derecha, sino que busca su legitimación por comparación con otros proyectos políticos procedentes de la izquierda. La categoría de populismo no solo es estéril a efectos descriptivos, sino que oscurece la realidad subyacente. Es mucho más adecuado hablar de extrema derecha o de nuevas formas de fascismo.

El crecimiento de esta extrema derecha se produce por alimentación de la rabia y frustración de las clases populares y, particularmente, de la clase trabajadora. En el contexto actual son los perdedores de la globalización los que forman la legión de votantes de los partidos de extrema derecha. Y eso no es el resultado inevitable de la historia, sino una derrota política y cultural de la izquierda anticapitalista. Sin embargo, algo sí parece seguro. Las transformaciones sociales y económicas de las últimas décadas, bajo el paraguas de la globalización, se llevan por delante tanto a los sistemas tradicionales de partido como a las instituciones supranacionales que les han dado amparo. La irrupción de nuevos partidos y de nuevas formas políticas no parece que vaya a agotarse ni a ser previsible hasta que las causas originales, relacionadas con las privaciones provocadas por el capitalismo, hayan desaparecido.

La izquierda ante las clases populares

Si la extrema derecha crece sobre la base de la clase trabajadora y de otros estratos afectados por el capitalismo, ¿qué está haciendo la izquierda? Al fin y al cabo, en los tiempos de Marx y Engels el fascismo no era una preocupación aún. Para ellos era harto evidente que la clase trabajadora siempre estaría del lado del socialismo y la mayor batalla era evitar que las masas cayeran presas del reformismo contrarrevolucionario. El fascismo tuvo un origen posterior que obligó a reconducir las creencias socialistas.

Ya hemos repasado algunas de las transformaciones económicas más importantes que han tenido lugar en las últimas décadas. A la luz de las mismas parece evidente que, si unimos dos fenómenos tales como el derrumbe de los países del llamado socialismo real y los procesos de desindustrialización en Occidente, tenemos una mala combinación para los partidos políticos de izquierdas. De un lado, porque se deteriora la fuerza del imaginario socialista como alternativa, con todo lo que ello conlleva a nivel cultural, y de otro lado, porque se presupone que la mayor fuerza electoral de los partidos comunistas y radicales se encuentra en la clase obrera clásica, particularmente la de cuello azul, típicamente fordista y de cadenas de montaje.

En realidad, los estudios han revelado que los partidos comunistas nunca han sido los más apoyados entre la clase obrera, ni siquiera el exitoso Partido Comunista Italiano, que llegó a obtener un 34,4 por ciento de los votos en 1976. Eso sí, su electorado ha estado compuesto mayoritariamente por votantes de la clase obrera. Por eso los cambios en la estructura de clases han podido afectar mucho a los partidos anticapitalistas, en tanto que las grandes industrias han sido desmanteladas, los sindicatos se han debilitado y ha disminuido el nivel de afiliación sindical.

En efecto, en las investigaciones de ciencia política todas estas hipótesis se han confirmado de una u otra forma. El reciente estudio publicado por Luis Ramiro[16] es un buen comienzo para analizar los perfiles de los votantes de la izquierda radical o anticapitalista en el período que va de 1989 a 2009.

En primer lugar, Ramiro pone de relieve que no se demuestra una relación directa entre pertenecer a un sector social desfavorecido y votar a un partido radical de izquierdas, ni siquiera cuando hablamos de la clase obrera (sea trabajador manual, trabajador profesional o empleado público). Esto es algo contraintuitivo porque los partidos anticapitalistas se definen a sí mismos como representantes de la clase obrera y sus programas giran, en lo fundamental, en torno a la satisfacción de las necesidades de los sectores más desfavorecidos. Ramiro apunta que se advierte una gran competencia en estos sectores, tanto entre partidos socialistas como entre partidos de extrema derecha.

16. L. Ramiro, «Support for radical left parties in Western Europe: social background, ideology and political orientations», *European Political Science Review*, vol. 1, 2016, pp. 1-23.

Ramiro encuentra evidencias empíricas cuando el individuo se identifica con la clase obrera —lo que llamamos conciencia de clase—, es afiliado sindical, no pertenece a ninguna religión, se considera de izquierdas, está descontento con la democracia o tiene una percepción negativa de la Unión Europea. En todos esos casos, la probabilidad de votar a un partido anticapitalista se incrementa. Al mismo tiempo, hay evidencia también de que el votante de un partido anticapitalista tiende a estar muy poco cualificado o altamente cualificado, casi sin término medio. Asimismo, en cuanto a la edad, hay indicios de que el perfil ha ido cambiando con el tiempo y se ha rejuvenecido.

Estas conclusiones son relevantes porque en términos marxistas significan un desplazamiento de la relación votante-organización desde la estructura económica hacia la superestructura. Parece que la captación de votantes se produce más por el lado subjetivo e inmaterial —conciencia de clase, ideología, concepción del mundo— que por el lado objetivo y material —vínculo entre los intereses de la clase obrera y una organización que se dice legítima representante de esos intereses.

En definitiva, todo parece indicar que la conexión de los partidos anticapitalistas con las clases más populares y desfavorecidas se ha desvanecido, o bien nunca ha existido, salvo en la retórica política. Algo sobre lo que Owen Jones (1984) alertó en su libro *Chavs* cuando insistió en que la verdadera clase obrera había quedado desamparada, mientras, en cierta forma, la izquierda miraba a las llamadas clases medias. No obstante, y esto lo indica también Ramiro, el estudio pone de relieve que cuestiones como la ideología, la afiliación sindical o la conciencia de clase siguen teniendo relevancia a pesar de las transformaciones económicas de las últimas décadas. En ningún caso han desaparecido.

Hasta aquí hemos hablado de partidos anticapitalistas, pero en realidad la categoría que usan los académicos como Ramiro es la de *Radical Left Parties (RLP)*, que define a los partidos que rechazan la estructura económica del capitalismo contemporáneo y sus valores y prácticas, y defienden una estructura económica y de poder alternativa que implique una mejor redistribución de los recursos. Así, más que ante una declaración explícita de anticapitalismo, estaríamos ante una crítica del capitalismo globalizado actual, aunque a veces se dé una defensa de un sistema socialista. Nos referimos, en suma, a los partidos que componen el Partido de la Izquierda Europea (PIE), el grupo parlamentario europeo de la Izquierda Unitaria Europea-Izquierda Verde Nórdica (GUE/NGL) y otros que, aún sin participar en espacios colectivos, tienen su marcado carácter anticapitalista.

Naturalmente, dentro de ese conjunto hay una importante heterogeneidad, y a veces se han hecho intentos para hilar más fino. Ese propósito tiene el trabajo de Raúl Gómez, Laura Morales y Luis Ramiro.[17] Han estudiado los programas políticos de dichas organizaciones desde la década de 1940 y han clasificado a los partidos en dos categorías: nueva izquierda y tradicionales. Los partidos tradicionales son los que se centran más en temas tales como el análisis marxista, el antiimperialismo, el trabajo, la justicia social, la planificación económica y el nacionalismo, mientras que los de la nueva izquierda son aquellos que tratan especialmente temas como la democracia, la paz, el ecologismo o los derechos de las minorías sociales.

Por ejemplo, partidos de alta retórica tradicional con muy pocos elementos de nueva izquierda son el Partido Comunista

17. R. Gómez, L. Morales y L. Ramiro, «Varieties of radicalism: examining the diversity of radical left parties and voters in western Europe», *West European Politics*, vol. 39, n.º 2, 2015, pp. 351-379.

de Grecia (KKE) y el Partido Comunista de Portugal (PCP), mientras que en el lado inverso se encuentran los partidos nórdicos. Curiosamente, Izquierda Unida y los partidos comunistas italianos caen del lado de la nueva izquierda desde 1989 y 1994, respectivamente, si bien es verdad que en la frontera. La explicación la veremos en más adelante, cuando analicemos el fenómeno del eurocomunismo. En todo caso, es una tendencia que con el tiempo los partidos tradicionales se han ido desplazando hacia el otro lado de la clasificación.

Ahora bien, en la comparación del tipo de votantes, el estudio revela que los partidos tradicionales y de nueva izquierda no se diferencian en términos de edad, género, ubicación ciudad/campo ni en conciencia de clase o afiliación sindical. Sin embargo, los investigadores sí encuentran que los votantes de los partidos de nueva izquierda están más cualificados y son menos religiosos que los de los partidos tradicionales. También revelan que los votantes de la nueva izquierda son más moderados, menos euroescépticos y están más insatisfechos con las cuestiones democráticas.

En definitiva, parece que estas transformaciones discursivas tienen que ver con fenómenos como la caída del Muro de Berlín, que ha reducido el componente ortodoxo de los partidos, y las transformaciones económico-sociales, que han dado mayor importancia a aspectos que van más allá del conflicto capital-trabajo. Eso sí, tanto los partidos tradicionales como los de nueva izquierda fallan al conectar con las clases populares a las que de una u otra forma dicen representar.

Nos falta explorar el surgimiento de Podemos en España como partido que pertenecería al conjunto de los anticapitalistas, pues de hecho es miembro del GUE/NGL. Uno puede presuponer, sin embargo, que su habitual caracterización como partido populista —al construir discurso sobre la dicotomía entre la casta y el pueblo—, así como el análisis de su programa

—muy centrado en aspectos inmateriales—, debería llevar a clasificarlo como un partido también de nueva izquierda. Veremos si los estudios confirman esa hipótesis y cuáles son las diferencias que pueden existir entre los votantes de Podemos y de IU.

Los datos del Centro de Investigaciones Sociológicas (CIS) confirman que las clases populares no votan a Izquierda Unida, pero tampoco a otros partidos radicales como Podemos. Los parados/as, jubilados/as y trabajadores/as del ámbito doméstico son un importante nicho de votantes del bipartidismo y, particularmente, del Partido Popular, mientras que constituyen una ínfima parte del apoyo electoral de los partidos radicales.

Ahora bien, el surgimiento de Podemos en 2014 es un fenómeno singular en toda Europa, dado que el populismo ha estado vinculado esencialmente a la extrema derecha. Sobre esta cuestión Luis Ramiro y Raúl Gómez han avanzado una investigación con datos de las elecciones europeas de 2014.[18] La pregunta que se hacen Ramiro y Gómez es por qué surgió Podemos como partido radical de izquierdas cuando ya había otro —Izquierda Unida— que teóricamente ocupaba ese lugar.

Una posibilidad es pensar que Podemos ha llegado al mismo tipo de público que los partidos populistas de derechas del resto de Europa, es decir, a los perdedores de la globalización. El perfil de ese votante es el de una persona desempleada, poco cualificada, muy expuesta a la competencia económica internacional y con sentimientos nacionalistas que se realzan como forma de protección ante esa situación general de vulnerabilidad. Sin embargo, la investigación demuestra que no hay evidencia de que Podemos sea el partido de los perdedores de la

18. L. Ramiro y R. Gómez, «Radical left populism during the Great Recession: Podemos and its competition with the established radical left», *Political Studies*, vol. 65 (1S), 2017, pp. 108-126.

globalización. De hecho, Podemos no es más atractivo que IU en esos sectores sociales. Es más, tanto Podemos como IU tienen gran apoyo entre personas altamente cualificadas, algo que no coincide con el perfil de la extrema derecha.

El único matiz que diferencia a ambas organizaciones es que Podemos tiene mayor aceptación entre euroescépticos y abstencionistas. Al mismo tiempo, Podemos tiene más aceptación también entre los que no declaran ideología alguna. Esto puede explicar, probablemente, su capacidad de llegar a personas situadas fuera del eje izquierda-derecha. Curiosamente, Podemos tiene enorme aceptación, más que IU, entre las personas muy de izquierdas, pero también gran penetración en perfiles de izquierdas más moderados. En todo caso, Ramiro y Gómez plantean otra posibilidad: podríamos estar ante el tipo de votante con expectativas insatisfechas. Es decir, personas cualificadas pero que temen perder su trabajo o que se vuelva más precario. Y, en efecto, los investigadores encuentran que la probabilidad de votar a Podemos se incrementa mucho más que la de votar a IU cuando hablamos de este perfil de votante.

El último bloque de posibilidades tiene que ver con el perfil del voto de protesta. Se trata aquí del voto que se realiza como reflejo de la insatisfacción con la democracia o con una situación económica concreta. Vimos antes que los partidos de nueva izquierda suelen caracterizarse más por preocupaciones de tipo democrático e inmateriales. Lo que los investigadores revelan es que entre los votantes de IU y de Podemos no hay diferencias en torno a la actitud patriótica —a pesar del intento de Podemos de apropiarse ese espacio—, y sin embargo sí hay evidencia de que los votantes más centralistas en términos de administración territorial se inclinan más por Podemos que por IU. Finalmente, los investigadores no hallan evidencia de que los votantes de Podemos y de IU sean diferentes respecto a la preocupación por la situación económica. Pero donde sí hay diferencias es respecto a la preocupación por la situación política y la visión sobre el Gobierno y la oposición, puesto que ahí la insatisfacción de los votantes de Podemos es mucho mayor. Esto apoyaría la hipótesis de que los votantes de Podemos son votantes *antimainstream* y están más preocupados que los de IU por las cuestiones democráticas.

En definitiva, parece que las investigaciones revelan que, en la competición electoral entre IU y Podemos, el éxito de este último se debe a que ha canalizado mejor el perfil *antimainstream* y antiélite, junto con un voto de protesta que incluye no solo cuestiones democráticas, sino también las expectativas insatisfechas de las personas más cualificadas. No obstante, es difícil aventurar mucho más.

Como hemos dicho, nuestro país no registra un crecimiento de la extrema derecha como en otros lugares de Europa, pero somos también un espacio geográfico y económico afectado por las transformaciones provocadas por la globalización. Así, también en nuestro país hay perdedores de la globalización que reaccionan en busca de protección. Mucha de esta gente permanece en la abstención. Pero otra mucha participa electoralmente expresando su forma de entender la política. Y no podemos decir que ahí la izquierda anticapitalista esté ganando la partida… al menos de momento. En nuestro país ningún partido radical o anticapitalista ha conseguido llegar a las clases populares y hacerse su representante efectivo y literal —en el sentido de ser un espejo—. Al contrario, el apoyo a los partidos radicales tiene más que ver con cuestiones culturales e ideológicas, mientras que cada vez hay más sectores golpeados por la crisis y la globalización que se encuentran huérfanos de referencias en la izquierda. Como hemos visto, esos sectores son tentados, en muchas partes de Europa, por los partidos de extrema derecha. Algo que supone una verdadera amenaza democrática.

La crisis de régimen

La crisis económica de 2008 puso en evidencia en España el fin de un ciclo que se había iniciado con los consensos de la Transición, que luego tendremos oportunidad de analizar con más detalle. De acuerdo con los planteamientos de Gramsci, cuando una crisis económica es suficientemente grave, acaba trasladándose a una crisis política. Eso es lo que ha sucedido en los últimos años en España. Es decir, el deterioro de las condiciones materiales de vida de la población ha producido una ruptura política y cultural con las instituciones heredadas de la Transición española.

Como era de esperar, el inicio de la crisis económica no provocó una inmediata desconfianza o deslegitimación del régimen político y social. En los primeros años mayoritariamente se confió en el PSOE, y luego en la alternancia con el PP, para resolver los problemas. De acuerdo con lo que planteaba Gramsci, es la permanencia de la crisis, combinada con el ciclo de movilizaciones, la que fue minando la confianza en el sistema y el apoyo electoral de los dos grandes partidos. Efectivamente, los datos revelan que la profundización de la crisis económica disparó la desconfianza en el conjunto de las instituciones españolas. Los datos de la European Social Survey muestran que, durante el año 2006, coincidiendo con el máximo de la burbuja inmobiliaria, los porcentajes de los que no confiaban en absoluto en el Parlamento y en los partidos políticos eran del 6,5 y 16,3 por ciento, respectivamente. En el año 2014 ambos porcentajes habían subido hasta el 18,6 y 33,7 por ciento, respectivamente. Según los datos del CIS, la tendencia es la misma. Actualmente el 21,2 por ciento tiene la mínima confianza en el Parlamento español y el 26,3 por ciento en los partidos políticos. Otras instituciones también despiertan niveles de recelo históricamente altos, como la justicia (12,4 por ciento con mínima confianza en ella), o los sindicatos (29,6 por ciento con mínima confianza).

No obstante, este descrédito generalizado de las instituciones no fue lo que obligó a todos los actores políticos a reaccionar. Fue más bien la irrupción electoral de Podemos en 2014 la que puede verse como un punto de inflexión clave en este proceso. Por un lado, provocó un terremoto político que llevó a la abdicación de Juan Carlos de Borbón como jefe de Estado y a la dimisión de Alfredo Pérez Rubalcaba (1951) como líder del PSOE, y al mismo tiempo supuso un notable cambio político en las intenciones de voto de los diferentes partidos.

Gráfico 4. Intención directa de voto (2011-2016)
En porcentaje

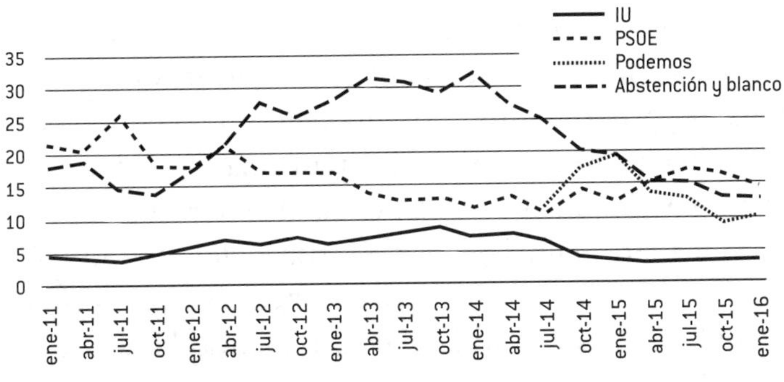

Fuente: Elaboración propia con datos del CIS (2017).

Por otro lado, la irrupción de Podemos contribuyó de forma significativa a la repolitización de la sociedad española. El indicador de intención de votar en blanco o abstenerse se desplomó desde enero de 2014, como se puede ver en el gráfico 4. Otra forma de verlo es a través de las simpatías por los partidos. En octubre de 2013, el porcentaje de personas que declaraban no sentir simpatía por ningún partido político era del 62,1 por ciento. Apenas unos meses más tarde, en enero de 2014, el porcentaje descendió al 44,7 por ciento. En los años siguientes, el porcentaje ha seguido disminuyendo hasta el 23 por ciento en enero de 2016, y a partir de entonces ha vuelto a subir un poco probablemente por la frustración generada con la crisis de gobernabilidad que analizaremos ahora.

Este fenómeno en realidad es paradójico. Por una parte, la población se vuelve más partidista y simpatiza más con algún partido político, pero, por otra, sigue creciendo el descontento con los partidos y con las instituciones políticas en general. Parece el resultado de la impugnación general del sistema y del apoyo creciente a formaciones *antiestablishment*. Un fenómeno que se ha detectado también en otros países de Europa.

La crisis de régimen también se puso en evidencia como consecuencia de que el tradicional sistema de partidos, el llamado bipartidismo, se resquebrajó. El bipartidismo representaba el 55 por ciento de la intención directa de voto en 2006, y sin embargo, en 2014, ese porcentaje se había reducido al 24 por ciento. No obstante, esa debilidad no supuso de ninguna manera el final de los dos principales partidos políticos de España. De hecho, desde entonces el bipartidismo ha mantenido una estabilidad relativa e incluso ha recuperado cierto impulso.[19]

La etapa que va desde mayo de 2014 hasta diciembre de 2015 fue de enorme volatilidad. Las encuestas mostraron importantes vaivenes, síntoma de los rápidos cambios que se estaban produciendo en la sociedad. Durante los primeros meses de 2015, Podemos incluso se colocó en primera posición en las

19. A finales de 2023 el bipartidismo tenía una intención de voto del 48 %.

encuestas. Las apariciones continuas de Podemos en televisión, con entrevistas con más de cinco millones de espectadores como en *Salvados*, sumadas al triunfo de Syriza en Grecia en enero de 2015, que se identificó política y mediáticamente con Podemos, contribuyeron al rápido ascenso de la fuerza liderada por Pablo Iglesias (1978). En la primavera de 2015, la fuerte irrupción de Ciudadanos como una fuerza nacional modificó otra vez el sistema político, que entonces se abrió a cuatro grandes partidos que se repartían más del 80 por ciento del espacio.

La aparición en escena de Ciudadanos fue interpretada como una operación de las grandes empresas del Ibex 35 para hacer frente a la amenaza que suponía entonces Podemos. En junio de 2014, el presidente del Banco Sabadell y entonces presidente del patronato de FEDEA, un *think tank* financiado por las grandes empresas del Ibex 35, afirmó públicamente que «habría que crear una especie de Podemos de derechas». Altos cargos de Ciudadanos como Begoña Villacís (1977) han llegado a reconocer que la existencia de Ciudadanos obedece al objetivo de «evitar el pacto natural del PSOE con Podemos». El empuje mediático no fue menor y, de hecho, las encuestas publicadas por el periódico *El País* en los meses de octubre, noviembre y diciembre de 2014 no incluyeron a Ciudadanos y sí a UPyD. En enero de 2015 eso había cambiado, y Ciudadanos se convirtió directamente en cuarta fuerza política, con enormes elogios a su líder Albert Rivera. Al margen de eso, Ciudadanos utilizó una estrategia comunicativa y discursiva similar a la de Podemos, en la medida en que ambos trataban de presentarse como partidos transversales sin demasiada carga ideológica, pero, en el caso de Ciudadanos, con un apoyo mediático y financiero sin duda mucho más potente. En cierta medida, la operación fue exitosa porque consiguió neutralizar la fuerza de Podemos. La aparición de Ciudadanos en las encuestas hizo descender muy rápidamente el apoyo de la formación morada, hasta el punto de que esta pasó del 28 por ciento de promedio en enero de 2015 a un 17 por ciento en junio del mismo año.

Una operación de estas características solo puede comprenderse si atendemos a los intereses económicos y políticos de las grandes empresas y las grandes fortunas de nuestro país. De acuerdo con las informaciones disponibles, podemos distinguir dos tipos de estrategias dentro del bloque dominante.

Por un lado, la estrategia de recomposición del bipartidismo a partir de una violenta actitud contra las fuerzas de izquierdas que representan Podemos e IU y, desde la primavera de 2015, también contra las candidaturas de unidad popular municipal y las confluencias. Esta estrategia tiene como tipo ideal una gran coalición política entre el PP y el PSOE que, de forma similar a lo experimentado en otros países de la Unión Europea, pueda sostener la recomposición del régimen y, con ello, la recuperación de las tasas de ganancia empresariales mediante una vuelta de tuerca neoliberal.

Esta operación de la gran coalición se planteó originalmente, a finales de 2013, tras las encuestas que vaticinaban un desplome del PP y una ligerísima subida del PSOE, con el objetivo de impedir que alguno de los dos principales partidos cayera preso de los intereses de otros partidos. A comienzos de 2014, la prensa se hizo eco de las conversaciones entre el presidente del Grupo PRISA, la vieja guardia del PSOE encabezada por Felipe González (1942) y Alfredo Pérez Rubalcaba (1951) y también la vicepresidenta Soraya Sáenz de Santamaría (1971). Según el periodista Jesús Maraña (1961), el PSOE de Susana Díaz (1974) se negó a trabajar en esa hipótesis si no era con el acompañamiento del Partido Comunista de España o de IU, para compartir el posible desgaste político. La ruptura del pacto de cogobierno entre PSOE e IU en la Junta de Andalucía cerró la posibilidad planteada por Díaz, quien ha sido siempre consciente de los riesgos de una operación así, pero al mismo tiempo ha sabido hacia dónde tenía que decantarse.

Por otro lado, está la estrategia de segunda transición que fue dirigida por partidos reformistas como PSOE y Ciudadanos. Esta estrategia cuenta con la ventaja de desembarazarse del PP, absolutamente deslegitimado por la corrupción, y al mismo tiempo mantiene cierto esquema clásico entre la derecha y la izquierda. En general se considera la estrategia más inteligente, si bien cuenta con la oposición de, al menos, el propio PP. Ambas estrategias, cabe insistir, beben de la cultura de la Transición y de sus liturgias y mitos, usados para justificar la ausencia de cambios radicales en el país.

Los acontecimientos se han sucedido de tal manera que la primera estrategia no ha sido posible por la ausencia de consenso dentro del PSOE, que piensa que sería destruido en esa operación y que su espacio sería conquistado por las fuerzas de su izquierda. Una enseñanza aprendida de la experiencia de la socialdemocracia en Grecia. Por otro lado, en ningún momento la suma de fuerzas entre PSOE y CS fue suficiente para sacar adelante la segunda estrategia, pues el PP mostró una gran fortaleza electoral en aquellos años. Como consecuencia de ello, hasta que el PSOE no aceptó formar un gobierno de coalición con partidos a su izquierda y apoyado en el parlamento por otros partidos nacionalistas, estuvimos insertos en una crisis de gobernabilidad. Como dije en el prólogo, fueron años muy preciosos los que perdimos en diversos intentos de formar gobierno. Pero aquel gobierno de coalición era el único viable.

No obstante, la tensión en el PSOE no ha desaparecido. De vez en cuando vuelven a salir a la palestra algunos viejos dirigentes, con Felipe González a la cabeza, pidiendo que el partido vuelva a su vieja esencia de pactar con los conservadores. Y la derecha suele proporcionar altavoces muy potentes a los «críticos» del PSOE que defienden esa demanda. Sin embargo, aquellas resistencias del PSOE a pactar con las izquierdas y los nacionalistas no fueron superadas mediante un ejercicio de reflexión ideológicas sino por simple pragmatismo: no había ya otra forma para poder gobernar. La deriva de las derechas había hecho imposible cualquier otra posibilidad.

En efecto, la radicalización de las derechas españolas, estimulada por la feroz competición entre Ciudadanos y PP por ser quienes canalizaran la respuesta al proceso independentista catalán, las había fortalecido socialmente al coste de aislarlas políticamente. El vehículo que habían escogido las derechas para ese proceso de crecimiento —el nacionalismo español— era el mismo que las alejaba de antiguos aliados como la derecha catalana y la derecha vasca. Esa creciente brecha terminó culminando en la moción de censura de 2018 que desalojó al PP de la Moncloa. Meses más tarde irrumpiría la extrema derecha en Andalucía, hija del mismo proceso de radicalización de las derechas, y agudizaría la distancia entre los conservadores de distintas identidades nacionales. A nivel nacional quedaban constituido dos bloques, aunque en absoluto homogéneos, con proyectos de Estado antagónicos.

De un lado está el proyecto de Estado de una España centralista, uniforme, esencialista y negadora de la diversidad nacional que conecta de manera natural con la larga y hegemónica tradición política que va desde Cánovas del Castillo hasta Primo de Rivera. El resumen es «una España donde caben muy pocos, pero todos buenos españoles». De otro lado, un ambiguo y heterogéneo bosquejo de una España plural, diversa y que se resumen en «una España donde caben todos» y que hasta cierto punto admite la posibilidad de *irse del club*. Este segundo bloque es el que se expresó en la moción de censura de 2018 y en los gobiernos de coalición progresista de 2020 y de 2023.

La derecha es consciente de que la disposición de estos dos bloques dificulta mucho la posibilidad de alcanzar el gobierno nacional, por más que algunos medios de comunicación se empeñen en trasladar lo contrario. Existe una pulsión pragmática en el PP que asume que el único camino pasa por recuperar las relaciones con sus aliados conservadores vascos y catalanes. Lo que implicaría un cambio radical en discurso y estrategia política. En esta clave deben entenderse los fracasados intentos del PP para conseguir incluso los votos de Junts para la investidura de Feijóo, así como los «lapsus» de Bendodo hablando de plurinacionalidad. Por cierto, el PP gallego siempre estuvo incómodo con la visión más centralista de España, y es fácil encontrar declaraciones del propio Feijóo hablando de esta cuestión en términos profundamente heterodoxos. Ahora bien, esta pulsión pragmática está totalmente ahogada por la fuerza del nacionalismo español más reaccionario, encabezado en el PP por Díaz Ayuso y respaldado por el poderoso entramado mediático madrileño.

En el otro bloque las cosas son, si caben, aún más complicadas. Con todo, este bloque se cimenta en su oposición al otro bloque, es decir, en los sentimientos y miedos que despierta la posibilidad de que el bloque reaccionario se haga con el gobierno nacional. Pero más allá de ese punto, del todo lógico, las diferencias son abismales y difíciles de salvar. Las tensiones son y serán continuas. Por eso es razonable, por ejemplo, no concluir que estamos ante un bloque de izquierdas que ha dado luz a un gobierno igualmente de izquierdas sino, más bien, ante un bloque democrático que se agrupa en torno a una visión de España mucho más plural y diversa que la que ofrece el bloque reaccionario. Nada más, y nada menos.

En realidad, dentro del bloque plurinacional hay diferentes proyectos de Estado, que grosso modo pueden describirse como el independentismo voluntarista y conservador de Junts, el independentismo estratégico y social de EH Bildu, ERC o BNG, el nacionalismo conservador del PNV, la visión republicana y plurinacional de SUMAR, Podemos e IU, el patriotismo cívico, socialdemócrata y de lealtad monárquica del PSOE, etc. Deducir que de esa combinación derivará *necesariamente* un proyecto de Estado bien definido y viable es algo demasiado pretencioso. En mi opinión, esa idea es deseable pero aún lejana. No se visualiza en el horizonte cercano nada similar al Pacto de San Sebastián que en 1930 puso fin al régimen monárquico y dio lugar a un nuevo régimen político democrático y republicano. De momento, me temo, estamos solo en la embrionaria fase de los regates cortos.

Aunque pueda parecer extraño, la fuerza del bloque plurinacional deriva de su pragmatismo y sentido común. Es el único bloque que acepta a nuestro país como lo que es ya en la actualidad, esto es, un Estado que agrupa a diferentes identidades nacionales con muchos anhelos sociales que deben ser satisfechos. Este punto es importante: el bloque plurinacional no pretende inventar una nueva realidad plurinacional, sino que quiere construir un Estado que de expresión a esa realidad plurinacional ya existente. Por eso es tan poderosa la metáfora de «una España donde cabemos todos», puesto que la mayoría de los españoles no desean negar la identidad de sus conciudadanos sino tan solo poder expresar la propia.

Esto me lleva al equívoco al que suele conducir un determinado discurso de izquierdas que niega la propia identidad nacional española, o que reduce la idea de España a una simple «cárcel de pueblos». Ese discurso es falso, pero también peligroso. Y lo es precisamente porque niega a una parte importante de nuestro país que se siente española. La identidad española puede tomar muchas formas, no solo la reaccionaria, y de hecho durante varios siglos ha existido una tradición política republicana, federalista y socialista que defendía una visión progresista y plural de España. Es más, en mi opinión convendría recuperarla y extenderla.

Negar la identidad española, ya sea de manera directa —planteando que no existe el pueblo español, pero sí otros pueblos distintos dentro del Estado— o ya sea presentando el proyecto plurinacional como una simple alianza de pueblos oprimidos, es un camino que probablemente conduzca no sólo al debilitamiento del propio bloque plurinacional sino también al reforzamiento del bloque reaccionario. La negación de las identidades suele conducir a una activación política más intensa, como creo atestiguan bien los acontecimientos de los últimos años.

En mi opinión, no habrá nunca un proyecto de Estado plurinacional viable si no hay un reconocimiento de todas las identidades de nuestro país y si no tienen suficiente fuerza los proyectos que tienen el potencial para articular un Estado donde de verdad cabemos todos. Por eso creo que la izquierda tiene que reclamar también para sí también la identidad española, pero no vehiculada al modo reaccionario sino como continuación de lo que fue históricamente el republicanismo federal y socialista, esto es, una identidad popular, no-esencialista, fraterna y anhelante de un modelo de sociedad de justicia social.

Desmontar la Transición

En los últimos años también se ha reavivado el debate sobre la Transición española y el papel que jugó en ella el Partido Comunista de España (PCE). Este renovado interés no se debe a razones académicas, sino a su innegable relación con la crisis de régimen que hemos analizado en el epígrafe anterior. La idea fundamental que algunos defendemos, *grosso modo*, es que los déficits democráticos que padecemos en España tienen su origen en la Transición. Argumentamos, además, que la Transición no fue una ruptura con la dictadura, sino una negociación cuyo resultado dejó incólumes determinadas estructuras de poder y prácticas políticas del franquismo.

Pero esta posición, que justificaremos a continuación, es violentamente impugnada por lo que llamamos la izquierda del régimen, esto es, por aquellas personas que, a pesar de sus valores progresistas y hasta socialistas, defienden el relato oficial y mitificador de la Transición española. Esta izquierda del régimen no solo ha sido dominante hasta ahora en el mundo de la cultura, con todo lo que ello implica a efectos de difusión del relato, sino que además ha sido protegida por todos los dispositivos del régimen —incluyendo muy especialmente a la prensa de derechas.

La hostilidad con la que esta izquierda del régimen responde ante las críticas a la Transición obedece a diferentes causas. Por un lado, algunos protagonistas de la Transición sienten que se les impugna gran parte de su biografía personal. Un ejemplo es Nicolás Sartorius (1938), que fue dirigente del PCE durante la Transición y también preso político de la dictadura durante seis años. En una reciente entrevista, cuando se le preguntó acerca de mi posición sobre la cuestión, Sartorius respondió con elegancia que se trataba, a su juicio, de «una opinión falsa propia de una persona que no ha vivido estos acontecimientos, que no los ha estudiado bien y que no tiene una idea clara de lo que pasó».[20] Es evidente que la experiencia vital proporciona información adicional nada desdeñable, si bien en ningún caso es prueba alguna de nada. Baste decir que no pocos de los que también vivieron la Transición comparten

20. R. Conde, «Entrevista a Nicolás Sartorius: Es un error que la izquierda no reivindique lo que hizo en la Transición», 2017, disponible en http://www.elmundo.es/opinion/2017/07/29/597b7b2f268e3e913b8b45d8.html

la posición que defendemos otras personas que no la vivimos, y eso tampoco nos da la razón *per se*.

Por otro lado, hay autores que defienden el relato de la Transición por motivos culturales. No se trata de que haya una experiencia vital, sino una conexión cultural que los lleva a defender una determinada posición política. Es el caso de Javier Cercas (1962) o de Gaspar Llamazares (1957). En opinión de aquel, «el PCE hizo durante la Transición lo contrario de lo que hacen los populistas: no cargó la responsabilidad sobre las espaldas de otros, sino que, como había hecho durante el franquismo –cuando protagonizó casi a solas el combate contra la dictadura–, las cargó sobre sí mismo, responsabilizándose de la construcción de la democracia»,[21] y denuncia que «uno de los errores fundamentales de la izquierda española consiste en haberle entregado el mérito de la Transición a la derecha, lo que a esta le permite presentarse como casi única constructora de la democracia».[22] Por otra parte, Llamazares me acusó de tener «una valoración muy superficial de lo que fue la Transición democrática y el papel del PCE».[23] Y a la misma línea que los dos anteriores se han sumado, en los últimos años, columnistas, tertulianos, periodistas y, en definitiva, toda una cultura política que es compartida por izquierda y derecha.[24]

21. J. Cercas, «La dignidad del PCE», 2017, disponible en http://elpaissemanal.elpais.com/columna/alberto-garzon-dignidad-del-pce/

22. *Ibídem*.

23. L. Hermoso y A. Corazón Rural, «Gaspar Llamazares: "Si Izquierda Unida no quiere sobrevivir yo no me voy a suicidar con Izquierda Unida"», 2017, disponible en http://www.jotdown.es/2017/07/gaspar-llamazares-izquierda-unida-no-quiere-sobrevivir-no-me-voy-suicidar/

24. No menos curioso y significativo ha sido ver cómo periodistas y representantes políticos de derecha y excomunistas han dedicado los últimos años a ensalzar la imagen del PCE de la Transición precisamente para criticar, cómo no, a los comunistas del presente.

En realidad, como ha escrito Guillem Martínez (1965), «en un sistema democrático, los límites a la libertad de expresión no son las leyes. Son límites culturales. Es la cultura». En efecto, durante la Transición tuvo lugar la constitución de una cultura política, que llamaremos «de la Transición», que ha impuesto los límites de lo que es razonable decir y lo que no. En particular, cualquier crítica a la Transición ha sido considerada como injusta, desleal, antidemocrática o, en honor a los tiempos, populista. Sin embargo, como mantenemos algunos, esta crítica es del todo necesaria para desvelar lo que realmente hay detrás de los procesos económicos y políticos que vivimos en el presente.

No obstante, la cultura de la Transición es, en gran medida, también una cuestión generacional. Una generación entera se ha educado en torno al relato mitificado de lo que sucedió entre la muerte de Franco y el golpe de Estado de Antonio Tejero (1932) en febrero de 1981. La crisis presente, que no es solo económica sino también cultural, ha producido una fractura también en este tipo de relatos. La ruptura generacional, por lo tanto, ha agravado la distancia que existe entre la parte más joven de la sociedad y la versión oficial de la Transición.

Ahora bien, la Transición española puede estudiarse desde diferentes perspectivas, pero aquí nos interesa precisamente la perspectiva comunista y, particularmente, la del PCE. Examinaremos lo que hizo el principal partido de la oposición antifranquista y su evolución, y defenderemos que, como consecuencia de aquellas decisiones, se contribuyó a fraguar una cultura política que aún perdura no solo entre los periodistas, sino también entre muchos dirigentes políticos. Para ello, será obligado analizar también el significado profundo del proyecto eurocomunista, que fue la coartada perfecta para la toma de algunas decisiones políticas durante la Transición.

Debemos partir del hecho de que el PCE fue durante la dictadura el principal partido de oposición. Aunque su fuerza había sido modesta hasta 1936, el apoyo soviético durante la guerra civil y su determinación en defensa de la Segunda República provocaron un enorme crecimiento de su peso. A la muerte de Franco en 1975, la influencia del PCE era ya dominante en el mundo del trabajo, a través de las Comisiones Obreras, y se extendía a una amplísima parte de la sociedad civil politizada. Sin duda, el PCE había sido la fuerza que mejor había entendido las transformaciones económicas, y se había adaptado a ellas para seguir acumulando apoyos. Sin embargo, y a pesar de que el PCE consideró durante mucho tiempo que la correlación de fuerzas era favorable a los partidarios de la democracia, la realidad demostró que no fue suficiente para derribar al régimen franquista ni tampoco para imponer una ruptura democrática con la dictadura.

Ya en 1954 el PCE aprobó su línea estratégica de revolución democrática que se basaba en tres frentes: la democracia, la independencia nacional frente a la presencia de Estados Unidos en territorio español[25] y la paz. El objetivo era crear un «frente nacional antifranquista» que pudiera liquidar la dictadura y traer un Gobierno provisional que convocara elecciones democráticas. Por entonces, el diagnóstico sobre el franquismo que hacían Dolores Ibárruri *la Pasionaria* (1895-1989) y Santiago Carrillo (1915-2012) era catastrofista, y las esperanzas puestas en su caída, muy altas. En todo caso, el programa del PCE no era de carácter socialista, sino que se centraba en facilitar lo que se consideraba que debía ser la fase siguiente, es decir, la revolución democrática. Este diagnóstico fue también etapista,

25. El componente antiimperialista hay que comprenderlo en el contexto de la guerra fría, y tenía su razón de ser en que Estados Unidos había firmado en 1953 acuerdos militares con el Gobierno franquista, precedidos por el levantamiento de las sanciones que la Organización de las Naciones Unidas había impuesto al régimen franquista.

en la línea de los partidos comunistas de la época. El etapismo procede, como se recordará, de la visión mecanicista del materialismo, según la cual el socialismo es la etapa siguiente al capitalismo, de modo que, en aquellos lugares en los que aún no se han dado revoluciones burguesas, el objetivo del proletariado debe ser facilitar a la burguesía ese proceso. Lenin introdujo matices aplicados al caso ruso, de manera que abrió la posibilidad de que el proletariado pudiera dirigir una revolución, ya no burguesa pero tampoco socialista, si se aliaba con otros sectores sociales como el campesinado. Esta última interpretación fue la mantenida por la mayor parte de los partidos comunistas de entonces. En particular, el PCE entendía que en España aún había restos feudales y que la revolución socialista tenía que esperar a la revolución democrática. Y para que esta última tuviera lugar, había que establecer una alianza con los campesinos, por lo que el programa se adaptó a esa estrategia, por ejemplo, censurando la nacionalización de tierras. En definitiva, el PCE de 1954 centró ya sus esfuerzos en hacer caer a la dictadura y relegó sus aspiraciones socialistas a un segundo plano.

En 1956 se aprobó la estrategia de «reconciliación nacional» que dejó sin efecto los planteamientos hechos dos años antes, puesto que ahora se apostaba por una estrategia interclasista que nada tenía que ver con la visión etapista. Coincidió con que en 1956 se supo que la Unión Soviética había iniciado el proceso de desestalinización, es decir, el proceso por el cual se reconocía una parte considerable de los crímenes de Iósif Stalin (1878-1953), que incluían el asesinato de comunistas críticos con las prácticas oficialistas. La difusión de esta autocrítica animó a los opositores de la URSS en todas partes del mundo, incluidos los países del Pacto de Varsovia, que contaba con ocho repúblicas y tenía como objetivo contrarrestar a la Organización del Tratado del Atlántico Norte (OTAN). En ese clima, en 1956 estallaron protestas en la República Popular de Hungría, y el primer ministro Imre Nagy (1896-1958) aprobó una serie de concesiones que incluían la salida del Pacto de Varsovia y la abolición del sistema de partido único. La Unión Soviética intervino militarmente para sofocar las protestas y Nagy fue juzgado y ejecutado dos años más tarde. Frente a este episodio, el PCE se alineó oficialmente con las tesis soviéticas y consideró las protestas como una contrarrevolución que había que neutralizar. En cambio, otros partidos comunistas europeos, como el francés o el italiano, criticaron duramente la intervención.

A finales de los años cincuenta, el PCE estableció la huelga nacional como el mejor instrumento para derrocar a la dictadura. Y esa apuesta se mantendría hasta la muerte de Franco. Por entonces Carrillo defendía: «Para nosotros la vía pacífica no es un traspaso de poderes de Franco a don Juan, no es una permuta entre un equipo político de la oligarquía y otro [...]. Nuestra vía pacífica no consiste tampoco en esperar una "liberalización" del régimen, que es impracticable, o unas elecciones que permitan su eliminación [...] lo que entendemos por vía pacífica es la lucha huelguística de masas y las manifestaciones de calle, culminando en la huelga nacional».[26] El PCE consideraba que la dictadura franquista estaba a punto de caer y entendía que la huelga general podía ser el detonante que diera paso a un cambio de régimen. La huelga nacional se contemplaba como un instrumento no solo para los trabajadores, sino también para campesinos, pequeña burguesía y estudiantes. Se buscaba un movimiento reivindicativo que incluso pudiera ganarse el apoyo de las Fuerzas Armadas. La condición para que fuese un éxito, se afirmaba entonces, era que formara parte de un acuerdo de todas las fuerzas antifranquistas, de

26. Citado en J. Sánchez Rodríguez, *Teoría y práctica democrática en el PCE (1956-1982)*, Fundación de Investigaciones Marxistas, Madrid, 2004.

derechas y de izquierdas. Sin embargo, la huelga nacional del 18 de junio de 1959 resultó un fracaso.

La estrategia del PCE a comienzos de los años sesenta seguía teniendo como objetivo prioritario implantar la democracia, y para eso se consideraba necesario el entendimiento de todas las fuerzas políticas antifranquistas. La huelga nacional seguía considerándose el detonante de la caída del franquismo. En línea con la política de reconciliación nacional, el PCE renunció a exigir la derogación de los acuerdos con Estados Unidos o su participación activa en un Gobierno de Transición. Se trataba de buscar gestos para facilitar acuerdos con el resto de las fuerzas antifranquistas.

En 1964 se produjo la expulsión de Fernando Claudín (1913-1990) y de Jorge Semprún (1923-2011). Claudín había hecho un diagnóstico de la situación del franquismo muy distinto del mantenido por la dirección del Partido, y a pesar de su expulsión, con el tiempo dicho diagnóstico se convertiría en la posición oficial del PCE. Claudín creía que no se iba a producir una revolución democrática, sino una salida oligárquica que permitiría que el poder político siguiera en manos del capital monopolista bajo formas más o menos democráticas. Para él las fuerzas proletarias no estaban aún en condiciones de desplazar del poder al capital monopolista, y expresaba la necesidad de que se diera un período de libertades para que el PCE pudiera convertirse de verdad en un partido de masas. La conclusión de Claudín era que no existía una crisis social del capitalismo, sino una crisis de la forma política de dominación, que era el franquismo, y que dicha crisis política sería resuelta por un proceso gradual de reformas. Con ese diagnóstico en la mano, que resultó ser mucho más preciso, recomendó centrarse en la consecución de las libertades políticas y que las reivindicaciones sociales no pusieran en cuestión el sistema capitalista. El PCE, sin embargo, seguía considerando que, si el proletariado no estaba en la cabeza del proceso de revolución, nunca habría democracia en España. No obstante, años más tarde, el PCE cambiaría de opinión y apostaría por la tesis del expulsado Claudín.

Algo más tarde, en 1968, se inició un proceso de democratización interna en Checoslovaquia que duró ocho meses. Entre otras cosas, se reconoció la libertad de expresión y se aceptó cierto tipo de pluralismo político, aunque solo para partidos que defendían el socialismo. Ese proceso fue visto con muy buenos ojos por el PCE y también por el PCI. En cambio, la URSS decidió frenarlo e intervino militarmente en la conocida como Primavera de Praga. El propio Partido Comunista de Checoslovaquia se reunió clandestinamente y condenó la invasión, lo que produjo una fractura muy importante en el campo soviético. El PCE aceleró entonces su alejamiento de la URSS.

Ya en julio de 1969 Franco designó a Juan Carlos de Borbón (1938) como sucesor. El PCE reaccionó con virulencia y condenó a la monarquía como «reaccionaria y fascista». Sin embargo, consciente ya la dirección del PCE de sus limitaciones para empujar a las masas hacia un proceso revolucionario que derrocara al franquismo, en 1970 promovió el pacto por la libertad, que incluía muchas nociones de lo que luego se llamaría eurocomunismo. Aquel pacto iba en la línea de la estrategia de reconciliación nacional y pretendía aunar las fuerzas de oposición para lograr un Gobierno provisional que restituyera las libertades. No habría socialismo, pero habría libertad.

El asesinato de Luis Carrero Blanco (1904-1973) aceleró el proceso político. El PCE promovió la constitución de una Junta Democrática en julio de 1974. La Junta exigió un nuevo Gobierno provisional, la amnistía de los presos políticos, elecciones libres, una consulta sobre la forma de Estado y un proceso constituyente. Todo en clave de ruptura democrática. Pero el PCE no consiguió aglutinar a toda la oposición antifranquista. Entre otros, el PSOE decidió no sumarse a la iniciativa y optó por constituir en 1975 la Plataforma de Convergencia Democrática junto con quince partidos más. El temor de los comunistas de quedar aislados los llevó a promover una fusión de ambos espacios en abril de 1976, con lo que se fundó la Coordinación Democrática, más conocida como Platajunta. Sin embargo, esta nueva institución no defendía ya la ruptura democrática, sino un proceso de negociación conjunta con la élite franquista.

Por otra parte, Adolfo Suárez (1932-2014), entonces jefe de Gobierno, promovió en 1976 la aprobación de la Ley para la Reforma Política. La huelga que el PCE organizó contra la reforma no logró detener el proyecto, y en consecuencia, «la dirección comunista llegó a la conclusión de que una ruptura de principio por la vía del conflicto social directo era inviable, que la negociación era insalvable y que las movilizaciones ya no serían un instrumento de oposición para derribar al Gobierno, sino una herramienta de presión en las transacciones con el Ejecutivo». La ruptura democrática había caído como consecuencia de una correlación de fuerzas insuficiente. Entonces el PCE comenzó a hablar de «ruptura democrática pactada» para definir un proceso de negociación con los elementos reformistas del régimen franquista, si bien todo aún tenía como objetivo la conformación de un Gobierno provisional que iniciara un proceso constituyente. Carrillo, en sus memorias, dice que «la ruptura pactada era una fórmula nacida del convencimiento de que la oposición democrática no tenía ni el poder ni la voluntad de poner fin al sistema produciendo una ruptura con sus propias fuerzas».[27]

Ese momento lo marcó todo y condicionó brutalmente la cultura política del PCE y de la izquierda hasta el presente. En efecto, nadie puede dudar de los esfuerzos ingentes, con sa-

27. Citado en A. Donofrio, «El fracaso del eurocomunismo: razones y reflexiones sobre el giro del movimiento comunista en Occidente (1975-1982)», 2012, disponible en https://core.ac.uk/download/pdf/19719008.pdf

crificios no menos grandes, de los comunistas por alcanzar la democracia y el socialismo. Sin embargo, el régimen franquista supo maniobrar y entendió bien que la fuerza del PCE era suficiente para impedir el inmovilismo franquista y, al mismo tiempo, era insuficiente para la ruptura democrática. Como diría más tarde Manuel Vázquez Montalbán (1939-2003), se trató de una correlación de debilidades. Y como dice Gregorio Morán, «cuando un dictador fallece de muerte natural y longevo demuestra algo tan evidente como que sus enemigos no han contado con la fuerza suficiente para derribarle». Pero el problema no estribaba en eso, que la realidad imponía de forma implacable, sino en la actitud que tomó el PCE ante esa constatación.

Porque el PCE podría haber reconocido que se había equivocado en el diagnóstico de la situación del régimen franquista, y que este estaba mucho más fuerte de lo que se pensaba. Podría haber reconocido que había que negociar y haber reconocido que no quedaba más remedio que aspirar a conseguir todo lo posible en esas negociaciones. Pero el PCE no hizo eso, sino que racionalizó lo que estaba sucediendo para acabar justificando todo ese proceso con el argumento de que, mediante este, podría alcanzarse el socialismo. En vez de decir «hasta aquí hemos podido llegar, porque nos han impedido ir más allá», el PCE prefirió decir «la negociación es el camino que siempre buscamos porque a través de ella podremos llegar a la ruptura democrática y al socialismo». De esa forma, se contribuyó a legitimar el proceso y a crear en la militancia comunista la sensación de que la negociación con los fascistas era, en realidad, un objetivo deseado e incluso el inicio del socialismo. Cuando era evidente que toda aspiración socialista y rupturista quedaba comprometida con la legitimación del proceso, y cuando era evidente que comprar el paquete completo implicaba muchas otras cosas.

Una vez que las elecciones de 1977 estaban en el horizonte, el PCE se dedicó a legitimarse frente a la sociedad. Para ello inició una campaña a favor de su legalización que, sin duda, representaba la debilidad del proceso reformista que se había puesto en marcha. Como dice Gregorio Morán (1947), «un año antes, para el conjunto de las fuerzas sociales que anhelaban la democracia, dicha legalización no constituía más que una evidencia inseparable de un régimen democrático»[28] y, sin embargo, ahí estaba el PCE en 1977 luchando por ser reconocido en las instituciones de la reforma. Una legalización que fue, en realidad, otra negociación. El PCE consiguió la legalización a cambio de difuminar su republicanismo y de aceptar la bandera rojigualda. El PCE justificó su posición argumentando que «si la monarquía favorece la consolidación de la democracia, el logro de una Constitución que configure una democracia parlamentaria, el Partido Comunista consideraría un grave error poner en peligro el proceso democrático, cuestionando la forma de gobierno».[29]

Aunque el relato-mito oficial nos habla de una Transición pacífica, la matanza de Atocha[30] forma parte del conjunto de los actos violentos que las fuerzas partidarias del régimen franquista llevaron a cabo con objeto de frenar o limitar el alcance de la reforma democrática. Entre 1975 y 1982 se produjeron miles de actos de terrorismo de Estado, de terrorismo de movimientos de extrema derecha y de actuaciones represivas de la policía. El gatillo fácil de la policía durante las manifestaciones, las asambleas o incluso durante las pintadas se llevó la vida de

28. G. Morán, *El precio de la Transición*, Akal, Madrid, 2015.

29. IX Congreso del Partido Comunista de España, 19-23 de abril de 1978.

30. El asesinato de cinco abogados de las Comisiones Obreras en Madrid, en enero de 1977, a manos de un grupo ultraderechista.

más de un centenar de personas. Las muertes por tortura, una práctica sistemática incluso después de 1978, o las ejecuciones de la extrema derecha fueron también habituales. Los cálculos más conservadores hablan de un escalofriante saldo de 320 víctimas mortales y más de 1.000 heridos solo entre 1975 y 1982.[31] Es más, según el general Sáenz de Santa María (1919-2003), y en referencia al año 1976, «tanto la Policía como la Guardia Civil apretaban el gatillo con bastante facilidad. Las manifestaciones solían ser disueltas a tiro limpio y era muy frecuente que acabasen con las calles ensangrentadas [...]. La Policía Armada no estaba preparada para mantener el orden en las manifestaciones, sino para reprimirlas».[32]

A pesar de todo, el PCE consideraba que su fuerza en la calle se reflejaría en las urnas y que estos sacrificios podrían ser compensados en el futuro. Por entonces, el eurocomunista PCI había obtenido más del 34 por ciento de los votos en unas elecciones legislativas, y sin duda la dirección del PCE miraba a Italia como referencia. El eurocomunismo era un concepto que no había sido creado por los propios partidos comunistas, sino que tuvo su origen en la definición que la prensa internacional hizo para los partidos que se mostraban críticos con la URSS pero que defendían el proyecto comunista para sus respectivos países. El proyecto eurocomunista no tenía una teoría sólida detrás, sino una articulación *ad hoc* de planteamientos diversos, mezclados eclécticamente, que bebían de

31. S. Baby, *Le mythe de la Transition pacifique*, Casa de Velázquez, Madrid, 2012; G. Wilhelmi, «Las otras víctimas de una transición nada pacífica», comunicación al I Congreso de Víctimas del Franquismo, Rivas-Vaciamadrid, 2012.

32. Citado en G. Wilhelmi, «La otras víctimas de una transición nada pacífica», 2012, disponible en http://www.congresovictimasfranquismo.org/wp-content/uploads/2013/10/gonzalo_wilhelmi_comunicacion_victimas.pdf

las teorías de Gramsci, de las prácticas frentepopulistas de los años treinta del siglo XX y de las innovaciones del marxismo occidental que criticaban el excesivo economicismo de las posiciones clásicas de la Internacional y de los autores clásicos. En suma, más atención a los elementos socioculturales, particularmente ideológicos, a las singularidades nacionales y a las prácticas para la construcción de hegemonía. En términos de práctica política, el eurocomunismo era partidario de una vía pacífica al socialismo, especialmente a través de las instituciones parlamentarias, y de las alianzas globales con otras clases sociales distintas del proletariado.

En la conferencia de los partidos comunistas europeos de 1976, celebrada en Berlín, se habían sentado las bases del proyecto eurocomunista. Este no era un proyecto enteramente definido, sino un intento de racionalización de prácticas que ya venían realizando algunos partidos comunistas, destacadamente el italiano, el francés y el español —aunque el belga, el japonés, el austríaco y el británico también suelen ser incluidos bajo esta rúbrica—. No obstante, un año antes de la Conferencia de Berlín, se había producido un encuentro entre Carrillo y el secretario general del PCI, Enrico Berlinguer (1922-1984), del que salió una declaración conjunta PCI-PCE que también puede considerarse el inicio formal del eurocomunismo. Ahora bien, tampoco el PCE asumió las tesis eurocomunistas con mucho debate, pues, como explicó Manuel Azcárate (1916-1998), «el método empleado fue totalmente erróneo. Todo empezó con unas declaraciones de Carrillo a la prensa, sin una discusión previa. Luego, tuvimos todos que luchar para convertir esas declaraciones personales de Carrillo en posición oficial del partido».[33]

33. Citado en J. A. Andrade, *El PCE y el PSOE en (la) Transición*, Siglo XXI, Madrid, 2012.

El eurocomunismo no solo propugnaba una alianza con el resto de las clases, incluidas las dominantes, sino que también centraba su atención en la vía parlamentaria al socialismo. A pesar de las continuadas referencias a Gramsci y a Poulantzas, la mayor parte del esfuerzo se dedicaba a ganar elecciones y a la gestión de las instituciones. De hecho, incluso las formas organizativas cambiaron para adaptarse a estas instituciones y, por ejemplo, Carrillo suprimió la organización sectorial —la militancia organizada por sectores tales como obreros, universidad, trabajo, etc.—, propia del PCE antifranquista, para sustituirla por una organización electoral, en que la militancia se organiza en función de distritos electorales. Si la aceptación del proceso de negociación con el franquismo explica en gran medida la posición que tiene la izquierda frente al régimen y su deriva legalista y pro-Constitución del 78, el eurocomunismo también dejó su huella en la actitud profundamente institucionalista que queda en una parte considerable de los dirigentes comunistas de este país.

Sin embargo, las elecciones de 1977 arrojaron un saldo mucho más modesto del que se esperaba. El PCE-PSUC obtuvo el 9,4 por ciento, mientras que el PSOE, del que las malas lenguas decían que había estado cuarenta años de vacaciones, obtuvo un 29,3 por ciento. La UCD de Suárez obtuvo el 34,6 por ciento y ganó las elecciones. Los dirigentes del PCE, con Carrillo a la cabeza, concluyeron que esos resultados se debían al miedo de la población al lobo comunista, con lo cual radicalizaron su apuesta por el eurocomunismo. Y eso significaba «transmitir a la opinión pública la imagen de un partido plenamente democrático en la acepción entonces dominante en la cultura política española: responsable en tanto que partidario de los grandes consensos, con "sentido de Estado", con capacidad de gestionar las instituciones y dispuesto a renunciar a sus objetivos maximalistas a fin de consolidar en España una democracia homologable a las del entorno».[34] El abandono del leninismo en 1978, un aspecto puramente simbólico para entonces, obedecía a esa estrategia.

A pesar de los resultados, para el PCE los objetivos específicos eran dos. De un lado, evitar el peligro involucionista que seguía existiendo en el país. De otro, recuperar los votos que teóricamente el PSOE había robado al PCE. Para esto segundo la clave era negociar directamente con Suárez con objeto de marginar al PSOE. Y de este planteamiento nació la contribución del PCE a los Pactos de la Moncloa, en 1977.

Los Pactos de la Moncloa implicaron la congelación de los salarios, la reducción del gasto público, la restricción del crédito y el aumento en la presión fiscal, y el compromiso del Gobierno de hacer una reforma fiscal progresiva, llevar a cabo cambios en educación y seguridad social y reorganizar el sistema financiero, además de reformas políticas. Los Pactos debilitaron la capacidad combativa de la clase obrera, especialmente de las Comisiones Obreras. Y al final lo único que se cumplió fueron las disposiciones de derechas. De hecho, los dirigentes comunistas, incluso Carrillo, reconocerían con el tiempo que habían sido engañados y que los acuerdos no se habían cumplido.

Por otra parte, la Constitución era apoyada porque, en opinión de Carrillo, «se trata de una Constitución [...] con la cual sería posible realizar transformaciones socialistas en nuestro país». Para Jordi Solé Tura (1930-2009), uno de los ponentes en la redacción del texto constitucional, «el PCE, como otros partidos democráticos de izquierda —el PSOE en España o el PCI en Italia—, se plantea la transformación socialista a partir del desarrollo de las potencialidades que ofrece

34. J. A. Andrade, *El PCE y el PSOE en (la) Transición*, Siglo XXI, Madrid, 2012.

una Constitución abierta y progresista. Para ello es necesario que el texto constitucional permita una interpretación flexible de las partes que sea necesario reformar a tal fin».[35] Es verdad que la Constitución introducía cláusulas muy progresistas, pero también tenía otros rasgos ciertamente controvertidos, entre los cuales destacan la forma de Estado, el lugar privilegiado de la Iglesia católica, la cuestión de la unidad de España y la jerarquía de derechos.

Una Constitución es siempre el resultado de la pugna entre distintos sistemas de ideas en un momento histórico dado. Dicho de otro modo, es la materialización concreta de la correlación de fuerzas entre distintas ideologías o formas de comprender la articulación jurídica que ha de tener un modelo de sociedad. Como ya hemos mencionado, la ruptura con la dictadura realizada por el pueblo portugués dio lugar en 1976 a una Constitución cuyo preámbulo llamaba a la construcción de un Estado socialista. Por el contrario, y a pesar de que distaban solo dos años de diferencia, el contexto histórico español, muy distinto al de nuestro país vecino, explica perfectamente que nuestra Constitución quedara muy lejos de tales aspiraciones.

Esto significa que debemos comenzar aceptando que la Constitución de 1978 es el resultado de un franquismo que no muere en los brazos de una revolución social, sino que más bien logra readaptar sus formas políticas. La Transición fue un proceso progresivo consistente en instaurar la forma de una democracia liberal, con sus elecciones competitivas y el formalismo de la separación de poderes entre otros rasgos descriptivos. Sin embargo, el poso del franquismo pervivió en las formas culturales de entender la política y también en el mantenimiento de las actitudes caciquistas y corruptas por

35. Citado en J. Sánchez Rodríguez, *Teoría y práctica democrática en el PCE (1956-1982)*, Fundación de Investigaciones Marxistas, Madrid, 2004.

parte de las oligarquías, que no vieron afectado su poder ni su influencia durante todo el proceso. Además, el sistema político español se caracterizó por tener marcados rasgos antidemocráticos.

Con la Constitución de 1978 llegaron nuevas formas de participar en política, pero todas ellas muy deficientes. Al margen de los partidos políticos y los sindicatos, solo instrumentos como los referéndums y las iniciativas legislativas populares parecían tener lugar en la Constitución. Sin embargo, estas herramientas estaban ampliamente limitadas en tanto en cuanto los primeros no eran vinculantes y las segundas tenían un importante campo de restricciones que las hacían inviables o ineficaces. Esto ha llevado a muchos autores a hablar de una democracia de baja intensidad o democracia de mínimos. De ese modo, la participación política de los trabajadores quedó relegada a la simple militancia en los partidos políticos y en los sindicatos. Estos se convirtieron en los mediadores entre la voluntad del pueblo y las decisiones del Gobierno, pero su propia configuración marcó la eficacia de dicha tarea. Y se trató de una configuración del todo ineficaz para ese propósito.

Pero hay algo más allá —y más importante— de los déficits procedimentales de la Constitución de 1978. Está, como apuntábamos al principio, la construcción de una cultura política que justifica lo sucedido y cierra toda oportunidad de analizar críticamente el período considerado.

Por una parte, la cultura política del caciquismo y del clientelismo, tan propios de las formas de hacer negocio durante el franquismo, se ha trasladado sin discontinuidad alguna a los tiempos democráticos. No por casualidad una persona como Juan Miguel Villar Mir (1931), que fue vicepresidente del Gobierno y ministro de Hacienda durante la Transición, fue fundador de la empresa de construcción OHL y delegó la presidencia de esta a su propio hijo. Villar Mir aparece en los papeles de Bárcenas como donante de 100.000 euros al Partido Popular cuatro días después de que fuera concedida a OHL una obra en la M-30 por 25 millones de euros. Villar Mir también está imputado por la operación Lezo por el pago de 1,2 millones de euros a la cuenta en Suiza del entonces presidente de la Comunidad Autónoma de Madrid, Ignacio González (1960), a cambio de la concesión de una obra del tren de cercanías. Curiosamente, la relación con las finanzas del PP no acaba aquí. El CEO de OHL, Javier López Madrid (1964), que además es yerno de Villar Mir, fue grabado por la policía reconociendo que su suegro pagaba en negro al PP y, aparte, a Álvaro Lapuerta (1927). Lapuerta no es un desconocido para la familia pues, además de haber sido tesorero del PP entre 1993 y 2008, fue procurador de las Cortes franquistas entre 1967 y 1977. Por si fuera poco, Villar Mir es un empresario con negocios en todo el mundo y también aparece en las investigaciones por sobornos en México.

Podría pensarse que el caso de Villar Mir es el único, pero en absoluto. Las relaciones de poder en España están atravesadas por las conexiones de continuidad entre la oligarquía del franquismo y la oligarquía de la democracia. Recientemente otro escándalo ha llamado la atención sobre estas conexiones por lo obvio. Se trata del caso de Demetrio Carceller, quien fuera fundador de la Falange y ministro de Industria y de Comercio durante el franquismo, y de sus descendientes. El hijo, Demetrio Carceller Coll, y el nieto, Demetrio Carceller Arce, fueron condenados por trece delitos contra la Hacienda Pública que sumaban una cantidad de 103 millones de euros. La fiscalía pedía cuarenta y ocho años de cárcel para el hijo y catorce para el nieto. Sin embargo, han podido evitar la cárcel tras pagar una multa de 92 millones de euros. Enriquecerse durante el franquismo te pone en una casilla de salida muy privilegiada para hacer negocios y para esquivar las sanciones por los delitos que a cualquier otro lo llevan a la cárcel.

Como ha dicho Morán, «lo que unió de verdad a los vencedores de la Transición no fue la Constitución de 1978 —sería ridículo hasta como hipótesis—, sino los negocios».[36] Y tal y como había previsto con acierto Claudín en 1977, la reforma estaba motivada en que «para un sector cada vez más decisivo de las clases dominantes, de su personal político, económico y militar, se hizo evidente la necesidad de transformar el régimen político a fin de conservar el régimen social».[37] Ese régimen social era el régimen de los negocios y de la estructura de poder, que es lo que no se ha trastocado un ápice desde el franquismo. Así, la Transición a la democracia solo ha sido tal en el ámbito político y, en ningún caso, en el de la estructura de poder. Por eso es perfectamente posible ver los déficits democráticos, en sentido amplio, en el propio proceso de la Transición. Y esto mismo es lo que no quieren ver los Cercas y los Llamazares cuando inician una ofensiva contra quienes lo denunciamos.

No obstante, aún hay algo más. Se trata de la identidad colectiva y de cómo esta ha quedado secuestrada por el propio proceso de la Transición. Como ha afirmado con acierto Gregorio Morán en *El precio de la Transición*, «durante años, decir la verdad sobre la Transición era considerado desestabilizador de la democracia, y dar por bueno el engaño se consideraba como facilitar el asentamiento del nuevo sistema». Efectivamente, hasta hace muy poco la cultura de la Transición marcaba hegemónicamente los límites culturales acerca de lo que se podía decir y de lo que no. Lo que no se podía decir era la verdad, que ya no era revolucionaria, sino desestabilizadora. Porque decir la

36. G. Morán, *El precio de la Transición*, Akal, Madrid, 2015.
37. F. Claudín, *Eurocomunismo y socialismo*, Siglo XXI, Madrid, 1977.

verdad era recordar que el primer jefe de Gobierno fue el último secretario general de la Falange, que el fundador de Alianza Popular fue el ministro que justificó el fusilamiento de Julián Grimau, que el Borbón jefe de Estado de la democracia fue nombrado por Franco, que muchos divulgadores oficiales del mito de la Transición fueron los periodistas y propagandistas a sueldo de la dictadura... o que la violencia contra los comunistas y antifranquistas no fue un evento aislado, sino una práctica sistemática protegida por los nuevos demócratas. Ese olvido tiene que ver con querer ignorar que periodistas, magistrados, catedráticos de universidad, policías y políticos pasaron de fascistas convencidos a demócratas en solo unos días.

Los casi cuarenta años de dictadura franquista habían servido para, entre otras cosas, olvidar el espíritu rebelde y democrático de quienes combatieron en las filas republicanas y tratar de instalar en el imaginario español la idea de que los republicanos no eran otra cosa que enemigos de la patria y de la paz. Nada que sorprenda, pues no se podía esperar otra cosa de la propia dictadura. Sin embargo, el acontecimiento que definitivamente borró de la memoria la defensa republicana, y con ello sus principios y valores, fue la cacareada Transición española. El relato mitificado de la Transición a la democracia, con su clímax en la Constitución de 1978, necesitaba la reinterpretación de lo sucedido entre 1936 y 1939. Sencillamente, la Transición, que propugnaba la reconciliación entre españoles a partir del consenso entre la élite franquista y los dirigentes de la oposición democrática, no era compatible con la visión heroica de la defensa republicana frente al golpe de Estado. Así, aquel negociado proceso creó su propia cultura en la que la equidistancia respecto a los acontecimientos sucedidos entre 1931 y 1936 era condición necesaria para todo lo demás. La defensa republicana quedó enterrada, de este modo, bajo el manto de la opacidad y el olvido; y, a su vez, quienes lucharon y murieron por la democracia siguieron físicamente —y siguen aún hoy— enterrados en las cunetas.

En suma, el olvido es parte del consenso de la Transición. Un pacto entre élites que convirtió la amnistía en amnesia y, con el devenir del tiempo, en impunidad. Porque el olvido significa dejar atrás toda interpretación de lo que pasó en aquellos años de violencia descarnada que contradiga el mito de una democracia nacida por virtud de la inteligencia de unos pocos hombres —ninguna mujer— de Estado. Un destacado dirigente socialista como José María Maravall (1942) llegó a afirmar que entre los requisitos para construir un orden democrático nuevo estaban «los compromisos interpartidistas, el monopolio de una élite partidista y una desmovilización general». Una Transición para la gente, pero sin la gente. Un relato de la Transición en el que el movimiento obrero no habría sido determinante porque, a lo sumo, supuso un atrezo de un magistral plan reformista inteligentemente preconcebido.

Algunos vemos la historia de un modo distinto. Para nosotros el movimiento obrero fue precisamente la clave de la democratización. Aceptamos que la muerte natural de Franco fue una expresión de la insuficiencia de fuerzas del antifranquismo y reconocemos esa debilidad de la correlación de fuerzas como una explicación de lo que pasó. Sin lugar a dudas, la izquierda hizo todo lo que pudo. Nuestros padres y madres hicieron todo lo que pudieron. Pero no fueron los dirigentes de ningún partido, sino los militantes anónimos y con nombres y apellidos, quienes empujaron con su sacrificio para conquistar la democracia. Como hemos explicado, el gran error de Santiago Carrillo no fue aceptar esa realidad, evidente por sí misma, sino racionalizar aquella derrota y creer que las condiciones aceptadas eran la única vía posible al socialismo.

Entre aquellas condiciones de una derrota preconcebida se encontraba el olvido de nuestra historia, de la memoria de nuestro pueblo luchador. No solo supuso una renuncia a nuestros símbolos, como el republicanismo o la ruptura democrática, sino también a nuestra memoria. No por casualidad hoy son los anticomunistas como Albert Rivera (1979) o Susana Díaz (1974), entre otros, los que reivindican la política de Carrillo. Sin ir más lejos, la Transición, basada en el consenso, necesitó olvidar a los republicanos que defendieron la democracia ante un golpe de Estado, y no solo eso, sino que, en un acto de revisionismo intolerable, nuestras instituciones asocian constantemente como bandos equiparables a quienes defendían valores y principios de democracia y libertad con quienes organizaron la aniquilación sistemática del oponente político y durante cuarenta años sumieron a España en un régimen fascista. Además, por supuesto, también se cubrió con un tupido velo el hecho de que quienes ahora, con total impunidad, formaban parte de las instituciones de la democracia eran los mismos que reprimieron, encarcelaron, torturaron y ejecutaron a miles de militantes comunistas.

Es por todo ello que tenemos la necesidad y el deber de seguir abriendo el melón de la Transición para poder cuestionar a los políticos y sus decisiones, y así negar que exista un vínculo de necesidad entre la matanza de Atocha y la firma de los Pactos de la Moncloa. Eso, sencillamente, no es cierto. Al fin y al cabo, las limitaciones de esta democracia tienen su origen en las limitaciones de la Transición.

Nuestra tarea ha de ser la de reivindicar a los héroes y heroínas que arriesgaron o perdieron su vida, quemaron sus biografías y sacrificaron tantos aspectos vitales en pos de la democracia, porque es a ellos a los que debemos estar agradecidos. Sin ellos, sin su lucha, esta democracia se parecería aún más al franquismo. Y con ese reconocimiento, seguir su ejemplo de lucha para conquistar una democracia real. Pero nunca volver a formar parte de la cultura de la Transición, esa trampa construida para negarnos a nosotros mismos y a nuestros padres y madres.

La cuestión nacional

La crisis de régimen, como hemos dicho, ha afectado al sistema constitucional de lleno. Entre las instituciones deslegitimadas se encuentran la propia Constitución y, en particular, el modelo de Estado. No tanto en su faceta de jefatura de Estado como de convivencia entre los diferentes pueblos y naciones que forman España. Esto ha alimentado aún más, junto con otros procesos, el independentismo en algunas partes del Estado. Destacadamente en Cataluña. No tengo la intención de aportar aquí un modelo alternativo, aunque mi apuesta es a favor de un modelo republicano y federal, sino de proporcionar algunas ideas que pueden contribuir a aclarar esta situación.

En primer lugar, y como materialista no dogmático que soy, parto de la base de que las naciones son construcciones sociales. O, como explica el sociólogo marxista Benedict Anderson (1916-2015), son comunidades imaginadas. Ser español, ser catalán o ser francés es parte del ámbito de las creencias, las cuales se crean y desarrollan históricamente. Circunstancias externas históricas y contingentes y desarrollos personales vitales están implicados en la consolidación o destrucción de esas mismas creencias. Pero sobre las creencias no se hace ciencia, sino política. Por lo tanto, yo no discuto a quien se siente catalán o español sobre la base del sentido objetivo que eso tendría, sino sobre su capacidad de mediación respecto a los objetivos, sean estos el socialismo o la simple mejora de las condiciones de vida.

Por eso es absurdo meter a todos los nacionalismos en el mismo saco. El nacionalismo imperialista de la Alemania de 1914 o el nacionalcatolicismo de la España franquista son incomparables con el nacionalismo de liberación nacional de los pueblos latinoamericanos o el de las luchas anticoloniales de mediados del siglo pasado. De este argumento podemos obtener una primera conclusión: no se puede decidir de antemano si un marxista debe o no ser independentista. En la literatura marxista encontramos de todo, desde la hostilidad con la que Rosa Luxemburgo trató el derecho de autodeterminación hasta el reconocimiento del mismo por parte de Lenin y de la URSS, pasando por el declarado internacionalismo de Marx, Engels y de toda la tradición republicana y socialista. A lo sumo yo me atrevería a declarar que es incongruente ser marxista y nacionalista, pero no lo extendería al independentismo, aunque en el lenguaje coloquial suelan confundirse ambos conceptos.

Esto quiere decir que el reconocimiento de una nación como existencia es un acto político. Un acto que ha de estar fundamentado. Yo, por ejemplo, reconozco al pueblo catalán. Un pueblo con instituciones propias —lengua, cultura, normas, etc.— cuyas raíces se encuentran, por cierto, más allá de 1713; y si no, que le hubieran preguntado a Felipe IV a mitad del siglo XVII. El pueblo catalán se ha ido construyendo a partir de, como decía, trayectorias históricas. Sin duda, el hecho de que en España gobernara durante tanto tiempo la dinastía de los Austrias y no la de los Borbones influyó de forma notoria en el desarrollo del pueblo catalán. Pero en este punto cabe recordar que la burguesía es responsable de construir el Estado, pero no de construir a los pueblos. Hay un pueblo catalán de los de abajo y hay un pueblo catalán de los de arriba; hay un pueblo que se identifica más con la Semana Trágica de 1909 o la defensa de Barcelona durante la guerra civil que con el espíritu de Francesc Cambó (1876-1947), por ejemplo.

Como decía Manuel Sacristán, «ningún problema nacional tiene solución si no parte de una situación de autodeterminación». Aunque los pueblos y naciones sean construcciones sociales, operan en la realidad como si fueran entes objetivos y, en consecuencia, sus actividades producen efectos reales. Cuando los pueblos entran en conflicto entre sí, cualesquiera que sean las causas, la única vía de resolución habría de ser el diálogo y la negociación. Si se otorga la misma condición abstracta al nacionalismo español y al nacionalismo catalán, no cabe tomar partido de antemano por ninguno de los dos. He aquí la vena libertaria que subyace a todo planteamiento que conduce a la expresión «los proletarios no tienen patria». Cabe, por el contrario, ser conscientes de que es posible abrir cauces institucionales para resolver el conflicto real. El mejor cauce institucional es el reconocimiento del derecho de autodeterminación, lo que implica que cualquier proceso de diálogo entre pueblos —obsérvese que hablo de pueblos, y no de Rajoy— ha de incorporar ese mecanismo específico.

Dado que el derecho de autodeterminación no está fundado en la creencia de que un pueblo cualquiera ha de ser independiente, sino en principios democráticos y prácticos como los precedentes, es compatible con defender un Estado federal. Esto no es otra cosa que defender la convivencia entre los pueblos en el marco de unas instituciones comunes, idealmente fundadas en principios de fraternidad y autogobierno. Esa fraternidad, como explica Antoni Domènech, procede de la tradición republicano-socialista y es la que inspira, entre otras cosas, el internacionalismo. Un Estado federal que reconozca a los pueblos y naciones de España y que no los enfrente es una aspiración hermosa. Y también posible.

Hay un elemento que, sin duda, ha contribuido sobremanera a la existencia de un independentismo tan agudo en algunos lugares como Cataluña. Y ha sido el papel del Gobierno de

España y, particularmente, de sus estructuras institucionales conservadoras. Incluida la interpretación ultraconservadora y casi reaccionaria del Tribunal Constitucional. Siguiendo, por cierto, uno de los pilares de la Transición, la sacrosanta unidad de España, las instituciones españolas se cerraron en banda a comprender que existía un problema político que rebasaba mucho los límites institucionales. Por decirlo de alguna forma, la realidad política y social de Cataluña había desbordado la plasmación jurídica de 1978 y la respuesta no podía ser insistir en esta formulación anticuada. Sin embargo, eso es precisamente lo que ha pasado. Y muchas personas en Cataluña pasaron de defender un federalismo razonable a convertirse en independentistas.

El otro factor que ha influido ha sido la crisis económica y la gestión que ha hecho de ella el Gobierno conservador de Artur Mas (1956). Este Gobierno se caracterizó por alternar fuertes recortes en los servicios públicos, como por otra parte hicieron todas las demás comunidades autónomas, con una estrategia de nacionalismo acentuado. Sabedor el Gobierno de Mas de que es casi una regla que los Gobiernos que gestionan crisis no sean reelegidos, escogió una fórmula para desviar la atención. Y había caldo de cultivo suficiente. Por una parte, una tradición histórica nacionalista. Por otra, una situación económica lamentable que frustraba a la población. El producto que ofrecía a la población el Gobierno de Mas era un nacionalismo esperanzador, es decir, que prometía la solución a todos los problemas sociales y económicos con la sola llegada de la independencia catalana. En definitiva, ha habido una notable canalización populista de la frustración popular ante la crisis y el capitalismo. O, dicho de otra forma, la independencia ha sido presentada también no como el derecho democrático del pueblo catalán, sino como la solución a males económicos y sociales padecidos individualmente.

No por casualidad la derecha catalana fue la primera en ver que las banderas son cobijos interesantes en tiempos de crisis. Incluso al comienzo de las movilizaciones por la independencia, el lema fundamental fue «España nos roba», espoleado por la propia derecha catalana, que entiende como lastre la mera existencia de nexos con zonas menos desarrolladas del Estado. Pero esta estrategia seguida por el Gobierno catalán implica una serie de problemas importantes. Uno de ellos, sin duda, es que se contribuye a alimentar el enfrentamiento. Como acabo de decir, estoy convencido de que el nacionalismo español ha creado miles de nacionalistas catalanes. Pero a menudo se nos olvida que también existe un pueblo español y que el nacionalismo catalán crea tantos otros nacionalistas españoles. Y encerrados en este dilema, nos llegan los ecos de aquel fatídico 1914 en el que la socialdemocracia alemana y francesa, entre otras, traicionaron a su clase para defender a su nación; y lo hicieron enfrentando a los pueblos y a su propia clase. Por eso yo prefiero pensar, en suma, en fórmulas que nos permitan hablar de ruptura democrática y social y en la que los de abajo de nuestros pueblos respectivos podamos cooperar.

No podemos olvidar que, como hemos dicho en capítulos anteriores, el capitalismo lanza a las clases populares a competir unas con otras tanto en la esfera productiva como en otros espacios. Competimos por puestos de trabajo, por el acceso a los servicios, por el estatus social... Nuestros clásicos sabían muy bien esto y entendieron que la clase social parte de un hecho objetivo —el lugar que se ocupa en la producción—, pero que se construye también socialmente. Por eso se llamó formación de clase a los procesos de constitución de organizaciones tales como partidos, sindicatos, etc. Cuando nos organizamos hacemos algo más que coordinarnos: declaramos lo que tenemos en común frente a un sistema que nos divide. Así se construye un «nosotros» que evita una guerra entre pobres, que es la situación normal en este sistema capitalista. «Proletarios del mundo, uníos» o «Hermanos proletarios, uníos» no solo fueron consignas coyunturales de enorme dignidad, sino que ponían de manifiesto el componente universal de una situación específica, la de los desposeídos y de la parte sufriente de la humanidad, como decía Fernández Buey, que lucha por emanciparse del reino de la necesidad... en todas partes del mundo.

Este es mi enfoque, que parte de lo abstracto en su exposición y cristaliza con análisis concretos. El de esta cuestión es bien claro: derecho de autodeterminación y república federal. Y, también, socialismo apátrida. Siguiendo una consigna que aparece en *El manifiesto comunista*, la de que «los obreros no tienen patria».[38]

38. K. Marx y F. Engels, *El manifiesto comunista*, Península, Barcelona, 2017.

Conclusiones

El comunismo se ha puesto de moda. No del modo que predijeron Marx y Engels en *El manifiesto comunista*, pero sí de alguna forma tal que ha provocado que en las tertulias políticas, en los grandes medios de comunicación y fuera de ellos, se vuelva a debatir sobre esta tradición política. Incluso los partidos de régimen se han acostumbrado de nuevo a atizar a la oposición con la acusación de ser comunista, exactamente igual que se describía en *El manifiesto* en 1848. Es una burda y recurrente maniobra para usar el miedo como arma, pero esta vuelta a las viejas consignas reaccionarias no deja de ser sintomática.

Hace unos años, la filósofa Jodi Dean (1962) escribió que el resurgir del «peligro comunista» se estaba produciendo porque los mercados habían fracasado. Me parece algo cierto. El anticomunismo emerge como una suerte de defensa ante los propios fracasos, los del sistema de mercado y el capitalismo. De hecho, no deja de sorprender que, tras décadas de neoliberalismo y tras la más grave crisis económica desde la Gran Depresión, se vuelva a agitar el fantasma del anticomunismo. Al fin y al cabo, el desempleo, los desahucios y el miedo a pasar hambre se han multiplicado como resultado natural del capitalismo y de sus crisis. Tantos años asustando con que los comunistas nos quitarían las viviendas y al final hemos comprobado que han sido los bancos privados, protegidos y representados por trajeados hombres de negro, los que nos han robado la vivienda, el trabajo y el futuro de nuestras familias.

Hoy una obra como *El capital* explica con sorprendente precisión por qué y cómo nos bajan los salarios, nos despiden, nos recortan la sanidad y la educación o nos obstaculizan la organización en sindicatos. Hoy el capitalismo está mucho más desnudo, y es fácil ver cómo la razón económica del capital inunda nuestras vidas y nos obliga a emigrar, a pelear por migajas o a aceptar salarios de subsistencia como si fueran privilegios. Hoy el marxismo tiene, de hecho, más actualidad que hace cuarenta años.

Es natural, aceptado lo anterior, que también estemos ante un resurgir del comunismo como planteaba Dean, aunque no tiene por qué expresarse con los mismos ropajes o las mismas herramientas conceptuales de siempre. En realidad, el marxismo siempre ha sido así, abierto y diverso. De hecho, solo el catecismo ortodoxo que emanaba de los manuales de la URSS pudo congelar, así fuera parcialmente, un instrumento tan vivo como el marxismo. Lo fosilizó, y a un coste enorme. Nuestro esfuerzo por recuperar el marxismo como vigorosa tradición de investigación y política lo hemos defendido en la primera parte de este libro. Y, a la luz de lo que hemos visto, nadie podrá negar que el propio Lenin fue un heterodoxo, hasta tal punto que Gramsci tuvo a bien definir la Revolución de 1917 como «una revolución contra *El capital*». Algo similar pasó en toda América Latina con los movimientos revolucionarios, destacadamente el cubano. La propia Rosa Luxemburgo fue, de hecho, una teórica especialmente fecunda y crítica con la racionalización que la dirigencia soviética hacía de los acontecimientos históricos. Pero no solo es respecto al análisis que el marxismo es abierto y versátil, sino también respecto a la práctica política y la estrategia discursiva. Únicamente hay que recordar que la consigna socialmente aglutinadora de la Revolución soviética fue «paz, pan y tierra» y no ningún símbolo fetichizado que limitara su capacidad a la mera autocomplacencia de los revolucionarios portaestandartes. En la ascendencia republicana pasó lo mismo con Robespierre y su tan famosa expresión sobre el derecho a la existencia, que resumía así, sin quebraderos de cabeza, el eje central de los derechos humanos.

En este sentido, Harvey es de los que se han sumado históricamente a conectar los ideales de *El manifiesto comunista* con los expresados en la Declaración de los Derechos Humanos. Esta es una vía que permite reconectar el socialismo con la tradición republicana y que, al mismo tiempo, permite volver a situar el foco político en los problemas de la gente y no en debates litúrgicos y ceremoniales propios de las religiones. Hablar de derechos humanos y vincularlos al marxismo no es casual. Por dos motivos. En primer lugar, porque el socialismo fue la única tradición política que mantuvo viva la llama de los derechos humanos desde 1794 hasta 1948, y gracias a la cual se conquistaron los derechos políticos y sociales que caracterizan a nuestras sociedades democráticas modernas. En segundo lugar, porque la agresión del capitalismo es tan brutal y salvaje que, bajo las actuales condiciones históricas, defender los derechos humanos es impugnar el sistema capitalista mismo.

Sobre esto insistimos mucho durante las movilizaciones del 15-M: no somos antisistema, sino que el sistema es antinosotros. No es cierto que durante aquellos días de 2011 el miedo hubiera cambiado de bando, al menos no tanto como coreábamos. Pero lo que sí cambió de bando fue el sentido común. En mitad de la agresión neoliberal, defender una vivienda, cuya conquista como derecho se sobreentendía como parte del sentido común, se convertía ahora en un acto revolucionario —y, por cierto, ilegal—. Esto también es fácil verlo hoy cuando comprobamos que la propia Constitución de 1978 y sus garantías sociales se convierten en papel mojado ante una supuesta realidad inmodificable, a saber, la supraestructura europea y el propio sistema capitalista. La crisis de régimen no es solo una crisis económica, sino la cristalización de un modelo político y social agotado que ya no da más de sí, como hemos visto en el capítulo 5.

Decía el catedrático de Literatura Juan Carlos Rodríguez que «lo que debería resultar más sorprendente es sin embargo lo que menos sorprende». Se refería al hecho de que deberíamos asombrarnos ante un sistema que es capaz de dejar sin trabajo a más de un millón y medio de hogares y sin vivienda a centenares de miles de familias, por citar dos ejemplos. Sin embargo, hemos naturalizado esos dramas estructurales. Decimos «la vida es así» y seguimos con otras cosas. Pero no es «la vida», sino «esta vida». Concretamente «esta vida bajo el capitalismo».[1] Bajo un sistema regido por un principio básico de maximización de ganancias y que mercantiliza todo a su paso, desde los objetos hasta los seres vivos y los recursos naturales. Un sistema, llamado capitalismo, que nos esclaviza a un nuevo dios llamado mercado que opera con caprichosos y cambiantes deseos de rentabilidad.

De ahí que el marxismo aspire a desnudar esa supuesta normalidad, y a mostrarla tan despiadada como es. Desmitificar las estrategias discursivas dominantes es, de hecho, parte de la acción política. ¿Acaso es verdad que somos todas las personas iguales en nuestra condición de ciudadanos como nos insisten unos y otras cada día? Cuando paseamos por el centro comercial, sugería Jean Baudrillard (1929-2007), se produce una suerte de equiparación en la que todos nos pensamos iguales.

1. J. C. Rodríguez, *De qué hablamos cuando hablamos de marxismo*, Akal, Madrid, 2013.

Ricos y pobres quedamos aparentemente indiferenciados en nuestra nueva condición de ciudadanos consumidores. Nada más lejos de la realidad, de esa realidad que palpamos en nuestras calles. Porque es ahí donde averiguamos que no solo hay ricos y pobres, sino también trabajadores y rentistas, y que por mucho que la estructura social de nuestras sociedades modernas se haya complicado, no dejamos de dividirnos en función de una distinta dependencia de nuestras propias capacidades y cuerpos. En efecto, algunos necesitan ofrecerse en el mercado mundial para ganarse el pan, y otros viven del trabajo ajeno. Eso, en esencia, no ha cambiado.

Hay quien considera que el fin de la historia ha llegado a nuestras sociedades. No lo veo así. No solo las clases sociales siguen existiendo, como hemos defendido en el capítulo 3, sino también la explotación. Y este es el asunto más incontestable acerca de la actualidad del comunismo. Allá donde haya explotación, habrá lucha, y donde haya opresión, habrá resistencia. No importarán las etiquetas ni tampoco la diversidad de los sujetos. Allá donde la explotación derive en miseria, desigualdad, desahucios, carencias básicas y otros obstáculos para el desarrollo de una vida en libertad, habrá contestación. En síntesis, siempre que exista el capitalismo como sistema existirá el comunismo como idea, movimiento y alternativa.

Agradecimientos

Durante los últimos años he combinado mi actividad política con el estudio de algunas cuestiones teóricas, como las abordadas en este libro, pensando que una cosa sin la otra nos lleva siempre al desastre. Ambos procesos están interrelacionados y ambos también son procesos colectivos. Probablemente no me hubiera afiliado a mi organización política si no hubiera tenido antes una serie de principios, valores y pensamientos adquiridos no solo en el curso de la vida, sino también en la lectura de la historia, la economía, la filosofía o la teoría política. Y al mismo tiempo, la misma práctica política me ha inspirado para seguir profundizando en determinadas cuestiones teóricas y para seguir buscando explicaciones a los fenómenos actuales —sobre los que, además, tenemos que tomar decisiones—. La teoría y la práctica van necesariamente de la mano. Pero también son un proceso colectivo. Sería un ejercicio de cinismo desligar la actividad intelectual de la relación con nuestro entorno social y político.

Precisamente, un libro de estas características ha podido ver la luz gracias a la inestimable ayuda de muchas personas que me han acompañado en este tiempo, tanto profesional como personalmente. Especialmente tengo que hacer mención a quienes, además, han dedicado su valioso tiempo a revisar algunas de las partes de este libro o incluso el texto completo. Sus aportaciones han sido de enorme interés y utilidad, si bien los errores que puedan seguir existiendo son exclusivamente de mi responsabilidad. Gracias, por ello, a Víctor Rocafort, Rafa Escudero, Anna Dassy, Gonzalo Boye, Isabel Elbal, Daniel Ayllón, Desiderio Cansino, Salvador López Arnal, Eduardo Garzón, Ángel Vilariño, Kike España, María Eugenia Rodríguez Palop, José Sarrión, Sira Rego, Mamen Domínguez, Ismael González, Agustín González Cano, Clara Alonso, y Andrés Gil.

Además, los debates y las discusiones políticas, a veces con enorme pasión, han servido para alimentar mis ganas de aprender y descubrir y también para clarificar algunas posiciones que tenía más confusas. Por eso, he de agradecer aquí a la dirección actual de Izquierda Unida, mi organización, y a muchos camaradas de Podemos por su participación indirecta en este libro.

Finalmente, el lector o la lectora pueden imaginar la cantidad de horas de trabajo que ha supuesto escribir un texto de esta naturaleza. Mis amigos y mi familia han sido los principales perjudicados, pues es a ellos a quienes he robado las horas necesarias para escribir el libro. Sin embargo, por encima de todo, quien más me ha apoyado y ayudado, a pesar de tener que sufrir también en ocasiones mi ausencia, ha sido mi compañera y mujer Anna. Sin su espíritu combativo ni su amor no habría tenido las fuerzas necesarias para abordar este trabajo en las condiciones políticas actuales. Ya lo dijo Galeano: hay algunos fuegos que arden la vida con tantas ganas que no se puede mirarlos sin parpadear, y quien se acerca, se enciende.

Salud y República.